地域を支え，地域を守る 責任経営

―CSR・SDGs 時代の中小企業経営と事業承継―

矢口義教［著］

創 成 社

目　　次

序　章　はじめに

1 —— 本書の目的

　本書は，CSR・SDGs 時代において，中小企業・地域企業が，地域社会をは
じめとする様々なステークホルダーの持続可能性にいかに貢献できるのか，さ
らには，これら企業が永続的に CSR を果たし続けて，社会的正当性を獲得す
るにはどうすれば良いのか，という大きな問題意識の下に構成されている。こ
こで本書では，中小企業と地域企業を並列的に取り上げていることに違和感を
覚えるかもしれない。中小企業の定義については，具体的には第 3 章で述べる
が，イメージされるのは資本金や従業員数が相対的に少ない企業ということに
なろう。

　これに対して地域企業では，「規模」ではなく，「地域」という位置的な関係
から企業を捉えている。地域とは，詳細は第 2 章で述べるが，距離的な制約に
基づく概念であり，そのような距離的な範囲内で事業を展開しているのが地域
企業である。このように一定の地域をビジネスの対象とする以上，顧客を始め
として関係するステークホルダーの数と種類も限定される。結果的に事業規模
それ自体も，大規模に至る場合が少ないと想定される。それゆえ，地域企業と
は，中小企業とほとんど「イコール」になると考えられるのである[1]。

　近年では，様々な社会・環境課題が出現している状況下で，持続可能な発展
を遂げることが求められており，これに対して，中小企業・地域企業はいかに
貢献できるのか。しかも，ステークホルダー（利害関係者）全体が持続可能な
発展を遂げるためには，超長期あるいは世代を超えて，企業は社会的責任を果
たしていく必要がある。つまり，オーナー企業であることの多い中小企業は，
世代間での事業承継を繰り返しながら，永続的に事業を継続していく。そのた
めには，単純に利益を追求するだけでは不十分であり，地域社会を中心とする

ステークホルダーに対する CSR（企業の社会的責任）を果たす必要がある。

　さらに企業がより良い発展を遂げていくためには，より良い地域社会（社会）の存在も必要になる。地域社会の治安状況，教育水準，住民の健康，住民の価値観（保守的か革新的か，企業寄りか労働寄りかなど），あるいはインフラの状況や気候・立地などのハード的な側面も含まれてくる。そして，そのような良好な地域社会の形成には，自然環境が基盤になっていることは言うまでもない。穏やかで温暖な気候，かつ肥沃な土地のところには，人間の集落である社会が形成されやすい。反対に良好な自然環境を維持し続けなければ，地域社会の存続は困難になることも明らかである。このように良好な自然環境と（地域）社会の存在があって，はじめて（地域）企業は事業に取り組み，その活動を継続できるのである。

　それゆえ，いかなる企業であろうとも，事業との関連・非関連を問わず，社会や環境への何らかの貢献をしていかなければ，地域ステークホルダーから不要な存在と見なされることになるであろう。ましてや，現在の社会では，不確実性がより高まっていることは明確である。地域に根差す中小企業・地域企業は，様々な社会・環境課題の解決に取り組み，地域社会の持続可能性に貢献する必要があるし，また，それを可能にする存在でもある。すなわち，「地域を支え，地域を守る責任経営」を実践することが求められており，そのためにCSR を果たすことが，当該企業の事業存続にも貢献することに論を俟たない。しかも，企業が存続するために，一時的あるいは短期的ではなく，CSR を長期的・永続的に果たし続けていく必要がある。そこで，大きな研究課題として現れるのが，「持続的な中小企業の CSR 実践の確保」である。このことの究明について，本書では，中小企業経営者のリーダーシップと事業承継に求めて，中小企業の持続的 CSR に関する枠組みを構築する。そして，とくに CSR の側面から中小企業経営に対する実践的なインプリケーションを提示する。このことが，本書を出版するうえでの研究目的となっている。

2── 本書の構成

　以下では，本書の構成について述べるとともに，本書を構成する各章の関係性について言及していく（図表序-1）。まず，第1章「CSRの基本的理解と国際的潮流」では，CSRそれ自体の定義や性質について，ESG，ISO26000，SDGsといった国際的な潮流を踏まえてまとめていく。「企業の社会的責任」の概念を曖昧なままで議論を進めるのではなく，共通の理解に基づくことが，本書での検討を進める際の分析視覚や整合性をより確実なものにするからである。ついで，第2章「中小企業・地域企業と社会的責任」では，中小企業におけるCSRの意義について検討する。大企業とは異なり，中小企業が果たせるCSRの在り様について，事業関連性の有無やCSV・SDGs視点を踏まえな

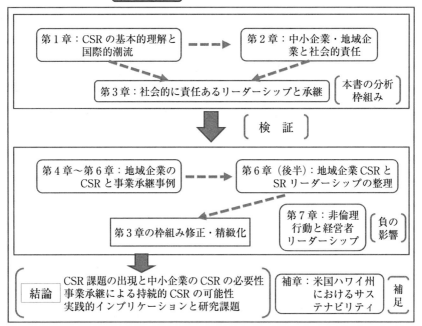

図表序-1　本書の構成と分析の枠組み

出所：筆者作成。

がら，その特質を明らかにしていく。CSRは中小企業にとっても果たすべき責任であり，当該企業でも対応が十分に可能な取り組みであることが示されるであろう。そして，第3章「社会的に責任あるリーダーシップ」では，企業のCSRを惹起・牽引する経営者のリーダーシップについて検討していく。とくに同族企業的性質に基づく中小企業では，そのことがさらに重要になるであろう。また，社会的に責任あるリーダーシップを世代間で承継することで，中小企業の持続的CSRが担保される試論的な枠組みも提示する。これは，本書の中心的な分析枠組みをなすものである。

　第4章から第6章では，この枠組みを検証するために地域企業のCSRと事業承継に関する事例を詳細に検討していく。第4章では，阿部長商店（水産加工・観光）とイシイ（卸売・小売）の事例を検討する。それぞれの事例では，企業概要を述べた後に，有事と平時のCSRを見るとともに，経営者がリーダーシップを発揮して各社のCSRを牽引していることを指摘する。また，先代経営者の価値観と理念が，現経営者に反映されていることも見て取れるであろう。第5章では，峩々温泉（宿泊），さいとう製菓（食品製造），第6章ではサイト工業（建設）の事例を引き続いて検討していく。基本的に，第4章と同じ枠組みで，各社のCSRについて有事と平時の観点から見たうえで，経営者の役割，さらには先代経営者のリーダーシップの影響を検討する。それらの事例からは，阿部長商店やイシイと同様に，経営者のリーダーシップがCSRに重要な影響を及ぼしており，同時に先代経営者の理念や価値観が現経営者にも承継されていることを理解できよう。これら5社の事例を踏まえて，第6章の後半部分では，中小企業のCSRと事業承継に関する試論的な枠組みについて，修正を行うとともに精緻化も試みる。そこでは，社会的に責任あるリーダーシップが，単純に直線的に承継されるのではなく，様々な要素を含みながら承継されていくことが示される。また，第7章では，東日本大震災下という特定状況を踏まえて，企業の非倫理的行動に及ぼす経営者のリーダーシップについても見ていく。社会的に責任ある企業行動を導くだけでなく，経営者は，中小企業の不正行為を直接的に惹起させる影響力を有することも明らかになるであろう。

　このことを踏まえて，第8章では本書の結論が述べられる。そこでは，第3

章および第6章で修正された枠組みに基づいて，本書の最終的な枠組みの構築，実践的インプリケーションと今後の課題を提示する。そこではグローバルか，または地域かを問わず CSR 課題が出現して，中小企業も，それらに対応する必要性が迫られている。このような課題に対応するためにも，事業承継を通して，社会的に責任あるリーダーシップが世代間を超えて承継されて，企業として CSR を果たし続ける必要がある。また，そこから得られた実践的なインプリケーションとともに，中小企業の CSR それ自体，および学術研究における方向性を示唆する。最後に補章として，米国ハワイ州におけるサステナビリティに対する取り組みも見ることで，地域企業による地域社会の持続可能性への関与の在り様について補足をする。

　このような検討を通して，中小企業・地域企業が果たす CSR と経営者の役割の解明に迫っていく。本書は，CSR について，中小企業，リーダーシップ，事業承継を分析視覚としてアプローチするものである。CSR 研究において，これら各項目に関連する領域の研究蓄積は少ない状況にあり，本書は，既存の研究とは異なる新しい視点をもたらすことができる。この点において，本書には学術的な独自性と研究意義があると考えている。このような研究を通して，企業の CSR を促進して，経済・社会・環境がともに持続可能な発展を遂げるための方策を提示することで，「新しい資本主義」[2]の確立にも貢献していきたい。

　本書の執筆では，多くの方々から多大なる協力をいただいた。本書の中心事例として掲載させていただく5社については，阿部泰浩様（株式会社阿部長商店代表取締役），石井吉雄様（イシイ株式会社代表取締役），竹内宏之様（株式会社巣々温泉代表取締役），齊藤俊明様（さいとう製菓株式会社取締役会長），齋藤法幸様（サイト工業株式会社代表取締役）には，地域の有力企業経営者として多忙を極めるなかにも関わらず，筆者の研究に対して，ヒアリング調査や資料提供などで協力をしていただいた。ここに感謝の意を述べておきたい。なお，本書は筆者の数年間にわたる研究活動の成果であるが，それを生み出すために学会や研究会での発表機会に恵まれ，数多くの学術的な助言も頂戴することができた。さら

に筆者の所属する東北学院大学経営学部の同僚教員からは，フィールドスタディの方法論やビジネス事例の取り扱いなどでも助言をいただいてきた。このようなアドバイスがなければ，筆者の研究を，本書のような形にまで，まとめ上げることは困難であった。また，最後に塚田尚寛様（株式会社創成社代表取締役）と西田徹様（同社編集担当）には，本書の出版を許可してもらっただけでなく，編集作業にも尽力していただいた。あわせて感謝を申し上げたい。

さらに本書の執筆過程では，家族からの協力も極めて重要であった。何よりも妻の陽子の協力がなければ，本書の出版までに至ることはできなかった。ここに感謝を述べるとともに，彼らに本書を捧げたい。

2023 年 3 月　広瀬川を見下ろす東北学院大学の研究室にて

矢口義教

【注】
1）　もちろん，中小企業であろうとも，全国的，あるいは世界的な顧客を対象にビジネスを展開している場合もあるので，完全に地域企業と一致するわけではない。それでも事業存続の基盤は地域社会であることから，地域企業であることに疑いの余地はないであろう。
2）　新しい資本主義とは，日本政府内閣官房によって公表された「市場の失敗の是正と普遍的価値」を追求する資本主義の在り方である。「人への投資と分配」，「科学技術・イノベーションへの重点的投資」，「GX（グリーン・トランスフォーメーション）」などの視点が盛り込まれており，まさに経済と社会・環境を両立させる考え方となっている。詳細は，日本政府内閣官房（2022）を参照のこと。

第1章 CSRの基本的理解と国際的潮流

【第1章の要約】

　本章では，CSR の基本的な理解と国際的な潮流を把握することで，CSR の特徴について今日的なコンテクスト（文脈・背景）との関係を明らかにした。CSR は，経済，法律，倫理，社会貢献といった4つの責任項目で構成され，それら社会的責任をステークホルダーに対して果たす概念であった。持続可能性を達成することが CSR の目的であり，トリプル・ボトム・ライン，BOP ビジネス，CSV などの発想も見られた。

　ついで，CSR を促進する国際的な枠組みについて概観した。ISO14001 や GRI ガイドラインなどのような部分的な促進だけでなく，グローバル・コンパクトのような全体的な促進の枠組みも検討した。また，企業の CSR を促進するために，ESG 投資を喚起する PRI の役割と株式投資残高に占める割合も確認して，ESG の思考が顕著に普及していることを確認した。さらに国連による持続可能な社会の実現に向けた取り組みとして，SDGs を詳細に検討した。SDGs では ESG に関する 17 目標が設定されており，企業がそれらの課題解決に大きな役割を果たせるのである。また，ISO26000 という社会的責任に関する手引きも提示されていた。ISO26000 では，SDGs よりも解決すべき課題がより具体化されているので，これに準拠した行動によって CSR 実践，そして SDGs の目標達成に近づけると考えられる。

1 ── 本章の目的

　本書の『地域を支え，地域を守る責任経営』というタイトルからも分かるように，その主題は，（地域）企業による地域社会に対する CSR（企業の社会的責任）行動の在り様である。つまり，「責任ある企業経営」（"Responsible Management"，あるいは "Responsible Business"）を実践している企業行動を，地域ステークホルダーとの関係も踏まえて，持続可能性の観点から考察するものである[1]。その意味から，「責任ある企業経営とは何か」を明らかにする必要があり，そのことは CSR それ自体の根本的な性質を問い直すことに他ならない。それゆえ，本章では CSR そのものの性質を理解するとともに，近年において，グローバルなレベルで展開されている CSR 促進の枠組みも合わせて見ることで，その本質に迫っていくことにする。

　CSR は，ヨーロッパを中心として，海外では 1990 年代半ばごろから，日本では 2000 年代以降になって急速に広まってきた概念である。日本では，とくに 2003 年が「CSR 元年」と呼称されており，ここから CSR ブームが始まっている[2]。なお，このような社会的責任に関する事象は，近年においてのみ発生したわけではない。日本では，例えば，1950 年代後半から 1960 年代において相次ぎ発覚した公害問題（水俣病や四日市ぜんそくなどの四大公害）では，企業の環境破壊と住民の健康被害に対する責任が問われた。1970 年代の石油危機に直面した際には，企業の便乗値上げや売り惜しみといった利益追求行為が批判された。また 1980 年代後半になると，バブル景気の到来によりフィランソロピーやメセナに代表される社会貢献（寄付）活動が注目を集めたが，バブルの崩壊にともない金融機関を中心に企業不祥事が相次いで発覚したのであった。

　このようにしてみると，CSR とは古くて新しい課題なのであるが，今日的には，そのコンテクスト（文脈や背景）が，従来の「社会的責任」とは異なっているのも実態である[3]。本章では，CSR の概念について歴史的な時系列比較までは行わないが，今日的な CSR の特徴を抽出することで，その特徴を整理していく。企業の社会性を反映する CSR という概念が，どのような項目に

よって構成されているのか。CSR として企業が果たすべき社会的責任の対象
は誰（何）になるのか。CSR を特徴づける定義や考え方にはどのようなものが
あるのか。また，CSR を企業経営に組み込むうえでの課題や誘因（促進要因）
をどのように認識すべきか。最後に，CSR を促進する国際的な枠組みとその
意義は何なのか。

　CSR をめぐっては，このような様々な特徴や究明すべき課題があるのだが，
その課題という「問い」に答えながら，CSR 全体の特徴を俯瞰し，まとめて
いくのが本章の目的である。以下では，まず CSR の性質について，企業の社
会性に注目したうえで，CSR ピラミッドとステークホルダーの視点に基づい
て整理する。ついで，持続可能性や競争力向上という近年の CSR を検討する
ための新しい要素を，とくに経営戦略的な思考と実践に関する動向から見てい
く。そして，グローバル・コンパクト，SDGs，ISO26000 など CSR をめぐる
国際的な促進枠組みも見ることで，企業の CSR 活動が世界的にも強く求めら
れ，その取り組みに一定の方向性が付与されていることも示す。このようにし
て CSR を体系的に考察し，整理することによって，今日的な CSR の特徴と，
その意義を理解することができると考えている。

2── CSR ピラミッドとステークホルダー

（1）企業の「社会性」への注目

　CSR（Corporate Social Responsibility，以下，CSR）は「企業の社会的責任」と
訳出され，上記の通り，日本では 2000 年代初頭から大きな社会的な関心を集
めるようになった。その当初は，上場企業を始めとする大企業のみを対象とし，
法令違反に対応する「コンプライアンス」（Compliance，法令遵守）が主たる「課
題事項」（Issues）として展開されてきた。しかし，「責任ある経営」はすべての
企業に求められる行為である。グローバルに事業を展開する多国籍企業であろ
うと，あるいは国内を主たる事業領域とするドメスティック企業であろうとも，
はたまた大企業であろうとも，中小企業であろうとも，すべての企業に責任あ
る経営の実践が求められている。あらゆる企業において，量や質の違いこそあ

れ，ステークホルダー（Stakeholders，利害関係者）との関係を必ず持たなければならず，そのような関係性のなかで CSR を果たす必要があるからである。

　CSR の必要性を端的に示すために，企業には，2 つの性質があることを理解すべきである。それは「営利性」と「社会性」という性質である。まず営利性とは，資本主義社会における株式会社を始めとする企業活動の根本原理であり，売上や利益の最大化を目指す行動特性である。資本主義社会の特徴を一言で述べるならば，私有財産制をベースにした競争原理（自由競争）による富の獲得を目指す社会であり，人々が利益を追求するための手段が企業なのである。このような行動原理は，ともすれば“greed”（貪欲）という表現でしばしば批判されることもあるが，この批判は的外れの誤った認識だと言える。資本主義社会では，国の豊かさについては，GDP（Gross Domestic Product，国内総生産）を重要な指標の 1 つとするが，これは企業が事業活動を通して蓄積した「付加価値」（value added），より端的に言えば「粗利」（売上高総利益）の総額によって形成されるものだからである[4]。

　企業が営利性を追求するためには，当該企業の製品・サービスが競合他社よりも魅力的であったり，あるいはそれらを生み出す組織としての仕組み（ビジネス・システム）に優位性が求められる。例えば，企業特異性の高い固有の資源であり，競争力の真の源泉と捉える「見えざる資産」という考え方（伊丹・加護野，1989）や，顧客を獲得するための「表の競争力」に対して，組織や製造方法などを「裏の競争力」として競争優位の源泉を求める視点（藤本・東京大学 21 世紀 COE ものづくり経営研究センター，2007）などが知られている。基本的に経営学という学問・研究領域は，この営利性に焦点を当てることが一般的である。経営管理論，経営戦略論，経営組織論，国際経営論，人的資源管理論，マーケティング論などの専門領域からも分かるように，これらは優れた組織の構築，戦略の立案・策定，消費者ニーズ把握や需要喚起などを主題とするものであり，企業の競争力を強化して，結果的にその収益の拡大を目指している。

　これに対して社会性とは，端的に言えば，「より良い社会関係を構築するための性質」と捉えることができるであろう。従来の経営学研究では，企業における社会性，あるいは社会的存在としての企業という考え方について議論がな

されてきた[5]。しかし，社会性の概念については，統一的な見解は見られていないようである。本書では，社会性の概念それ自体の究明を意図しているわけではないが，このことをある程度把握しておく必要もあるであろう。社会性については，大学生という1人の人間を例にとって説明することで，その理解が容易になる。大学生である彼（または彼女）は，複数の社会関係のなかで生活をしている。家庭においては祖父母・両親・兄弟といった家族との関係，大学においては教員やゼミナール同級生などとの関係，その他にはアルバイト，ボランティア活動，小中高校時代の友人との関係など，多くの人々によって形成される社会関係のなかで生活をしているのである。このような関係のなかで生活しているために，彼（彼女）は社会関係を良好に保つように行動する。その行動とは，例えば，挨拶をする，真摯な行動をする，約束を守る，礼節を守るといったものが該当してくる。このことを通して彼（彼女）は，自身を取り囲む社会との関係を良好に維持できる。このように社会関係を維持して，生活の基盤を確立・強固にするための人間行動が社会性であり，我々人間は，成長の過程を通してこの性質を身に付けていく。

　人間だけでなく，企業も多様な社会関係に基づいて事業活動を展開している。企業は，原材料や燃料などをインプットして，それを製品やサービスに転換し，そしてアウトプットすることで企業外に，とくに顧客に届けることで売上を上げていく。このような一連のスループットのなかで，企業は様々な関係者からの協力を得て事業を成立させている。極めてシンプルに記述すると，インプットではサプライヤー（取引先）から部品や材料の提供を受ける必要があるし，製品・サービスを生み出すためには，施設・工場の建築を行う事業者のほかに従業員が重要な役割を担う。またアウトプットでは，輸送事業者や小売店などとの関係があるほか，製品・サービスの最終消費を行う顧客との関係（広告・販売・アフターサービスなど）が生じてくる。このようなことから，企業の社会性を簡潔に説明すると，企業がステークホルダーという社会と，より良い関係を構築するための取り組みであり，またその活動を生起させる性質と言うことができる。

（2）社会的責任を果たす対象としてのステークホルダー

　上記のように，企業と何らかの関係を有する主体がステークホルダーである。ステークホルダーについては，企業の意思決定や行動に影響を及ぼすだけでなく，企業行動から影響を受ける集団や個人のことと定義される（Freeman, 1983, p.52）。ここでは「影響」が重要なキーワードとなっている。例えば，企業へ原材料や部品を納入するサプライヤーを仮定すると，その希少性や技術力などに基づいて彼らの交渉力の強弱が変化する。つまり，企業に対して影響を及ぼすことになるし，また企業の購買姿勢によって影響を受けることにもなる。さらに消費者も企業の行動から影響を受けたり，企業の行動に対して影響を及ぼすことができる存在である。例えば，企業の提供する製品・サービスの良し悪しは，消費者の「生活の水準・質」（Quality of Life, 以下，適宜 QOL を使用）に影響を及ぼすであろうし，消費者が購入の意思決定と行動をすることで，企業の売上高に直接的に影響してくる。例えば，企業の製品・サービスの購入を拒否する「ボイコット」（boycott）運動を展開したり，あるいは反対に，購買を通して企業や組織の活動を支援する「バイコット」（buycott）活動をすることもできるからである[6]。ここでは影響を及ぼす主体としての取引先や消費者を若干ながら取り上げたが，ちなみに，彼らのそのような「力」（force）は「交渉力」として表現される[7]。ここでは CSR というよりは，企業の収益性に影響を及ぼすステークホルダーを提示しており，経営戦略の側面においても，彼らとの関係が重視されていることを見て取れる。

　それでは，どのような主体がステークホルダーに含まれてくるのだろうか。Carroll and Buchholtz（1999）は，ステークホルダーを図表 1 - 1 のようにシンプルに分類している。まず企業と利害関係を有するステークホルダーとして，政府や自治体があげられる。政府・自治体は，法令や条例に基づいて，企業活動に対して認可や規制を加えたり，課税をするほかにも，入札を通して企業の顧客にもなり得る。また，規制緩和や補助金給付などを通して，企業活動を促進・支援することもできる。ついで従業員は，企業外部というよりは企業に所属する内部の利害関係者である。「企業は人なり」という言葉からも窺えるように，企業の生存や競争力を直接的に高める極めて影響力の大きい存在で

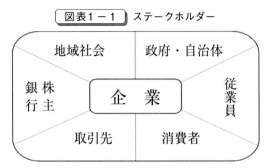

出所：Carroll and Buchholtz, 1999, p.7 を加筆修正。

ある。従業員は，企業の目的・目標に対して貢献する役割を担い，これに対して企業は従業員へ物資的・非物質的の双方のインセンティブを提供する必要がある。それは給料や福利厚生のようなものから，やりがいの実感，成長機会，自己実現などの提供も含まれてくる。

　そして，上記でも見た消費者があげられる。企業の存続のためには，売上，さらには利益を獲得していく必要がある。企業に対して売上と利益をもたらしてくれる存在が消費者なのである。消費者に対して直接取引を行う B to C 企業はもちろんのこと，法人を顧客とする B to B 企業だとしても，サプライチェーン上の最終顧客は消費者になる場合が多い。とくに消費者のなかでも，当該企業の製品・サービスを購入してくれる存在を顧客という。企業としては，消費者が求める製品・サービスを，適正品質・価格，さらに正確な商品情報の周知に基づいて彼らに届ける必要がある。そのような企業活動の結果を受けて，消費者にとって，自身に便益があると感じる場合には製品やサービスを購入する意思決定を行い，企業の存続を支えることになる。

　続いて，企業が事業を継続するためには，取引先の存在が必要である。事業活動は 1 社のみで完結するものではない。つまり，製品やサービスについて，単独で「ゼロ」から「すべて」を生み出せるわけではないのである。企業は，サプライチェーンを通して取引先から部品や原材料などを供給してもらうことで，その活動が成り立っている。それゆえに無理な納期を設定したり，買い叩きをするようなことがあってはならない。取引先とは，適正な支払いや納期設

定などによって共存する必要があるのである。さらに株主や銀行など，企業に
対して資金を提供する主体があげられる。株主は，企業の株式を購入する出資
者であり，企業としては，全株主に対して議決権数に基づいて公平な対応をす
る必要がある。とくに，情報開示，余剰利益の配当支払い，株価上昇による資
産価値の向上などが企業の責任として求められる。また，銀行は主として資金
を融資する主体であり，企業としては計画に基づいた元利払いを履行していく
必要がある。銀行による企業金融は，市民の預金を貸し出しに回す間接金融で
あるため，元利支払いを適切に履行することが，家計の金融資産の蓄積にも貢
献できる[8]。

　最後に，地域社会（local community，または community）である。地域社会と
は漠然として曖昧な概念であるが，ISO26000 によると，「組織の所在地に物理
的に近接する，または組織が影響を及ぼす地域内にある住居集落，その他の社
会的集落」のことを示している（ISO/SR 国内委員会監修，2011，p.165）。このよ
うな企業・組織から物理的に近接する範囲のことを地域社会と位置づけると，
実質的には，住民も含めて，そこに住む従業員，近隣の取引先など，あらゆる
ステークホルダーによって地域社会が構成されていると言える。地域社会を構
成し企業との関係を持つ主体のことを，本書では「地域ステークホルダー」と
呼称することにする。つまり地域ステークホルダーの集合体こそが，地域社会
に相当するのであり，地域社会という独立した存在があるわけではない。

　そのほかに，図表 1 - 1 に出ていないステークホルダーも存在する。例え
ば，小学校から大学までに至る教育機関，NGO や NPO などの市民活動組織，
テレビや新聞などの報道機関，地球環境や地域自然なども現実的にはステーク
ホルダーに含まれてくる。教育機関との間には新卒学生に関する事項や，企業
技術のフィードバックを通した教育などが行われている。企業技術に基づくフ
ィードバックについては，例えば，ダスキンの事例がある。同社は，ハウス・
クリーンを中核技術としていることから，年末の大掃除におけるノウハウを
地域住民に提供する活動を展開している[9]。NGO や NPO との関係では，連携
した社会課題解決やそれらによる企業行動監視，報道機関では，企業活動の広
報・監視または取引関係，自然との関係では，環境破壊・地球温暖化といった

事項が，企業との間で生じる利害関係になると想定される。このように，企業は多様なステークホルダーと関係を持ちながらビジネスを展開している。そこではステークホルダーとの良好な関係を構築するために，企業にも社会性のある行動が求められる。そして，その実践こそが CSR なのである。

　なお，ステークホルダーの分類については，企業の事業活動に直接的な関係を有する主体と，間接的な関係を持つ主体に分ける見方もある。前者については，「プライマリー・ステークホルダー」または「経済的ステークホルダー」，後者については「セカンダリー・ステークホルダー」または「社会的ステークホルダー」と呼称される（浦野，2011，p.58-p.60）。前者に位置するのが，株主・銀行，従業員，取引先，消費者（顧客）などであり，後者には政府・自治体，地域社会，報道機関，教育機関，NGO や NPO，自然環境などが該当してくる。企業にとっては，プライマリーを優先して，セカンダリーを劣後するという位置づけではなく，果たすべき社会的責任の在り様が異なってくるだけであり，すべてのステークホルダーとの関係で，それぞれに対応する形で CSR を果たしていかなければならない。

（3）CSR の構成要素：CSR ピラミッド

　端的に言うと，上記のステークホルダーに対して，企業が社会的責任を果たしていくことが CSR なのである。そして，具体的に企業はどのような責任を負うのかについて，Carroll and Buchholtz（1999）は「CSR ピラミッド」（The Pyramid of Corporate Social Responsibility）というモデルを用いて説明している（図表 1 - 2）。この CSR ピラミッドは，多くの研究者から支持されるモデルであり，CSR の概念を説明する際に一般的に用いられることが多い。

　CSR ピラミッドでは，下層の基礎的責任から上層に移行するに連れて，より高次の責任へと性質が変わっていく。このような考え方は，人間の欲求について説明する Maslow（1954）の「欲求階層説」（hierarchy of needs）における欲求の質的移行と類似している[10]。それでは，まず，最も基礎的な責任に該当する「経済的責任」（Economic Responsibilities）について見ていく。経済的責任とは，事業活動を通して利益を上げることであり，それは端的に言えば，「利

図表1-2 CSRピラミッド

社会貢献的責任
(Philanthropic Responsibilities)

倫理的責任
(Ethical Responsibilities)

法律的責任
(Legal Responsibilities)

経済的責任
(Economic Responsibilities)

出所：Carroll and Buchholtz, 1999, p.37-p.38.

益を上げよ」というものである。営利企業である以上，製品・サービスを販売して，利益を上げることが当然の責任として求められる。売上や利益が上がるからこそ，取引先への仕入れ支払い，従業員への給料支払い，株主への配当や銀行への元利支払い，さらには納税などの経済的貢献が可能になるのである。かつて新自由主義経済学の推進派で「マネタリスト」（monetarist, 貨幣主義者または通貨主義者）の Friedman（1970）が，「企業の利益を最大化するように経営資源を用いて，経営活動を行っていくこと」を企業の最大の社会的責任として定義したことでも知られている（Friedman, 1970, p.33）。営利性に注目すれば，企業の純粋な目的は，営利機関として事業活動を通して売上，ひいては利益を上げること，さらには「株主価値の最大化」にほかならない。とくに英米の資本主義モデルは「アングロ・サクソン型資本主義」として，企業経営の第1目的を株主価値または株主利益の最大化に設定している[11]。

　ついで，「法律的責任」（Legal Responsibilities）であり，これは文言からも読み取れるように，法律や条令といったルールを遵守して事業活動を行う責任である。法令を遵守することは，今日では「コンプライアンス」（compliance, 法令遵守）という名称で定着しており，社会のルールを守りながら事業を行うことの必要性が改めて認識されている。法律や条令を遵守しながら，事業活動を

行っていくことは，至極当然の行為のように思われるが，残念ながら，そのようなルールを故意，または過失や不意的に逸脱する事態が頻繁に発生している。

　図表 1 - 3 は，2000 年代以降の日本の大手企業における企業不祥事（法令違反）の事例をまとめたものである。雪印乳業による大量食中毒（食品衛生法違反），マルハニチロによる輸入タコの原産国偽装および脱税（関税法違反），三菱ふそうによるリコール隠し（道路運送車両法違反）に始まって，2010 年代においても様々な企業不祥事が発生することになる。このような法令違反では，意図しない誤謬によって生じた過失行為も一部あるものの，この図表において掲載されている企業不祥事は，意図的に行われたものばかりである。経営者関与も含めた組織的な法令違反もあれば，組織のなかの特定個人や特定部署で局所的に発生する不祥事まで，その性質は様々である。しかも，経営者自ら不正に関与するケースが多いのも実態になっている（ライブドア，東芝，日産自動車，関西電力，SMBC 日興証券など）。法律や条令を守るというごく当たり前の行為が，ビジネスの実態においては，頻繁に逸脱してしまう大きな課題の 1 つになっているのである。企業経営における法令遵守の達成は，解決へ向けてたゆまない努力を必要とする永遠の課題と言っても過言ではないであろう。

　そして，「倫理的責任」（Ethical Responsibilities）とは，法令や条例などの規制を超えて正しい行動をする責任である。つまり，道徳や社会的価値と照らし合わせて正しい行動をする責任のことである。なぜ，このような倫理的責任が必要になるかというと，法律や条令は社会的要請の後追い的な規程なのであり，必ずしも現在において直面する状況に対応できるものではなく，時代錯誤を生じさせる可能性がある。また，社会において発生する課題のすべてを法律や条令に組む込むことは，現実的には不可能である。つまり，法律とは，社会的に発生した課題の一部を，後追い的に明文化・制度化したものに過ぎず，それの遵守は，社会性を満たすうえでの必要条件にはなるが，十分条件にはならない。だからこそ，法律という枠組みを超えた倫理的責任を果たす必要性が生じてくる。ステークホルダーに対して，社会的価値と照らし合わせて誠実な行動を取る必要がある [12]。

　具体的に，どのような行為が倫理的責任に該当するかと言うと，人間に例え

図表1－3 日本企業の法令遵守違反（企業不祥事）

不祥事発生企業	発覚時期	不祥事内容	関連法令
雪印乳業	2000年6月	大量食中毒	食品衛生法違反
マルハ（現マルハニチロ）	2001年5月	タコ原産国偽装および脱税	関税法違反
雪印食品	2002年1月	食肉偽装による不正販売	食品衛生法違反
武富士	2003年6月	電話盗聴	電気通信事業法違反
三菱ふそう	2004年3月	リコール隠し	道路運送車両法違反
明治安田生命	2005年2月	保険金不払い	保険業法違反
ライブドア	2006年1月	粉飾決算	金融商品取引法違反
⋮	⋮	⋮	⋮
オリンパス	2011年11月	粉飾決算	金融商品取引法違反
日本精工	2012年4月	ベアリング・カルテル	独占禁止法違反
⋮	⋮	⋮	⋮
東洋ゴム	2015年3月	免震・防振ゴムのデータ改ざん	建築基準法違反
東芝	2015年4月	粉飾決算	金融商品取引法違反
化学及血清療法研究所	2015年6月	ワクチン不正製造	医薬品医療機器法違反
旭化成建材	2015年10月	マンション杭打ちデータ改ざん	建築基準法違反
てるみくらぶ	2017年3月	突然の破たん・旅行者被害	破産法違反
日産自動車	2017年9月	品質検査不正	道路運送車両法違反
神戸製鋼所	2017年10月	アルミ製品の性能データ改ざん	不正競争防止法違反
スバル	2017年10月	品質検査不正	道路運送車両法違反
東レハイブリッドコード	2017年11月	製品検査データ改ざん	―
宇部興産	2018年6月	品質検査不正	
ヤマトホームコンビニエンス	2018年7月	引越料金過大請求	貨物自動車運送事業法違反
マツダ	2018年8月	燃費・排ガス不正検査	―
スズキ	2018年8月	燃費・排ガス不正検査	―
ヤマハ	2018年8月	燃費・排ガス不正検査	―
フジクラ	2018年8月	製品検査データ改ざん	―
KYB	2018年10月	免震・制振装置のデータ改ざん	―
日産自動車	2018年11月	役員報酬の過少申告	金融商品取引法違反
京王観光	2019年1月	不正乗車	鉄道営業法違反
ツタヤ	2019年2月	誇大広告	景品表示法違反
大和ハウス工業	2019年4月	不適合工法	建築基準法違反
T&Cメディカルサイエンス	2019年4月	インサイダー取引	金融商品取引法違反
森永製菓	2019年4月	支払代金不当減額	下請法違反
ニチイ学館ほか2社	2019年5月	医療事務談合	独占禁止法違反
すてきナイスグループ	2019年5月	粉飾決算	金融商品取引法違反
かんぽ生命	2016年6月	不適切販売	保険業法違反
関西電力	2019年9月	金品受領・不適切発注	―
SMBC日興証券	2022年3月	株式相場の価格操作（操縦）	金融商品取引法違反

出所：矢口，2021，p.74 を加筆修正。

てみると，陰湿ないじめ行為をしない，礼節や義理を欠かない，他人を傷つける言動をしない，ごみを道端に捨てないといった後ろ向き（受動的）な表現で象徴されるものが多い。このことを企業に当てはめて考えると，例えば，労働規制の弱い（不十分な）発展途上国で児童労働をさせない，男性ばかりが重用される人事制度を止める，職場内でのハラスメントを発生させない，資源の無駄遣いをしないなどの行為が該当してくるであろう。もちろん，このような後ろ向きなものだけでなく，前向き（積極的）な倫理的責任もある。温室効果ガス排出削減の取り組みをする，労働基準法の基準を超えた福利厚生を整備して従業員のワーク・ライフ・バランスを支援する，法律が定める説明責任を超えて，顧客への説明を尽くして彼らの便益を向上させるなどの行為である。いずれにしても，法律的な責任を超えたところで，企業はどのような役割と責任を果たすべきかが問われている。

　最後に，最も上位に位置づけられる「社会貢献的責任」（Philanthropic Responsibilities）を見ていく。社会貢献的責任とは，まさに博愛主義的な観点から社会の生活水準の向上に資する取り組みである。そのような企業の社会貢献活動の全般のことは「フィランソロピー」（philanthropy），その中でもとくに文化・芸術を支援する活動のことは「メセナ」（mécénat）と呼称される。例えば，非営利団体や地域社会への寄付（資金・物資を問わず），工場施設の開放（工場見学や施設利用），従業員の講師派遣による学校・社会教育，地域清掃や花壇整備といったボランティア活動[13]などであり，企業がステークホルダーのQOL向上に貢献する行為である。CSRに対する認識においては，この社会貢献的責任をCSRそのものと誤解されることもしばしばであった[14]。

　社会貢献的責任では，事業との関連性を考慮せずに，純粋な観点で地域社会や地域住民の生活水準の向上を目指した博愛的な活動が行われる。19世紀末から20世紀初頭のアメリカでは，USスチール（U.S. Steel）創業者のA. Carnegieやスタンダード・オイル（Standard Oil Company）創業者のJ. D. Rockefellerなどの成功した企業家のCSR活動は，まさに地域社会へのフィランソロピーそのものであった[15]。ちなみにアメリカの企業寄付の総額は，2021年度には211億ドルに及んでいるのに対して（Giving USA HP），日本の企

業寄付の総額は7,909億円（2015年，ドル換算で53億8,000万ドル）となっている（日本ファンドレイジング協会HP）。このようにアメリカと日本では，企業寄付の総額だけを見ても約4倍に及ぶ格差が見て取れる。なお，日本の場合は，厳密には法人寄付総額であり，企業以外の法人による寄付金額も含まれているため，実際には日米の企業寄付額の差はますます大きくなる。ともあれ，企業として，社会の諸事情や課題を改善するために，いかなる貢献をできるのかが大きなポイントの1つになっている。

　このようにCSRの基本的な性質は，企業を取り囲むステークホルダーに対して，経済，法律，倫理，社会貢献の4種類の社会的責任を果たすことを意味する。企業がこのような活動をすることは，追加的な取り組みではなく，事業の本質それ自体を表していると言って良い。なぜなら，企業の果たすべき役割と責任，そして存在意義のすべてがこの4つの社会的責任事項に含まれると考えられるからである。

3 ── CSRにおける持続可能性と企業の競争力向上

（1）経済・社会・環境の視点

　このような責任ある経営，すなわちCSRについては，近年では多様な側面から議論されるようになっている。各研究者によるCSRの定義は多様であり，そこに完全な議論の一致は見られないようである（矢口，2014a，p.25-p.30）。CSRの定義とは異なるが，それを理解するための鍵概念の1つとして，「持続可能性」（sustainability）あるいは「持続可能な発展／開発」（sustainable development）という概念がある。持続可能性に関する概念は，そもそも「環境と開発に関する世界委員会」（World Commission on Environment and Development，以下，WCED）が，1987年に発表した「我ら共有の未来」（"Our Common Future"）において発表したものである。それは「将来の世代のニーズを損なうことがないようにして，現代世代のニーズを満たすように開発を行うこと」と定義される（WCED，1987，p.41）。現世代だけの欲求を充足することで，将来世代の人々にしわ寄せが行ってしまうのではなく，次世代，次々世代の人々のQOLにも配慮した取

り組みを行う必要があるのである。

　このような持続可能性に関する考え方は，企業経営の側面においては，1994 年に発表された「トリプル・ボトム・ライン」(Triple Bottom Line) という思考で展開されていく。この概念は，イギリスにおいてサステナビリティ社 (SustainAbility)[16] を立ち上げた起業家の J. Elkington によって提唱されたものであり，「企業の社会的，環境的，経済的影響を調査・評価する持続可能性フレームワーク」(sustainability framework that examines a company's social, environment, and economic impact) として認識されている (Green Buoy Consulting HP)。そもそも，「ボトム・ライン」とは，損益計算書における最下段の線・行のことであり，企業の最終損益がこれに該当する。そのような観点から，トリプル・ボトム・ラインとは，企業利益という経済，環境的側面，社会的側面のそれぞれにおいて成果を上げること，しかも 3 者の同時達成の追求を示唆しているのである。

　このような発想に基づいて，1990 年代から 2000 年代にかけて EU (European Union, 欧州連合) において，CSR がとくに進展していく。トリプル・ボトム・ラインの思考を反映したものとして，イギリス政府 (UK Government) や欧州マルチステークホルダー・フォーラム (European Multi-Stakeholder Forum on Corporate Social Responsibility, 以下，EMSF) による定義が見られる。

イギリス政府による CSR の定義：

「企業が行える自発的な活動であり，最小限の法律的要請というコンプライアンスを超えるものであり，企業自身の競争力強化と広範な社会的要請に応じるものである」(UK Government HP)。

EMSF による CSR の定義：

「環境や社会における課題事項を自発的に事業活動に取り込み，法律や契約上の責任を超えるものである。…中略…ビジネスの中核に位置づけられ，利益を上げることに加え，ステークホルダーとの対話を通じて環境や社会の課題事項を解決し，企業の長期的な持続可能性に貢献するものである」(EMSF, 2004, p.3)。

　これらの定義からは，環境や社会というステークホルダーにおける課題解決・貢献と，企業の競争力の両立をその特徴としていることが分かる。その意味では，CSR とは，博愛主義に基づく純粋な社会貢献活動だけではなく，そこには明確な戦略的意図の下に，経済・環境・社会に関して“win-win-win”の関係を構築すべく取り組まれる企業活動なのである。そして，その目的とするところは，持続可能な発展を達成することにある。

（2）経済と社会・環境を両立させるビジネス

　このような社会や環境問題の解決と，ビジネスを両立させる考え方は，2000年代になると BOP ビジネスや CSV などの概念で捉えられるようになる。BOP ビジネスとは，年間所得が 3,000 ドル以下の世界の貧困層である BOP（Bottom of the Pyramid, ピラミッドの底辺）に対するビジネス展開のことである。貧困層のなかでも，1 日 2 ドル未満で生活する最貧困層に位置する人々は，全世界では 40 億人以上に及んでいるという。そして，このような人々の層は，製品やサービスを購入する潜在的な市場であり，企業の成長機会やイノベーションを生む源泉にさえなり，ビジネスにとって欠かせないポジションを有するようになる。発展途上国を対象とした社会改善と，企業利益の両立が図れているのである[17]。

　また，Porter and Kramer によって提示された概念として，CSV（Creating Shared Value, 共通価値創造）の認知が広く普及するようになっている。そもそも「共通価値」とは，企業が事業活動を展開する地域社会における諸課題の解決・改善を図りながら，当該企業の競争力も高めるための方針・意思決定や実行のことをいう。彼らによると，企業と社会の双方の関係は，長期間にわたって「敵対関係」（pitted against each other）にあったという。つまり，企業の利益を満たすためには，社会（環境を含む）の利益（便益）を犠牲にしなければならない。反対に，社会・環境の便益を追求する際には，企業の利益を犠牲にしなければならないという「トレード・オフ関係」が存在すると考えられてきた。共通価値とは，このようなトレード・オフ関係を超越・克服するものであり，企業と社会・環境の間に“win-win”の関係をもたらすものである（Porter and

Kramer, 2011, p.64-p.65)。

　Porter and Kramer によって提示される CSV の好事例の1つとして，ネスレ社（Nestle）によるコーヒー豆の調達への取り組みがある。一般的に，コーヒー豆の栽培については，アフリカや中南米におけるコーヒー農家によって生産される割合が高い。このような発展途上国のコーヒー農家に対しては，十分な対価が支払われず，低価格で「買い叩かれている」状況にある。彼らの低所得が改善されないために，貧困の継続と固定化が指摘されている。それゆえコーヒー農家に対して，正当な対価が支払われるように価格設定したコーヒー豆の販売，いわゆる「フェアトレード」（Fairtrade）が近年では推進されている。フェアトレードとは，直訳すれば「公正な貿易」を意味しており，発展途上国の「原料や製品を適正な価格で継続的に購入すること」によって，同国の「生産者や労働者の生活改善と自立を目指す」取り組みのことを言う（フェアトレード・ジャパン HP)[18]。

　このような状況を前提としつつ，ネスレ社は同社の有力製品の1つのである「ネスプレッソ」生産における課題を有していた。ネスプレッソに使用するコーヒー豆が特殊であるため，その安定供給を確立できずにいたのである。特殊なコーヒー豆を生産する零細農家では，劣悪な農業環境のために，低生産性や低品質が問題になっており，そのことがコーヒー豆の供給を妨げる要因となっていた。この問題の解決に向けて，同社はコーヒー農家への支援を行うことで，その調達プロセスの見直しを行ったのである。生産方法に関する助言，銀行融資の保証，苗木や農薬などの資源確保などの側面から農家を支援した。さらに，コーヒー豆の品質を測定する施設建設と，高品質豆には買い取り価格の上乗せを行った結果として，収穫高の増加と品質が向上しコーヒー農家の所得も上昇した。また，効率的な農法が採用されたことで環境負荷の低減にもつながったという。もちろん，ネスレ社にとっても，特別かつ高品質のコーヒー豆の安定供給を可能にしたのであった（Porter and Kramer, 2011, p.79)。

　ネスレ社の取り組みは，当該企業にとってコーヒー豆の安定的確保という経済的価値を実現すると同時に，コーヒー農家の所得向上による QOL 向上という社会的価値，さらには環境負荷低減に貢献するものであり，経済と社会を両

立させる CSV 活動であることが分かる。CSV の大きな特徴の 1 つに言及する
と，それは事業それ自体を通した CSR 実践そのものということである。ネス
レ社は，その「バリューチェーン」(Value Chain，価値連鎖) のうちの「調達」
(procurement) の方法を変えることで，ネスプレッソの「製造」(operation) を
容易たらしめた[19]。事業の競争力強化を目指した取り組みが，社会と環境にも，
結果的に貢献することを可能にしたのである。CSR について事業非関連型の
フィランソロピー活動に限定するのではなく，事業との関連性を持たせて，社
会課題を解決する取り組みが求められている。そして，CSR が企業それ自体
の競争優位や持続可能性にも貢献するものとして，経営戦略の一環として取り
込まれていく必要があるのである。

4 ── CSR をめぐる国際的な促進枠組み

(1) ISO14001，グローバル・コンパクト，そして GRI

　企業の CSR を推進・促進するための取り組みや，枠組みも世界的につくら
れてきた[20]。それが，ISO14001，グローバル・コンパクト，GRI，ESG 投資，
MDGs と SDGs，そして ISO26000 といったものであり，以下では，これら
CSR に関する国際的な枠組みを見ていくなかで，現代企業の社会的責任に関
する潮流を知ることができよう。

　まず，環境問題への取り組みに限定されるが，ISO14001 という国際的な規格が
知られている。ISO14001 とは，ISO (International Organization for Standardization，
国際標準化機構) が策定した環境マネジメント・システムに関する国際規格であ
る。ISO14001 では，経営者の環境方針に基づいて，環境管理に関する PDCA
マネジメント・サイクルを構築して，継続的改善の仕組みを設けることが要
請される[21]。ちなみに，日本の ISO14001 認証取得企業数は 2 万 2,004 社とな
っており，世界でも中国に次ぐ第 2 位の実績となっている (2019 年 12 月時点，
ISO ナビ HP)。ただし，ISO14001 は，環境問題にその取り組みを限定している
ことに加えて，経営管理に環境改善をいかに組み込むかという内部の視点が強
いことから，CSR それ自体を正面かつ全面的に捉えた取り組みにはなってい

ない。

　グローバルな観点から，CSR を促進する先駆けとなったのが，2000 年 7 月
の国連グローバル・コンパクト（United Nations Global Compact）である。当時
の国連事務総長の K. A. Annan 氏（コフィー・アナン）が企業向けに提唱した
イニシアチブであり，グローバル社会において企業が，企業市民として社会的
責任を果たして諸課題の解決に貢献することを求めたものであった。実際に，
グローバル・コンパクトでは，人権（①人権の保護と尊重，②人権侵害加担回避），
労働（③結社の自由，④強制労働撤廃，⑤児童労働廃止，⑥差別の撤廃），環境（⑦予
防原則の指示，⑧責任の引き受け，⑨技術の開発と普及），腐敗防止（⑩腐敗防止への
取り組み）の 4 分野に及ぶ 10 原則の遵守を加盟企業に対して求めている。その
加盟企業は，179 か国の 2 万 769 企業・団体（2022 年 10 月時点）に達している。
なお，日本企業では 516 企業・団体が加盟している（同時点）[22]。もちろん，こ
れには法律的な拘束力はないが，持続可能な発展に向けて企業（とくに多国籍
企業）に対して，良き企業市民であるべきことを求めている。

　同じく国連が関与した活動として，1997 年に設立された GRI（Global Reporting
Initiative）の設立がある。GRI は CSR 報告の標準化を図ろうとする非営利団体
であり，NGO の CERES（Coalition for Environmentally Responsible Economies，環
境に責任を持つ経済のための連合）を主体として，そこに UNEP（UN Environment
Programme，国連環境計画）が関与する形で設立された。2000 年 6 月に GRI ガ
イドラインの第 1 版が発行され，その後，改訂を続けて 2016 年には「GRI ス
タンダード 2016」を発行している。GRI ガイドラインでは，トリプル・ボト
ム・ラインの発想に基づいて，環境・社会・経済（ガバナンス・組織）の観点
から，CSR 報告書やサステナビリティ報告書の内容や基準を定めている。そ
の作成において，一定の基準を提供するためのガイドラインを公表しており，
GRI に基づいた報告書には，その内容について一定の正当性が付与されると考
えられる[23]。

（2）CSR を金融面から促進する PRI と ESG 投資
　近年では，金融，とくに投融資の側面から，企業に対して CSR を促進する

取り組みも見られている。企業のCSRを促進する投資として，伝統的には，SRI（Socially Responsible Investment，社会的責任投資）が，1920年代から英米の教会において展開されてきた。SRIは，キリスト教の教会が資産運用の際に，宗教上の教義に基づいて株式投資をするためにアルコール，たばこ，ギャンブルなど有害と考えられる産業を除外して投資を行ったことに始まる。このように，望ましくない投資対象を除外することを「ネガティブ・スクリーニング」（negative screening）という。1960年代以降になると，ベトナム戦争やアパルトヘイト（人種隔離政策）に関連する産業を投資対象から除外する動きも広がっていく。また，1980年代以降になってくると，地球環境問題やCSRへの関心の高まりを受けて，より望ましい産業を選別して投資を行う「ポジティブ・スクリーニング」（positive screening）の発想が見られるようになる。

　20世紀には，CSRを促進する投資はSRIによって牽引されてきたが，20世紀末から21世紀初頭にかけてESG投資の概念が誕生し，それに置き換わるようになっている。ESG投資は，2006年4月に発表されたPRI（Principle for Responsible Investment，責任投資原則）から始まる。PRIについても，当時のAnnan国連事務総長によって提唱されており，機関投資家に対して，投融資を行う際にESGを考慮することの前提として，6つの投資原則を遵守するように求めている。その投資原則は，①ESGに配慮した投資分析・意思決定，②ESGに配慮した株式保有者，③投資先に対するESGへの取り組み開示請求などの6原則である。なお，2020年11月時点で，世界では3,470に及ぶ金融機関がPRIに署名している（SDGsアントレプレナーズHP）。

　現在では，ESGが社会的に責任ある投資行動を導く投資手法の主流となっている。ESGでは，E（Environment，環境），S（Social，社会），G（Governance，統治）という3つの側面から企業を評価して投資を行う。Eとは，企業が環境問題の解決や負荷低減にどのように取り組んでいるのか，Sとは，社会が抱える様々な課題に取り組むことで人々のQOL向上にいかに貢献しているのか，G（ガバナンス）とは，企業不祥事を予防するための監視体制や意思決定の透明性などをいかに確立しているのかに関するものである。ESG投資では，単純な収益性だけでなく，環境・社会・統治といった非財務的な状況に基づいて投

資判断がなされる。なお SRI と ESG 投資の大きな違いは,「SRI が一部の投資対象に限られていたものであったが,ESG 投資は,すべての企業が投資対象となって企業評価の壇上に乗せられる」ことにある（野村,2021,p.150）。近年では,すべての企業（上場企業）を対象に,非財務的な側面を ESG の観点から総合的に評価して投資することが重要視されているのである。

　Global Sustainable Investment Alliance（2021）によると,ESG の投資残高は,2014 年のヨーロッパでは 9 兆 8,850 億ドル,アメリカでは 6 兆 5,720 億ドル,日本では 57 億ドルという状況になっている。株式投資全体に占める ESG 投資の割合は,ヨーロッパが 58.8%,アメリカが 17.9% であるのに対して,日本は 1% に満たない。金額の面でも,全株式投資に占める割合の面でもヨーロッパが ESG を主導する形で進展していった。以下,上記の順で見ていくと,2016 年には 11 兆 450 億ドル（割合 52.6%）,8 兆 7,230 億ドル（21.6%）,3,880億ドル（3.4%）へ,2018 年には 12 兆 3,060 億ドル（48.8%）,11 兆 9,950 億ドル（25.7%）,1 兆 5,780 億ドル（18.3%）へ,最後に直近の 2020 年には 10 兆 7,300億ドル（41.6%）,17 兆 810 億ドル（33.2%）,2 兆 1,090 億ドル（24.3%）へと推移している（図表 1 - 4）。ESG 投資の増加率について,ヨーロッパ,アメリカ,日本では時間が経過するに連れて,投資残高,および株式投資残高に占める割

図表 1 - 4 ESG 投資残高の推移

	2014 年	2016 年	2018 年	2020 年
ヨーロッパ	9,885 （58.8）	11,045 （52.6）	12,306 （48.8）	10,730 （41.6）
アメリカ	6,572 （17.9）	8,723 （21.6）	11,995 （25.7）	17,081 （33.2）
日本	5.7 （0）	388 （3.4）	1,578 （18.3）	2,109 （24.3）
増加率		2014-2016	2016-2018	2018-2020
	ヨーロッパ	11.7%	11.4%	-12.8%
	アメリカ	32.7%	37.5%	42.4%
	日本	6807.0%	406.7%	33.7%

※ 1：単位は 10 億ドル。
※ 2：ヨーロッパと日本の投資残高については,2022 年 11 月 1 日の為替相場（1 ドル＝ 147 円,1 ドル＝ 1 ユーロ）で計算している。
※ 3：カッコ内は,全株式投資残高に占める ESG 投資の割合であり,単位は % となっている。
出所：Global Sustainable Investment Alliance, 2021, p.9-p.10 に基づいて筆者作成。

合ともに増加していることが分かる[24]。なお，日本では 2015 年 9 月に GPIF
（Government Pension Investment Fund，年金積立金管理運用独立行政法人）が PRI
に署名したことで，日本でも ESG 投資への「離陸」が始まったと言われている。
GPIF 自体も，ESG 投資へ直接的に舵を切っただけでなく，GPIF の運用受託
機関に対しても ESG 投資をするか，しなかった場合には説明を求めるように
なった（大和総研 HP）。結果として，実質的に運用受託機関も ESG 投資に取り
組まざるを得ない状況がつくられている[25]。

　このように，世界的に ESG 投資残高が大幅に増加しており，企業への投資
の際に非財務的側面が重視されて，収益性と合わせて総合的に企業を評価しよ
うとする動向が顕著になっている。それゆえ，企業としても ESG に焦点を当
てて CSR 活動に取り組むことが，主として資金調達の側面から，その営利性
とも整合的になってきている。むしろ，ESG に取り組まないことが，株式市
場において，当該企業への不利な状況を醸成しさえすると考えられる。

（3）持続可能な社会の実現へ向けて：MDGs から SDGs へ

　持続可能な開発に向けては，2009 年 9 月の国連ミレニアムサミットにおい
て採択された MDGs（Millennium Development Goals，ミレニアム開発目標）が知ら
れている。MDGs では，2015 年を達成年度として国家，市民，そして企業を含
む法人が取り組むべき 8 つの目標と 21 のターゲットを設定した（図表 1 - 5）。

図表 1 - 5　MDGs における 8 つの目標

目標 1	極度の貧困と飢餓の撲滅
目標 2	初等教育の完全普及の達成
目標 3	ジェンダー平等推進と女性の地位向上
目標 4	乳幼児死亡率の削減
目標 5	妊産婦の健康改善
目標 6	HIV／エイズ，マラリア，その他の疾病の蔓延の防止
目標 7	環境の持続可能性確保
目標 8	開発のためのグローバルなパートナーシップの推進

出所：外務省 HP に基づいて筆者作成。

これら8つの目標の特徴を見ていくと，そのほとんどが発展途上国における貧困，教育，健康・福祉などのような人々のQOL問題を対象としている。もちろん，目標7「環境の持続可能性確保」のような環境に関するものもあるが，ほとんどの項目が「社会」問題にフォーカスされている。持続可能な発展のために，南北格差からも顕著に示されるように，発展途上国の生活水準の向上へ向けた取り組みをその基礎に置いている。なお，MDGsの大きなポイントの1つは，発展途上国を単純に支援・援助するだけではなく，経済的な「取引」を通して，それらの課題を解決することにある（高岡，2015，p.104）。

　持続可能な発展を考えるうえで，たしかに途上国の人々のQOL改善は重要なテーマの1つにはなり得る。しかし，持続可能性を総合的に考えるためには，より広い視点が必要になってくる。つまり，先進国と，発展途上国とを問わず，しかもQOLだけでなく，環境や経済の問題を視野に入れること，すなわちトリプル・ボトム・ラインに含まれる3つの要素を達成する志向が必要になると考えられる。そのような視点について，広範な側面から持続可能な発展を目指すべく，2015年9月に国際連合において「我々の世界を変革する―持続可能な開発のための2030アジェンダー―」が採択された。そのなかで，MDGsの後継として，MDGsを統合する目標とするSDGs（Sustainable Development Goals，持続可能な開発目標）が設定された（図表1－6）。SDGsでは，2030年を

図表1－6　SDGsのイメージ図

出所：国際連合広報センターHP。

達成年度として，「『誰一人取り残さない』持続可能で多様性と包摂性のある社会」を実現するために，17 の目標と 169 のターゲットを設定している。

SDGs の具体的な 17 目標は，図表 1－7 で示されている通りである。このように MDGs とは異なり，先進国または発展途上国のいずれか，および社会課題項目である人々の QOL に限定するのではなく，多様な観点から持続可能な開発・発展が目指されている。近年では，SDGs は社会的なブームとなっており，あらゆる団体・個人で取り組まれていたり，盛んに宣伝されることがある。それらを俯瞰していると，感覚的にではあるが，「SDGs ＝ 環境への取り組み」と認識されており，社会全体を巻き込んだ環境問題の解決への取り組みのように映ってしまう。その際の視点は，汚染防止や環境破壊のようなネガティブなものではなく，資源の有効活用に着目している点では，たしかに「持続可能」的ではある。しかも，様々な団体が，SDGs に取り組むことを社会貢献活動の一環に位置付けているように思われる[26]。

図表 1－7 SDGs の 17 目標

目標1	貧困をなくそう
目標2	飢餓をゼロに
目標3	すべての人に健康と福祉を
目標4	質の高い教育をみんなに
目標5	ジェンダー平等を実現しよう
目標6	安全な水とトイレを世界中に
目標7	エネルギーをみんなに，そしてクリーンに
目標8	働きがいも経済成長も
目標9	産業と技術革新の基盤をつくろう
目標10	人や国の不平等をなくそう
目標11	住み続けられるまちづくりを
目標12	つくる責任，つかう責任
目標13	気候変動に具体的な対策を
目標14	海の豊かさを守ろう
目標15	陸の豊かさも守ろう
目標16	平和と公正をすべての人に
目標17	パートナーシップで目標を達成しよう

出所：筆者作成。

　SDGs のこれら 17 目標をより端的に示すと，目標 1：貧困，目標 2：飢餓，目標 3：保健，目標 4：教育，目標 5：ジェンダー，目標 6：水・衛生，目標 7：エネルギー，目標 8：成長・雇用，目標 9：イノベーション，目標 10：不平等，目標 11：都市，目標 12：生産・消費，目標 13：気候変動，目標 14：海洋資源，目標 15：陸上資源，目標 16：平和，目標 17：実施手段ということになる。これらのより明確化された目標に対して，世界全体で，その解決に向けて取り組んでいくことが大切になると認識されている。

　SDGs において重視されるのは「ビジネスの手法」，しかも本業との関連性の低いフィランソロピー活動を通してではなく，事業との関連性において経済的価値を創出しながら行われるものであるという。事業関連性の高い CSR，つまり CSV を実践していくなかで，これら 17 目標のいずれかの課題解決に寄与することが重要になるのである。さらに，このような 17 目標は，図表 1 - 8 に見られるように，経済，社会，環境の 3 つの持続可能性視点に分類される（高岡，2015，p.104-p.117）。

　まず経済の持続可能性に関しては，目標 8・9・12・17 が関係してくるが，これについては，まさに企業が重要な役割を担うものである。経済，つまり GDP の成長や雇用拡大，さらにイノベーションの達成には，企業の担う役割が重要になるし，もちろん製品やサービスを生産するのも企業である。なお，消費については，グリーン・コンシューマリズム（green consumerism）[27] に見られるように，消費者がその在り様を決めることもあるが，生産された製品や

図表 1 - 8 SDGs の持続可能性項目の再分類

領域	該当目標
経済の持続可能性	目標 8：成長・雇用，目標 9：イノベーション，目標 12：生産・消費，目標 17：実施手段
社会の持続可能性	目標 1：貧困，目標 2：飢餓，目標 3：保健，目標 4：教育，目標 5：ジェンダー，目標 8：成長・雇用，目標 10：不平等，目標 11：都市，目標 16：平和，目標 17：実施手段
環境の持続可能性	目標 2：飢餓，目標 6：水・衛生，目標 7：エネルギー，目標 11：都市，目標 13：気候変動，目標 14：海洋資源，目標 15：陸上資源

出所：矢口，2021，p.87。

サービスの消費の在り様についても，企業がリサイクルやリユースの仕組みを提供する，あるいは消費スタイル（ライフ・スタイル）を提供するなどして関与することができる。実施手段については，企業単独だけでなくサプライヤーや消費者などとの協力関係が重要になることは言うまでもない。

　ついで社会の持続可能性については，目標1・2・3・4・5・8・10・11・16・17が関係してくるが，これらは人々の健康・保健・福祉（目標1・2・3），多様性や雇用の促進（目標4・5・8・10），健全に生活するための環境整備（目標11・16），そして実施手段（目標17）として，企業，政府，NGO，WFP（World Food Programme，国連世界食糧計画）のような国際機関と協働しながら，世界に暮らす人々のQOL向上に資することを求めている。ここでも企業の果たす役割が大きくなる。目標1・2・3における根本的な問題は貧困であり，これが改善されれば飢餓や健康・保健・福祉といった課題も解決される。そのためには経済成長が必要であり，これは企業による間接的な支援ではなく，事業を通して直接的な支援につながっていく。もちろん，健康・保健・福祉の向上に直接的に寄与する取り組みも大切であるが，根本的な脱却には経済成長が求められてくることは自明である。

　企業による経済成長への取り組みは，目標8の雇用促進にも直接的に関係してくる。また目標4の教育や目標5のジェンダーについても，企業は関与するとともに貢献することができる。学校教育の支援に加えて，企業内における技術やノウハウに関する教育機会を提供することができるし，男性・女性を問わず能力によって公正に処遇することでジェンダー問題の解決にも寄与できる。性別だけでなく，少数人種や障害者などのマイノリティへの対応によっては，目標10の不平等の是正にもつなげられる。また目標11の都市づくりにおいても，建物の建築やインフラ敷設には企業の関与が大きくなる。このような経済的側面に寄与することで，社会全般が等しく豊かになれば目標16の平和も実現されると考えられる。

　最後に環境の持続可能性については，目標2・6・7・11・13・14・15が関係してくる。目標2の飢餓は，社会の持続可能性にも含まれているが，大規模な気候変動による干ばつや水害などによって，食糧不足に陥ることが懸念されて

いる。また気候変動は目標6の水や衛生にも影響を及ぼしてくる。水資源の汚染回避や保全であったり，その資源を有効活用する活動を展開することも可能になってくる。例えば，飲料水の世界大手のボルヴィック社（Volvic）は，「1ℓ for 10ℓ」を 2007 年から 2016 年にかけて実施し，発展途上国において清潔な水と衛生を提供してきたことで知られている（キリンホールディングス HP）。目標 13 の気候変動については，その要因となる温室効果ガスの排出主体の 1 つとして，企業が大きな割合を占めているため，その事業改善が必要になってくる[28]。目標7のエネルギーに関しては，電力，石油，石炭，天然ガスなど，それらを生産するのも企業による活動であり，発電や採掘に関して効率的な運営を担うためにはプラント建設を始めとする多くの企業が関与している。さらにエネルギーの消費の側面でも，省エネを促進する製品やシステム構築なども企業が提供している。最後に目標 14・15 の海上と陸上の資源保全についても，企業のみですべてを担えるわけではないが，資源の有効活用促進や新規資源の開発を通して貢献することができよう。

このように SDGs は，経済，社会，環境の 3 つの側面から我々人間が生活する地球における持続可能性を考慮するものであり，それらを成し遂げるための中心的存在の 1 つが企業なのである。また，SDGs については，何か目新しい，あるいは高邁な取り組みをするのではなく，トリプル・ボトム・ラインに基づきながら，かつ CSV を意識した CSR 実践を地道に行っていくことが肝要である。それゆえ SDGs は，多国籍企業や大企業だけが実行可能なものではなく，中小企業も十分に実践できる取り組みなのである。SDGs は，企業が CSR を果たす際の目標や方向性を明示しているとも考えられる。企業としては，それぞれが SDGs を意識しながら CSR を果たすことで，持続可能な社会の実現に貢献できることを認識すべきであろう。

（4）企業の CSR を具体的に導く ISO26000：組織の社会的責任

上記では，MDGs から SDGs への展開を重視したため，時系列が前後するが，2010 年 11 月には ISO26000 という CSR に関するガイダンスが公表されることになった。従来，ISO が公表してきた 14001（環境規格）や 9001（品質規格）

と異なって，ISO26000は認証取得を必要とする規格ではなく，あくまで「社会的責任に関する手引き」(Guidance on social responsibility) として，国際的なCSR行動に関する枠組みを示すものとなっている。

　その作成過程では，90か国以上の国々，さらに40以上の地域機関が参加して，議論をする「マルチステークホルダー・アプローチ」(Multi-Stakeholder Approach) が採用された。マルチステークホルダー・アプローチ，またはマルチステークホルダー・プロセスとは，ある主題に対してルールや方針を決める際に，特定の利害関係者に偏ることなく，幅広いステークホルダーの参加の下で議論を重ねて合意に至るアプローチのことである。多様な分野からのステークホルダーが参加するため，互いの議論が噛み合わずに平行線を辿ることもしばしばであり，総意を得るのに時間を要したり，あるいは総意に至らずに解散することさえある。しかし，得られた総意に関しては，すべてのステークホルダーからの正当性，いわば「お墨付き」が付与されることになり，その実施はスムーズに進むと考えられる。CSRにおいても，経営者団体だけ，あるいは労働者団体だけで決めてしまっては，その決定事項に対して全ステークホルダーから正当性を得ることは難しい。そもそもCSRとは，企業を中心として，多様なステークホルダーとの関係性に基づいて考慮される課題事項であるため，マルチステークホルダー・アプローチが理想的な合意形成手段となっている。

　ISO26000のポイントを簡潔にまとめると，企業（組織）は多様なステークホルダーとの関係を有しているため，「ステークホルダー・エンゲージメント」(stakeholder engagement) を行い，ステークホルダーとのコミュニケーションと理解促進を図る。そして，彼らが抱える諸課題の解決を，企業の意思決定と活動に盛り込み社会的責任行動を実践するものである。このことを踏まえて7つの中核主題を設定し，この解決に向けて取り組むことを求めている（図表1-9）。さらに，このような7つの中核主題は，上記でも見てきたトリプル・ボトム・ラインやESGとも符合する特徴を有している。

　Eには4：環境が該当し，予防的なアプローチを取るだけでなく，製品のライフサイクルにおいて環境問題を組み込むことなどが述べられている。ここでは，汚染の予防という受動的な環境責任のほかに，持続可能な資源利用，気候

図表 1 － 9　ISO26000 における中核主題

中核主題	課題
1. 組織統治	
2. 人権	・デューディリジェンス　・人権に関する危機的状況　・加担の回避 ・苦情解決　・差別及び社会的弱者　・市民的及び政治的権利 ・経済的，社会的及び文化的権利　・労働における基本的原則及び権利
3. 労働慣行	・雇用及び雇用関係　・労働条件及び社会的保護　・社会対話 ・労働における安全衛生　・職場における人材育成及び訓練
4. 環境	・汚染の予防　・持続可能な資源の利用　・気候変動の緩和及び気候変動への適応 ・環境保護，生物多様性，および自然生息地の回復
5. 公正な事業慣行	・汚職防止　・責任ある政治的関与　・公正な競争 ・バリューチェーンにおける社会的責任の推進　・財産権の尊重
6. 消費者課題	・公正なマーケティング，事実に即した偏りのない情報，及び公正な契約慣行 ・消費者の安全衛生の保護　・持続可能な消費　・教育及び意識向上 ・消費者に対するサービス，支援，並びに苦情及び紛争の解決 ・消費者データ保護及びプライバシー　・必要不可欠なサービスへのアクセス
7. コミュニティ	・コミュニティへの参画　・教育及び文化　・雇用創出及び技能開発　・健康 ・技術の開発及び技術へのアクセス　・富及び所得の創出　・社会的投資

※ 1 ：ここでいうデューディリジェンスは，「人権デューディリジェンス」（Human Rights Due Diligence）であり，企業が利用するサプライチェーンやサービスにおける労働問題を発生させないよう最善の行動を取る責任を意味する（ニュートン・コンサルティング HP）。
出所：ISO/SR 国内委員会監修，2010, p.79-p.182 に基づいて筆者作成。

　変動緩和への貢献，生物多様性の保護・回復のように積極的な責任も述べられている。

　ついで，S は 2 ：人権，3 ：労働慣行，5 ：公正な事業慣行，6 ：消費者課題，7 ：コミュニティで形成されており，項目数の面では最も重視されていることが分かる。人権については，その侵害が世界的な課題の 1 つになっている。古くはアパルトヘイトに見られるような人種差別に際して，それを実施する国での操業が大きな問題として取り上げられた。近年では，例えば，新疆（しんきょう）ウイグル自治区における中国政府による人権侵害が広く伝えられている。同自治区では，綿花栽培が活発に行われてきたことから，世界中のアパレル企業が操業してきた。そのような人権侵害が行われている地域での操業が，当該企業にとって経済性と人権問題との関係から大きなジレンマを発生させている（朝日学情 HP）。労働慣行では，公正で安全な労働条件を実現し，従業員の能力

伸長の機会を提供することが重要になる。従来から，多国籍企業による途上国操業における強制労働や児童労働などの問題のほかにも，ダイバーシティを考慮した公正な人材育成を図る必要性が主張されてきたからである。公正な事業慣行では，競争や取引を公正に行うことが市場の効率性を最大限に高めて，ステークホルダーの便益を高めることになる。しかし，これまで企業が公正な競争を歪めて，不正手段によって当該企業に有利な競争環境を形成しようとする行為がしばしば見られた[29]。最後に消費者課題である。消費者は企業が提供する製品・サービスの善し悪しや，広告戦略によって大きな影響を受ける。それゆえ，適正な品質と価格，そして広告が求められるのであり，近年では，消費者情報も保護するなど，企業は消費者に対する責任を十分に果たす必要がある。

　Gには1：組織統治が該当し，これは直接的にはステークホルダー関係を有するものではなく，企業（組織）が社会的責任を果たすために，健全な状態に保つ仕組みを構築するものである。取締役会の在り様も含めた経営者のリーダーシップについて定めており，企業が社会的責任を実施するに際して，経営者を中心とする組織体制や監視の在り様を規定している。

　このようにCSRの国際的な潮流を見ていくと，ESG，またはトリプル・ボトム・ラインに基づいて，そこに存在する課題の解決に対して，企業として取り組んでいく必要があることが指摘されている。SDGsにおける17目標には，ビジネスを通した解決手段が意識されているが，非常に広範囲かつ一般的な特徴が見られることから，企業だけですべてを取り組めるものではない。それゆえ企業にとっては，大きく，かつ漠然とした抽象的な目標となるために，具体的な行動指針を提供するまでには至らない可能性がある。もちろんSDGsの目標を解釈して，組織内に浸透させる組織能力を当該企業として有していれば問題はないが，全ての企業にそのような能力が備わっているとは言い難い。実際に，SDGsのバッジは付けているけど，何をしたら良いか分からないというのが，多くの企業と経営者が抱いている感想なのではないだろうか。

　これに対して，ISO26000では，企業・組織が社会的責任を果たすために，まずステークホルダー・エンゲージメントを中心に据えて，7つの中核主題を

図表 1 － 10　国際的な CSR 促進の枠組み

年月	CSR 促進枠組み	実施主体
1996 年 9 月	ISO14001	ISO
2000 年 6 月	GRI ガイドライン第 1 版発行	GRI
2000 年 7 月	国連グローバル・コンパクト	国際連合
2006 年 4 月	国連責任投資原則	国際連合
2009 年 9 月	MDGs	国際連合
2010 年 11 月	ISO26000	ISO
2015 年 9 月	SDGs	国際連合

出所：筆者作成。

設定している。この 7 つの中核主題では，具体的な課題が示されており，これの解決に向けてアプローチしていくことを求めている。企業として改善・解決に寄与すべき課題が明らかになっており，しかもそれに基づいて行動することが ESG にも合致する。CSR の促進をめぐっては，国際連合と ISO を中心に，その枠組みがつくられているのである（図表 1 － 10）。

5── 本章のまとめ

　本章では，CSR の基本的な理解と国際的な潮流を把握することで，その特徴を正確に理解するとともに，今日的なコンテクストとの関係から CSR の意義を明らかにしてきた。CSR が必要とされるのには，企業が社会性を有していることを理解すべきであった。人間だけでなく，企業も多様な社会関係の下で事業を展開している以上，より良い社会関係を構築する必要があるからである。そのうえで CSR について，CSR ピラミッドという枠組みを確認した。それは基礎的責任から上位責任に向かうに連れて，経済的責任，法律的責任，倫理的責任，社会貢献的責任という要素で構成されている。そのような社会的責任を果たす対象がステークホルダーであり，企業は，様々な主体と関係を有しながら事業を展開していることが見て取れた。

　その後，持続可能性と競争力の向上という CSR を理解するための視点について検討した。CSR の目的は，そもそも持続可能性を達成することであり，

それは経済・社会・環境の3者が両立した発展であるトリプル・ボトム・ラインとして表される。CSRを実践するうえでは，それが環境や社会課題を解決するだけでなく，企業の競争力向上にも資するものであり，かつ事業との関連性の高いことがイギリス政府やEMSFの定義から見て取れた。その具体的な行動が，BOPビジネスやCSVであった。とくにCSVは，共通価値創造の下に，企業の経済的価値と社会的価値を両立させるビジネスの仕組みであり，CSRを事業活動へ取り込む理想的なモデルであることが分かる。

　最後に，CSRを促進する国際的な枠組みについても確認をした。まず，ISO14001やGRIガイドラインを見たが，これらは環境マネジメントやCSR報告書という，CSRを構成する一部に注力するものに過ぎない。これに対して，企業のCSRそれ自体を積極的に促進する動きが国際連合を中心に活発化していく。Annan元事務総長の下で，2000年にはグローバル・コンパクトが創設され，そこでは人権，労働，環境などで10の原則を定めて，企業に良き企業市民としての責任を果たすことが求められた。またCSRを求める動きとしては，2006年に創設されたPRIも重要な役割を担う。金融機関・機関投資家に対して，ESGを考慮した投資を広く波及させたからである。つまり収益性や財務面だけでなく，環境・社会・ガバナンスを総合的に考慮した投資が離陸し，全株式投資においても一定の割合を占めるまでになっている。

　そして，国際連合は持続可能な方向性を示すために，MDGsを2009年に発足させ，さらにMDGsを統合する形で，より体系的に持続可能性を目指すためにSDGsを2015年より開設することになった。SDGsでは持続可能な発展・開発を目指すために17目標が設定されており，それは環境・社会・経済のトリプル・ボトム・ラインの発想そのものであった。そして，ここには企業によるビジネスを通した活動が重視されており，CSV視点に基づいて，企業には長期的に関与することが求められている。最後に，ISO26000という組織の社会的責任に関する手引きを確認した。ISO26000では，企業がCSRを果たすために，ステークホルダー・エンゲージメントを中心に据えて，そのうえで7つの中核主題を設定していた。この7つの主題も，基本的にESGに該当しており，さらにSDGsよりも課題として解決しなければならない事項が具体的になって

いる。それゆえ，企業としては，ISO26000 に基づいて行動することが，CSR
の実践，さらには SDGs の目標達成に貢献することにつながると考えられる。

　このように本章での考察を通して，CSR の基本的性質と国際的な枠組みに
ついて，その理解と認識が深まったと考えられる。CSR の特徴を理解してお
くことが，本書の考察対象である中小企業・地域企業の社会的責任を考察・
分析することにも有用になる。次章では，中小企業と CSR について，地域社
会との関係性を踏まえて検討していく。これによって，地域企業，地域社会，
CSR の関係について，全体的な概要や特徴を俯瞰するとともに，CSR 経営に
おける中小企業と地域社会の関係について，その意義を示唆していこう。

【注】
1）　谷本（2013）によると，今日では，ビジネスをめぐる様々な主体において「責任あ
　　る」という表現が用いられているという。「責任ある投資」や「責任ある消費」な
　　どの表現が見られる（谷本，2013，p.10-p.11）。
2）　日本における CSR 元年を検証する研究としては，川村（2003）や矢口（2014）の
　　研究があるので，詳細はこれらを参照のこと。
3）　CSR と（企業の）社会的責任について，両者の概念を区別して用いるべきという
　　主張も見られる。20 世紀までに議論されてきた法令遵守，環境汚染防止，納税，
　　雇用維持などの取り組みを社会的責任とし，2000 年度以降において，それらを含
　　めたグローバル課題の解決や情報開示などの取り組みを CSR と認識する視点であ
　　る。詳細は岡本（2018）を参照のこと。
4）　企業会計においては，複数の利益概念があることを理解する必要がある。まず，売
　　上高から製造原価（あるいは売上原価）を差し引いて生じるのが売上高総利益（粗
　　利）である。その粗利から販売及び一般管理費（販管費）を差し引くと営業利益が
　　生じ，営業利益から営業外損益を加減することで経常利益が発生する。このことの
　　詳細については，例えば，林（2015）を参照のこと。
5）　例えば，森本（1994）や高橋（2006）を参照のこと。
6）　ボイコットおよびバイコット活動の詳細については，水越・大平・スタニスロス
　　キー・日高（2021）を参照のこと。
7）　企業の競争力に影響を及ぼす外部要因は，「ファイブ・フォース」（Five Forces）
　　として表現されている。そのようなファイブ・フォースを踏まえた具体的な経営戦
　　略論（競争戦略論）については，Porter（1980）を参照のこと。
8）　現在（2022 年 3 月時点）では，日本の市中銀行に預けた場合の預金金利は，普通
　　預金では 0.001％に過ぎずほとんど金利が付かない状況になっている（日本銀行金
　　融機構局 HP）。

9) 仙台市社会福祉協議会宮城野区事務所の小川琢也氏の談話に基づいている（2018年 11 月 27 日）。

10) 欲求階層説は，低次から高次にかけて，①生理的欲求（physiological needs），②安全の欲求（safety needs），③所属の欲求（social needs），④承認の欲求（egoistic needs），⑤自己実現の欲求（needs for self-actualization）の 5 つの欲求で構成されている。この詳細については，Maslow（1954）を参照のこと。なお，さらに Maslow は，企業経営において自己実現の欲求を重視しており，この欲求に基づいたマネジメントの在り様についても言及している（Maslow, 1965）。

11) 今日では，極端な株主主義への偏重を是正する動きが見られるが，その基本的性質は維持されたままと言えるであろう。なお，アメリカにおける株主価値の最大化を研究する高橋（2012）からは，その歴史的な経緯を見て取ることができる。

12) Pain（1997）では，企業・組織が社会からの信頼を獲得するには，倫理的責任を果たすべきことが述べられている。とくに，このような取り組みのことを「誠実さを目指す戦略」（integrity strategy）と呼称している（Pain, 1997, p.94-p.96）。

13) ボランティア活動というと，一般的に事業と関連性の無い取り組みを想定されるが，近年では，事業特性そのものを活かしたボランティアとして，「プロボノ」（pro bono）が注目されている。例えば，情報システム企業が NPO 法人の顧客管理システムを構築する事例のように，当該企業の特殊技術を活かしたボランティア活動の実践である。プロボノの詳細については，嵯峨（2011）を参照のこと。

14) 例えば，Porter and Kramer（2011）においてさえも，CSV との対比で CSR を比較する際に，CSR のことを事業との関連性の低い社会貢献活動と認識している。

15) アメリカ型の CSR の特徴として，地域社会に対してフィランソロピーを実施する「フィランソロピー×地域社会」であることが指摘されている。伝統的に，アメリカでは成功した企業家が，成功を収める過程で犯した悪行への贖罪の意味も込めて，利益の一部を地域社会に還元する文化が根付いているという（藤井, 2005, p.42-p.44）。

16) サステナビリティ社は，イギリス企業の持続可能な発展への取り組みを支援・促進するコンサルティング企業である。

17) BOP ビジネスの原理や特徴については，Prahalad（2005）を参照のこと。

18) しかし，先進国における消費者への適正価格販売だけでは，コーヒー農家の収入を増やすことには限界がある。なぜなら，コーヒー生産者から最終消費者に届くためには，複数の取引業者が介在して，ここで中間マージンが幾重にも搾取されてしまうからである。このような実態については，アップリンクが配給・販売する『おいしいコーヒーの真実』という映画・DVD において如実に示されているので参照されたい。

19) バリューチェーンとは，Porter（1985）において提示された視点であり，主活動と支援活動に区分して，企業が付加価値を創出する内部プロセスを分析している。また，バリューチェーンが及ぼす，あるいは解決できる社会的な課題についても言及さ

れているので，こちらの詳細については，Porter and Kramer（2006）を参照のこと。

20）本書では，国際連合や ISO など国際機関によるグローバル・レベルでの CSR 促進を中心に取り上げる。そのようなグローバル・レベルの他にも，EU において先駆的に見られるような地域や国レベルでの CSR 促進（CSR 政策）もまた重要な役割を果たす。これについて，矢口（2013）は，EU，アメリカ，日本の比較考察を行っているので，詳細はこちらを参照のこと。

21）PDCA サイクルは，一般的に「品質管理の父」と称される W. E. Deming によって提示された概念であり，現在では，工場レベルの品質管理のみならず経営管理全般にも用いられる概念となっている。詳細は，NTT データ通信品質管理研究会訳（1996）を参照のこと。

22）世界の加盟企業数も含めたグローバル・コンパクトの詳細については，United Nations Global Compact HP を，また日本企業の加盟数については，グローバル・コンパクト・ネットワーク・ジャパン HP を参照のこと。

23）なお，GRI それ自体や GRI ガイドラインについては，サステナビリティ日本フォーラム HP を参照のこと。

24）ヨーロッパでは，2018 年から 2020 年にかけて ESG 投資残高が減少している状況にある。これについては，新型コロナウィルスのパンデミックによる株式時価総額の減少が一因として考えられている（財務省 HP）。

25）このように定められた基準を遵守するか。遵守しなかった場合には説明をするというルールは，"Comply or Explain" ルールと呼ばれるものであり，厳格な法律や規制といった「ハード・ロー」（hard law）に対して，罰則をともなわない「ソフト・ロー」（soft law）とも言われる。これは 1990 年代におけるイギリスのコーポレート・ガバナンス改革や CSR 政策のなかで見られた特徴でもある（矢口，2007；林，2011）。

26）なお，このような SDGs への取り組みの偏重や誤解については，筆者の直観的な把握に基づくため，今後，正確な調査を経て実証する必要があると考えている。それでも，筆者の認識は大よそ的を射ているとも考えている。

27）グリーン・コンシューマリズムとは「緑の消費者運動」と訳出され，消費者が「環境物品（環境負荷の低減に資する物品・サービス）」を購入したり，環境負荷の大きい製品・サービスの購入を忌避する消費行動によって，企業の環境経営を誘導し，持続可能な発展を目指す消費行動のことである（大和総研 HP）。なお，グリーン・コンシューマリズムの歴史的な経緯については小谷（2016）に詳しい。

28）温室効果ガスのなかで主要なものは CO_2（二酸化炭素）であるが，CO_2 の排出割合について見ると，例えば日本（2016 年度）では，排出量全体の 79％を企業・公共部門が占めている（経済産業省 HP）。

29）多国籍企業の不公正な事業慣行の一例としては，石油メジャーのロイヤル・ダッチ・シェル社（Royal Dutch Shell）の事例がある。そのナイジェリア操業では，プ

ラントからの原油流出によって環境汚染と住民の健康被害が発生した。このことに対して，現地の環境運動家が「反シェル」運動を展開したが，同社は同国政府に働きかけて環境運動家の拘束に関与したと指摘されている（矢口，2008a，p.47-48）。

第2章　中小企業・地域企業と社会的責任

【第2章の要約】

　本章では，中小企業における社会的責任の位置づけを考えるとともに，大企業との比較から，それら独自の CSR 展開に関する検討も行った。中小企業は，相対的に地域社会との結びつきが強いため，「コミュニティ」に対する責任を果たすことが重要である。地域社会に対する CSR はフィランソロピーによって象徴されるが，中小企業では経営資源的な制約のために大規模な拠出をすることができないし，また CSR への認識は高まりつつあるものの，実際に取り組めている企業の割合も低い状況のままであった。

　大企業の CSR 実践を模範にすると，中小企業では CSR を果たせないという誤解が存在する可能性もあるため，中小企業の日常の事業それ自体が，実際には CSR につながっていることを示した。それを明示的に認識できたのが東日本大震災下であり，地域企業は地域を支え，地域を守る責任経営を実践していた。また，中小企業は事業関連性の高い CSR を通して，社会課題の解決だけでなく，当該企業への見返りを発生させる場合もある。このことから，CSV は大企業だけでなく，中小企業でもごく自然な形で実践可能な取り組みであることが分かった。

　最後に SDGs への取り組みについても検討した。中小企業では，大企業のような体系的な活動はできないものの，CSR に取り組むことが，ほぼ直接的に SDGs にも貢献することが見て取れた。大震災における実際の企業行動を位置づけると，目標8：成長・雇用や目標11：都市を中心とする SDGs の目標との関連性があった。中小企業・地域企業だとしても，事業との関連性に基づく CSR を実践することが重要なのであり，それが持続可能な発展に結実していくのである。

1 ── 本章の目的

　本章では，中小企業・地域企業と社会的責任・CSR に関して，その全体的な関係性を俯瞰していく。一般的に，CSR，ESG，SDGs のような社会課題解決に寄与する取り組みは，多国籍企業や大企業を対象とするものであり，中小企業については，それらの対象の範囲外であるような印象が持たれてきた。筆者の企業調査の経験からも，CSR という概念に対して，中小企業経営者の認識は不十分なだけでなく，ネガティブな印象さえ持たれているようであった。例えば，ある企業経営者からは「弊社の粗探しをしないでほしい」だとか，「弊社は利益を上げて，税金を納めているからそれで十分だ」といった回答を聞くことになった。つまり，納税も含めて法令を遵守することで，十分な社会的責任を果たしているとの認識が持たれていたようであり，CSR は別次元の取り組みとして捉えられていた。

　しかし，2011 年 3 月の東日本大震災の発生を契機にして，熊本地震（2016 年），北海道胆振東部地震（2018 年），西日本豪雨（2018 年），台風 19 号（ハギビス）（2019 年）など自然災害が相次いで発生している。また，2020 年初頭からは新型コロナウィルスのパンデミックという未曽有の人災・都市型災害が発生し，現在も継続している状況にある（2022 年 12 月時点）。それ以外にも，気候変動，生物多様性の毀損，人権問題，貧困世帯の増加（所得格差の拡大），少子高齢化と人口減少など，グローバルまたは地域社会のレベルを問わず多様な課題の発生に我々は直面している。それゆえ，社会全体でサステナビリティに向けた取り組みが重要になるのである。このことから CSR については，大企業だけでなく，日本企業の 99.7％の割合を占める中小企業の関与が必要になることに論を俟たない。後述の通りであるが，近年では，中小企業においても CSR の必要性が認識されるようになっており，漸進的ながらも，その広がりを見ることができている。

　このことを踏まえて，本章では中小企業・地域企業の CSR を捉える視点を提供するものであり，中小企業ならではの「CSR の形」が存在していること

を示していく。そのために，まず CSR におけるコミュニティ（地域社会）の位置づけについて，ISO26000 の中核主題との関係から企業の果たす役割と責任について見ることにする。これによって，中小企業・地域企業が果たせる社会的責任の方向性が示される。ついで，社会貢献に関する拠出額を見たうえで，中小企業の果たしうる CSR が大企業と同様の枠組みではなく，独自の視点で考える必要性があることを述べる。そして，中小企業の CSR について，一部の調査から，その認識が高まりつつあるものの，行動も含めて未だに十分とは言えない状況が明らかになる。しかし，実際には多くの中小企業では，何らかの形で CSR が実践されており，このことは，東日本大震災下の取り組みから如実に見受けられる。これと同時に中小企業であろうとも，競争力の強化を意図した CSR 展開（CSV）の可能性も示されることになるであろう。

　その後，SDGs に関する中小企業の在り様についても見ていく。積水ハウスの事例に基づいて，大企業による模範的な SDGs 枠組みを提示した後に，中小企業の SDGs 行動についても考えていく。とくに震災時の取り組みを SDGs に照らし合わせることで，SDGs に関しても中小企業にも可能な取り組みとなっている。最後に，直近のコロナ禍における企業の社会的責任の動向についても補足的に考えてみる。このような検討を通して，中小企業・地域企業による地域社会を対象にする CSR の意義が示され，次章以降の検討課題である中小企業経営者のリーダーシップと CSR に関する考察の基盤をつくることができる。

2 —— CSR における中核主題の 1 つとしての地域社会（コミュニティ）

（1）地域社会に対する社会的責任課題

　前章で述べた ISO26000 では，企業・組織が社会的責任を果たすべき中核主題の 1 つとして地域社会（コミュニティ）が位置づけられている。企業の地域社会に対する責任とは，地域社会の発展への貢献に求められるが，そのことは，より端的に述べれば地域住民の QOL を向上させることなのである。企業は，社会的責任を果たすことで地域社会の経済的豊かさと福祉を向上させられる。

図表2 - 1 ISO26000における中核主題（コミュニティについて）

中核主題	課題
7. コミュニティ	・コミュニティへの参画　・教育及び文化　・雇用創出及び技能開発　・健康 ・技術の開発及び技術へのアクセス　・富及び所得の創出　・社会的投資

出所：ISO/SR 国内委員会監修，2010, p.162-182 に基づいて筆者作成。

具体的には，企業が地域社会の発展に貢献するための行動としては，経済活動を拡大，あるいは多様化させて雇用を創出することに求められる（ISO/SR 国内委員会監修，2010, p.165-p.166）。その取り組み行動として，①コミュニティへの参画，②教育及び文化，③雇用創出及び技能開発，④健康，⑤技術の開発及び技術へのアクセス，⑥富及び所得の創出，⑦社会的投資の７つがあげられている（図表2 - 1）。以下では，これら各項目をより詳細に検討していくことにしよう。

　①コミュニティへの参画とは，「組織がそのコミュニティ（筆者注：地域社会）に対して率先して行う」社会的責任行動である。これは地域社会において展開される様々な市民活動へ，企業も参加して，地域ステークホルダーとの関係を強化したり，良き企業市民として地域社会から認識されるための活動である。彼らとの関係強化に関しては，ISO26000では，討論の場に参加したり，その場を創設して参画することができると述べられている（ISO/SR 国内委員会監修，2010, p.172）。ここでのポイントを筆者なりに解釈すれば，地域ステークホルダーからの企業・組織に対する要望を認識することに始まり，そして彼らとの協働によって地域課題の解決に取り組むということである。

　②教育及び文化は，地域社会にとっての「社会的及び経済的発展の基礎」であるため，それらの普及が地域社会のより良い発展に結びつく（ISO/SR 国内委員会監修，2010, p.174）。教育自体については，公立と私立を問わず，一般的に「学校」が中核的な役割を担うが，そのような教育に対しても企業からの貢献が求められている。例えば，学校に備品の寄付をする，講師を派遣する，あるいは自社技術に基づく社会教育を行うなど様々な形で関与することが可能である[1]。直接的な技術教育だけでなく，ビジネスの現場を通して生徒・学生に対する社会的な知識や気づきを与えることになり，彼らの成長を促進することが

可能になるからである。③雇用創出及び技能開発では，企業が雇用創出によっ
て，地域住民の貧困を緩和したり，経済的・社会的発展に貢献できることが述
べられている。また，技能開発とは「雇用を促進し，人々が適切で生産的な職
を確保できるよう支援」するための企業行動であるという（ISO/SR 国内委員会
監修，2010，p.174-p.175）。企業としては，正規雇用を創出することが最も大きな
地域経済への貢献になるが，それができない場合には，技能開発を通して求職
者の雇用機会やエンプロイアビリティ[2]を上昇させられる。つまり，有期契
約で雇用して職業に関するスキル向上を図ったり，他の地域企業との連携を促
進することで，職業教育プログラムを開発することも可能である。

　④健康は，「社会生活の必須要素であり，人間の権利」であり，誰もが精神
的にも肉体的にも健康に生活できる権利を有している。地域社会における健
康への脅威や疾病の回避・防止に努めることで健康な社会が形成されていく。
健康（健全）な社会は，企業にとっても望ましい経営環境を創出することにな
る。そのために企業ができることは，製品やサービスの健康への被害を軽減す
るように努めるだけでなく，様々な手段で健康増進に関与するとともに，HIV
／エイズやがん（癌）などについて意識啓発を図るべきことが述べられている
（ISO/SR 国内委員会監修，2010，p.180-p.181）。このような取り組みは，医療サー
ビスに関連する企業では事業との関連性が高くなるが，製造業や小売業などに
とっては事業非関連型の社会貢献活動になる傾向が強い。

　⑤技術の開発及び技術へのアクセスとは，企業が有している専門的知識を用
いて技術開発を行い，その成果を地域住民が使用できるようにすることであ
る。例えば，一次産業（農業や水産業），高齢者や医療機関によるICT（Information
and Communication Technology，情報通信技術）の利活用を推進するような取り
組みがあげられる。そのような新サービスの提供は，高度な科学技術を必要と
する場合が多く，地域企業による提供は困難になるかもしれない[3]。⑥富及び
所得の創出では，一見すると，企業が利益を上げて雇用を生み出すことこそが，
これにつながるように思われる。ISO26000では，起業家精神をとくに重要視
しているようである。つまり，起業家精神が醸成されている地域社会では，起
業によって経済の新陳代謝が活発となり，経済そのものが活性化していく。こ

のようにして経済を再生産することを，企業の責任と認識している。起業家を養成するまで至らなくとも，地域ステークホルダーが経済的に豊かになることが企業にとっても必要なのである（ISO/SR 国内委員会監修，2010，p.176-p.178）。

　最後に⑦社会的投資とは，地域社会の「生活の社会的側面を改善するためのイニシアチブ及びプログラム」に企業資源を投資することである。社会的投資の対象には，教育，訓練，文化，医療，所得創出などの社会が発展するためのプロジェクトを含む。一般的に，このような取り組みへの投融資を主たるものとするが，そこには資金助成や寄付なども排除してはいない（ISO/SR 国内委員会監修，2010，p.181-p.182）。しかし，投資という側面から，ここでの主たる役割を担うのは金融機関になってくる。銀行，信用協同組合，貸付基金財団，NGO などの機関投資家が主体になり，また，このような取り組みも ESG 投資の一環に位置づけられるという（Sustainable Japan HP）[4]。

　このように社会的責任を果たすべき対象としての地域社会は，多様な課題を抱えていることから，それに対して，上記の①から⑦の観点から，企業は様々なアプローチでそれに対応することが可能である。あらゆる特徴が見受けられるが，そこに共通しているものは，地域社会に暮らす人々の QOL の向上に資する取り組みが求められることであろう。中小企業・地域企業は，事業基盤となる地域社会に対して，ISO26000 の視点を踏まえて取り組み可能な CSR を独自に考えて実行できるし，そのような行動が求められている。

（2）企業による社会貢献拠出

　企業の地域社会に対する貢献・社会的責任を図る尺度の1つが，社会貢献の拠出額となるであろう。そのようなフィランソロピーに対する拠出額の推移を見ていく。図表2−2は，日本経済団体連合会・1%（ワンパーセント）クラブに加盟する日本企業1社あたりの社会貢献の年間拠出額を示している。なお，「社会貢献活動実績調査結果」については，2018年度以降のものが公表されていないので，最新版が2017年度までとなっている。また社会貢献拠出額とは，すべてが金銭寄付によるものではなく，物資寄贈，従業員派遣，ボランティア活動などの取り組みを金額換算して計算されている。

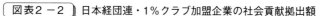

図表２－２　日本経団連・1％クラブ加盟企業の社会貢献拠出額

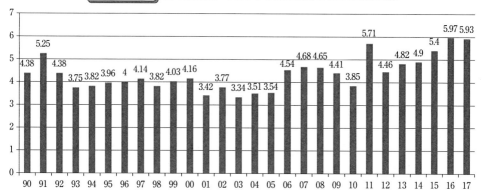

※１：単位は億円。年度単位（４月から３月）の集計。
※２：回答企業数は，2016年度：272社，2017年度：265社。
出所：日本経済団体連合会・1％（ワンパーセント）クラブ，2018, p.4に基づいて筆者作成。

　社会貢献拠出の実際の金額について見ていくと，1990年度が４億3,800万円であり，バブル景気の名残が見られる1991年には５億2,500万円へと拡大している。その後，日本経済が低迷する「失われた10年」，または「失われた20年」とも言われる時期に突入すると，社会貢献額は低迷していき，３億円台から４億円台で推移して1991年の額を超えることはなかった。社会貢献拠出が停滞する傾向にあったが，2011年３月の東日本大震災の発生を契機にして，企業としては，被災地支援も含めた社会貢献に対する責任を強く自覚するようになり拠出額が再び増大していった。その後，2016年４月に熊本地震が発生したが，同年には社会貢献拠出額の平均は５億9,700万円に達し，最高額を更新している。

　このように日本企業の社会貢献拠出額，つまりフィランソロピー活動は低迷していたものの，近年の相次ぐ大規模自然災害を受けて活発化している。このことは，企業として，地域社会の復旧・復興，そして発展に果たす役割の自覚を示す証左となっている。なお，社会貢献に関する拠出額については，企業規模によって違いが生ずる。日本経済団体連合会・1％（ワンパーセント）クラブの調査によると，単純に企業規模（資本金額）が大きい企業ほど，その拠出

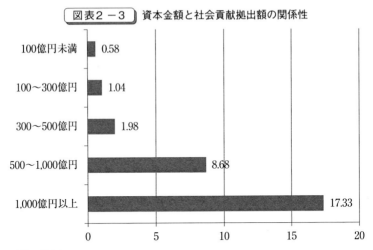

図表２－３ 資本金額と社会貢献拠出額の関係性

- 100億円未満 0.58
- 100～300億円 1.04
- 300～500億円 1.98
- 500～1,000億円 8.68
- 1,000億円以上 17.33

単位：億円。
出所：日本経済団体連合会・1%（ワンパーセント）クラブ，2017, p.8 に基づいて筆者作成。

　額が大きくなる（図表２－３）。資本金100億円未満の企業では，年間の平均社会貢献拠出額は5,800万円，資本金100億円から300億円未満では1億400万円，資本金300億円から500億円未満では1億9,800万円，資本金500億円から1,000億円未満では8億6,800万円，そして資本金1,000億円以上になると17億3,300万円という状況になっている。このことから，企業規模の増大にともない社会貢献拠出額も増大していることが見て取れる。この要因は，極めてシンプルであると推察される。つまり，企業規模が大きくなるほど，保有する経営資源の量も大きくなるため，社会貢献に拠出できる資源（金銭，物資，ヒト，施設など）的な余裕が生じるからである。なお，図表２－２における社会貢献拠出額は，日本経団連に加盟する企業への調査であり，必然的にその多くが上場企業や大企業となる[5]。つまり，資本金額の大きい企業（大企業）を対象とした調査活動と言えるため，この社会貢献拠出額については，あくまで「大企業による拠出額」と見なすことが妥当であろう。
　上記の通り，日本企業の99.7％以上が中小企業に該当するし，本書の主たる考察事例も地域企業という中小企業を対象にしている。中小企業の場合には，

資本金が1億円に満たない企業の割合が極めて多く，実際に，日本経団連・
1％（ワンパーセント）クラブ加盟企業との社会貢献拠出額を比較しても意味を
なさない。

　ここで宮城県の企業の資本金額を見てみよう。調査対象は，『帝国データバ
ンク会社年鑑2016』に掲載されている1,594社（金融機関を除く）である。同誌
には，地域の有力企業を選抜したうえで，各社の基本データが掲載されてい
る。つまり，この約1,600社は，大企業・中小企業を問わず宮城県の産業を牽
引する企業群を構成している。これら有力企業間においても，資本金1億円未
満の企業が93.1％を占めるほどであり，資本金1億円以上に注目しても，1億
円以上10億円未満の企業が5.9％となっており，資本金10億円未満の企業が
99.0％を占めている。それ以上，つまり資本金10億円以上100億円未満では
14社（0.9％），100億円から300億円未満では1社，1,000億円以上は1社とい
う状況になっている（図表2-4）。ちなみに，これら大規模資本金を擁する企
業とは，1,000億円以上に該当するのが東北電力，100億円以上300億円未満
に該当するのが東北インテリジェント通信，そして資本金10億円以上100億
円未満がTTK，ユアテック，オプトロム，倉元製作所，仙台コカ・コーラボ
トリング，東邦アセチレン，センコン物流，カメイ，高速，サトー商会，山大，
仙台トヨペット，ホットマン，カルラの14社となっている。

図表2-4　宮城県における有力企業の資本金額（n＝1,594社）

	1,000億円以上	500～1,000億円未満	300～500億円未満	100～300億円未満	10～100億円未満	1～10億円未満	1億円未満
建設・土木					2	16	473
製造					4	25	229
運輸・通信				1	1	9	83
卸売・商社					4	19	362
小売					2	6	95
不動産						4	79
サービス	1				1	15	163
合計	1	0	0	1	14	94	1484

※1：金融機関を除外している。
※2：資本金の額は2015年末時点のもの。
出所：『帝国データバンク会社年鑑2016』，p.2749-p.2867に基づいて筆者作成。

　このことから宮城県では，地域の有力企業だとしても，そのほとんどが中小企業なのであり，同県全体の企業数に敷衍すると，地域企業は，中小企業によって圧倒的に高い割合を占められることになる。また，このような傾向は，基本的に全国の都道府県においても同様と言って差し支えないであろう。それゆえ，日本経団連加盟企業とは異なり，企業規模の小さい地域企業のCSR活動について，フィランソロピーの観点から捉えてしまうと，その拠出額が微少になってしまい，CSRそれ自体が実行されていないとさえ認識されてしまう。地域企業のCSRを考察する際には，フィランソロピーの視点を踏まえつつも，それとは異なる視点で，その活動を見ていく必要がある。それは，事業との関連性の低い，あるいは関連性の無い社会貢献活動とは異なり，地域企業の事業それ自体を通して行われるCSR活動である。次章で詳述する「暗黙的CSR」という視点であり，経営者のリーダーシップに基づいて無意識的に行われる取り組みに着目すべきなのである。中小企業のCSR研究では，このことを理解・認識したうえで，その活動を記述することが求められる。

3 —— 中小企業・地域企業のCSRの認識と実践について

（1）中小企業・地域企業の CSR の認識

　中小企業のCSRに対する認識は，決して高いとは言えない状況にある。商工総合研究所は，2012年3月時点において，中小企業における「用語としてのCSR」に関する認識について調査している。その調査によると，名称・内容ともに的確に理解していると回答した企業が11.5%，聞いたことがあり大まかに内容を知っているが44.6%という状況であり，反対に43.8%の企業がほとんど内容を知らないとの回答になっている（商工総合研究所，2013，p.31-p.32）。おおよそ50%程度の企業がCSRの概念を認知しているようだが，その内容を的確に理解できている企業はわずか1割強に過ぎない。

　2018年には，この状況がどのように変化したのかを見ていこう。筆者の知りうる限り，日本全国を対象とした中小企業CSRの追加調査が見当たらなかったため，宮城県において，仙台市社会福祉協議会・仙台市ボランティアセン

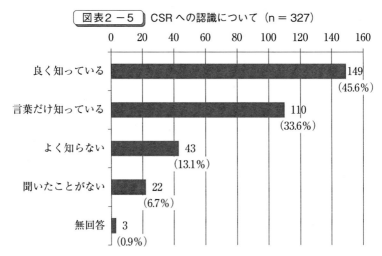

図表2－5　CSRへの認識について（n = 327）

※1：単位は回答件数。
出所：仙台市社会福祉協議会・仙台市ボランティアセンター，2018, p.29。

ター（2018）が行った調査に依拠して見ていく。この調査では，主として仙台市の地域企業（n = 327）を対象として，CSR活動全般に対する調査を行っている（図表2－5）。そのなかで，まず，CSRへの認識について問うた項目については，CSRのことを名称・内容ともに「良く知っている」と回答した企業は149社（45.6%），「言葉だけ知っている」は110社（33.6%），「良く知らない」が43社（13.1%），「聞いたことがない」が22社（6.7%）であった。このことから，CSRへの認識について肯定的な回答をした企業数は259社（79.2%）となっており，2012年時点の調査結果（56.1%）に比較すると，大きく伸長している。企業の社会的責任に関する認識が，大企業だけでなく，中小企業・地域企業にも広く浸透してきているようである。

　CSRへの認知度が80%近くまで達しているのに対して，その実践状況について見てみると，実際に取り組めているとする企業は決して多いとは言えない（図表2－6）。上記の327社中で，現実的にCSR（社会貢献活動のみを含む）に取り組んでいると回答した企業は137社（41.9%）に過ぎない。もちろん，今後，取り組む予定であると回答している企業が57社（17.4%）となっているが，結局のところ取り組めていない状況にある。それ以外に，取り組んでいないが

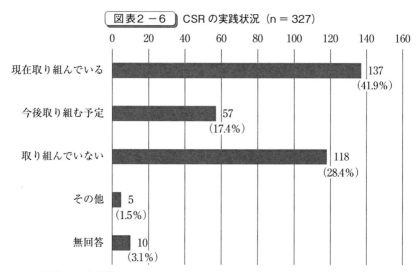

図表２－６ CSR の実践状況（n = 327）

現在取り組んでいる 137（41.9％）
今後取り組む予定 57（17.4％）
取り組んでいない 118（28.4％）
その他 5（1.5％）
無回答 10（3.1％）

※１：単位は回答件数。
出所：仙台市社会福祉協議会・仙台市ボランティアセンター，2018, p.33 を加筆修正。

118 社（28.4％），その他が（5 社，1.5％），無回答が（10 社・3.1％）となっている
ことを考慮すると，約 60％の企業が CSR に取り組めていないのである。さら
に，取り組んでいるとする回答も，客観的な評価ではなく，あくまで各企業の
主観的評価に基づくものであるため，例えば，「本社周辺の落ち葉清掃」のよ
うな活動さえも CSR 実践に含まれている可能性もある。適切に CSR の実践が
なされている割合は，実際にはますます低下すると考えられる。
　そもそも，CSR を実践すること，さらに CSV を実践することが，中小企業
にとって可能なのであろうか。第 1 章におけるネスレ社の事例からは，共通価
値を創造して，当該企業の事業運営を有利に進展させていることが見て取れ
た。このような取り組みができるか否かに関わらず，CSR・CSV は取り組ま
ねばならない必須の事項であることを理解すべきである。しかし，中小企業・
地域企業をして，このような活動を実行せしめるには説得的な理由が必要にな
ると考えられる。つまり，CSR・CSV を行った「見返り」の必要性に関する
ものである。しかし，CSR の財務的成果，あるいはその他のリターンの測定
には，定量化が困難であり，曖昧性が残るため評価が困難になっている。この

点をして，企業に CSR を実行させるために，「成果」が説得要因として「弱い」要素になってしまうのである。

　実際に，CSR と財務的な成果に正の関係があるとする研究（Simpson and Kohers, 2002；Orlitzky et al., 2003）があるのに対して，CSR の実践が企業財務に負の影響を及ぼすとする研究（Jaggi and Freedman, 1992；Surroca et al., 2010）も存在し見解が対立している。また，このような見解とは別に，CSR と企業の収益性・財務との相関関係が，十分あるいは直接的には見出せないとする研究（McWilliams and Siegel, 2000；殿崎，2014）も複数存在する。なお CSR と企業財務の関係性については，正の関係がある（見出そうとする）とする研究が，その数の側面では多いようである（殿崎，2014, p.146）。

　このように CSR が企業の競争力，少なくとも財務面に及ぼす影響は明確には判断することができない[6]。それでも，近年では，大企業を中心に CSR・CSV に取り組むことが，ほとんど必須の事項になっている。企業の競争力向上の有無に関わらず，社会からの要請なのであり，それに取り組まなければ，企業として存続できない，あるいは持続的に成長できないのである。つまり，ステークホルダーからの信頼を獲得することの重要性がますます高まっていると考えられる。ステークホルダーにとって望ましい CSR を展開する企業は，彼らから大きな信頼を獲得でき，事業を円滑に進められることに疑いの余地はない[7]。もちろん定量化が困難だとしても，CSR・CSV 活動が短期・長期の視点から，企業の収益性という競争力強化に結びつくことは「感覚的」には明らかであるように思う。しかし，それ以上にステークホルダーからの信頼の獲得を通した無形のメリット（社会的正当性）が，そこには存在するのだと考えられる。

（2）東日本大震災下における地域企業の社会的責任行動①

　大企業が地理的にも，性質的にも幅広いステークホルダーとの関係・接点を有しているのに対して，地域企業は，相対的に限られた範囲内で，彼らとのより密度の高い関係を持つことになる。それゆえに，地域ステークホルダーからの信頼を獲得することが，事業基盤の確立につながると考えられる。中小企業

において，CSR の実践が可能かどうかは検討事項ではなく，当該企業でも可能な取り組みを考えて実践していく必要がある。経営資源上の制約の大きい中小企業として，大企業のような明示的・戦略的な取り組みは困難だとしても，事業関連性の高い，あるいは事業それ自体を通した活動を展開する。営利企業でありながらも，地域社会の課題解決に取り組む姿勢と行動が求められるのである。そして，中小企業では，日常の事業活動を通した取り組みが，意図せずに，CSV につながり，共通価値を創出していることもしばしば見受けられる。

　地域企業による社会的責任の明示化した状況としては，東日本大震災下の緊急・救援期，さらには地域社会の復旧・復興へ向けた動きのなかで顕在化したことが知られている（矢口，2014a）。以下の図表 2 - 7 と図表 2 - 8 は，東日本大震災における地域企業の行動について示したものである。業種として，飲食，運輸，卸売，建設，小売り，サービス，宿泊，商社，食品製造，農業，部品製造の 11 業種からの顕著な取り組み事例を示している[8]。企業名と本社の所在地を示したうえで，震災直後と復旧期の地域（被災地）への取り組みを説明するとともに，その行動について CSR の性質と事業関連性の観点から位置づけた。なお，ここで掲載されている企業の取り組みは，多くの地域企業による貢献のなかの一部を示しているに過ぎないことに留意すべきである。

　それでは，その詳細について見ていくことにしよう。まず飲食においては，いちごホールディングスの取り組みがあげられる。同社は，宅配ピザの「ストロベリーコーンズ」を展開する企業であり，震災直後には保有食材を用いて炊出しを行い被災者へ食料を供給した。また，いちごホールディングスでは，日頃から造水装置によって水を自前で造りだしており，その装置を津波被災地の気仙沼市で活用して被災者への水提供も行った。この取り組みは，被災地における地域住民の生命維持に関する取り組みであり，事業との関連性の高い活動であることが分かる。

　ヒトやモノを輸送・運搬する運輸業界についても，複数の社会的責任行動が見られた。例えば，愛子観光バスでは，震災直後において地域住民の移動を支援するために独自判断で営業を継続した。復旧期には，運行を維持するだけでなく，増便することで県境をまたいだ移動を支援したのであった。移動手段を

図表2－7　東日本大震災時の地域企業の CSR（1）

業種	社名	所在地	地域支援の取り組み	CSR の性質・事業関連性
飲食	いちごホールディングス	仙台市	震災直後：炊出しの提供，造水装置による水提供 復旧期：―	性質：地域住民の生命維持 事業関連性：高
運輸	愛子観光バス	仙台市	震災直後：独自判断による運航開始 復旧期：運行維持・増便により地域の交通手段確保	性質：地域社会の維持 事業関連性：高
運輸	仙南タクシー	仙台市	震災直後：地域住民への交通手段提供 復旧期：語り部タクシーの運行	性質：地域社会の維持 事業関連性：低～高
運輸	フタバタクシー	仙台市	震災直後：透析患者を中心とする弱者の移送 復旧期：交通弱者支援	性質：被災者の健康維持（肉体面） 事業関連性：高
卸売	仙台水産	仙台市	震災直後：卸売市場の開場・食品給供 復旧期：提案会開催で生産者と消費者のマッチング	性質：供給責任，水産業・農業支援 事業関連性：高
卸売	サン・ベンディング東北	仙台市	震災直後：約10万本に及ぶ飲料の避難所への配布 復旧期：自動販売機の稼働維持と収益の一部寄付	性質：供給責任，コーズリレイテッド・マーケティング 事業関連性：高
建設	深松組	仙台市	震災直後：建物応急措置，津波がれきの撤去主導 復旧期：被災地再開発（アクアイグニス仙台）	性質：地域社会の維持と活性化 事業関連性：高
小売	ウジエスーパー	登米市	震災直後：震災翌日からの店舗営業再開 復旧期：津波被災地南三陸町での再進出	性質：供給責任，地域社会の維持 事業関連性：高
小売	マルト	いわき市	震災直後：店舗再開による商品供給 復旧期：食品放射能測定機の導入	性質：供給責任，地域水産業支援 事業関連性：高
サービス	斎藤コロタイプ印刷	仙台市	震災直後：― 復旧期：流出した卒業アルバム再生	性質：被災者の健康維持（精神面） 事業関連性：高
サービス	ヒューレックス	仙台市	震災直後：雇用ミスマッチ解消，紹介予定派遣 復旧期：被災地における雇用支援，婚活支援	性質：雇用創出支援・人材の定着 事業関連性：高
サービス	ファミリア	仙台市	震災直後：― 復旧期：アタラタ開業による6次産業化推進	性質：農水産業支援，雇用創出 事業関連性：高

出所：矢口，2014a；坂本光司＆法政大学大学院坂本光司研究室，2017；小泉，2020 に基づいて筆者作成。

図表2－8 東日本大震災時の地域企業の CSR（2）

業種	社名	所在地	地域支援の取り組み	CSR の性質・事業関連性
宿泊	南三陸ホテル観洋，大観荘，松島一の坊など	南三陸町，松島町など	震災直後：地域住民の避難場所・食料供給 復旧期：第2次避難施設，復興支援者の活動拠点，地域社会の PR 活動	性質：地域社会の維持・発展の中核 事業関連性：高
	スパリゾートハワイアンズ	いわき市	震災直後：― 復旧期：避難所への慰問公演	性質：被災者の健康維持（精神面） 事業関連性：高
商社	コセキ	仙台市	震災直後：避難所へのコーヒー・サービス 復旧期：地域防災や地域内取引強化	性質：地域活性化やレジリエンス強化 事業関連性：低～高
食品製造	一ノ蔵	大崎市	震災直後：― 復旧期：「醸造発酵で子どもたちを救おうプロジェクト」	性質：コーズリレイテッド・マーケティング 事業関連性：低
	佐浦	塩竈市	震災直後：― 復旧期：「浦霞発，日本酒の力プロジェクト」	性質：コーズリレイテッド・マーケティング 事業関連性：低
	木の屋石巻水産	石巻市	震災直後：大規模被災下の雇用維持 復旧期：工場再建と雇用拡大	性質：雇用維持と地域産業の発展 事業関連性：高
	高政	女川町	震災直後：かまぼこの避難所への配布 復旧期：地買地消運動，被災地観光の拠点	性質：地域住民の生命維持，地域活性化 事業関連性：高
	にしき食品	岩沼市	震災直後：大規模災害下の雇用維持，食品提供 復旧期：工場再建および販路拡大	性質：雇用維持と地域産業の発展 事業関連性：高
	八木澤商店	陸前高田市	震災直後：大規模被災下の雇用維持 復旧期：工場再建と地域企業と連携した起業家創出	性質：雇用維持と地域産業の発展 事業関連性：低～高
農業	舞台ファーム	仙台市	震災直後：炊出しの提供 復旧期：農業の6産業次化，農業起業支援	性質：地域住民の生命維持，地域産業の育成 事業関連性：高
	ワンダーファーム	いわき市	震災直後：― 復旧期：生産施設再開と事業再建，住民ニーズの理解	性質：地域社会・産業の維持 事業関連性：高
	イーストファームみやぎ	美里町	震災直後：― 復旧期：津波被災地での綿花栽培	性質：地域活性化 事業関連性：高
部品製造	岩機ダイカスト工業	山元町	震災直後：雇用維持，サプライチェーンの維持 復旧期：地域社会の PR 活動	性質：供給責任，地域社会の維持 事業関連性：高
	堀尾製作所	石巻市	震災直後：― 復旧期：雇用維持，工場敷地空きスペース提供	性質：雇用維持，共助の取り組み 事業関連性：高
	ヤグチ電子	石巻市	震災直後：― 復旧期：ポケットガイガーによる安価な放射線測定	性質：地域社会・産業の維持 事業関連性：高

出所：矢口，2014a；小泉，2020 に基づいて筆者作成。

確保することは，ヒトの移動を通して地域社会の維持に貢献するものであり，事業関連性も高い取り組み（事業それ自体）となっている。このような取り組みは，少人数輸送を行うタクシー業界でも見られた。仙南タクシーでは，愛子観光バスと同様に運行を続けて地域住民に移動手段を提供した。また，復旧期には運転手を東日本大震災の「語り部」として養成し，語り部タクシーを運行して，震災風化阻止のための取り組みが行われている。このような取り組みは，地域社会の維持に関するものであり事業との関連性も基本的に高いが，語り部活動は新たな地域貢献であり，これの事業関連性は低い。もちろん，その有用性を否定するものではなく，むしろ望ましい活動であることは言うまでもない[9]。

　卸売業界について見ると，まず仙台水産は仙台市中央卸売市場を運営しているが，震災直後から卸売市場を開場して，在庫されている食料品の供給を行った。また復旧期には，生産者によるバイヤーへの提案会を開催して，生産者と消費者のマッチングを図って被災地産品の販路拡大に貢献したのであった。仙台水産による CSR の性質は，供給責任に加えて，水産業・農業といった地域産業を支援する活動であり，同社の事業との関連性の高い取り組みであった。また，飲料の自動販売機設置を手掛けるベンディング企業のサン・ベンディング東北では，震災直後には 10 万本に及ぶ飲料（缶・ペットボトル）を避難所へと配布した。復旧期には，他社は欠品により自動販売機の稼働を停止せざるを得ない状況下で，同社のみが自動販売機の稼働を完全に維持させ，さらにその収益の一部を寄付する活動も行った。CSR の性質としては，供給責任を果たすとともに，収益の一部を寄付するコーズリレイテッド・マーケティング[10]活動に該当する。寄付行為の事業関連性は低いが，全般的に事業それ自体を通して行われてきた。

　建設業では，その事業上の性質から，被災地の緊急対応や復旧に直接的に関わる業種であることが想像できる。多種多様な建設業のなかで，深松組は仙台建設業協会副会長を務めるなど，宮城県を代表する建設企業の 1 つであり，顧客を中心とする建物応急措置に加えて，沿岸部における津波がれき撤去を主導したことで知られている。また，復旧期には被災地の交流人口拡大を目指して，被災地開発に取り組み総合型観光施設「アクアイグニス仙台」を開業している。

このような取り組みは地域社会の維持と活性化に関するものであり，事業関連性も高い CSR と言うことができる[11]。

　流通業については，スーパーマーケットの取り組みを見ていくことにする。宮城県の北部を中心に店舗展開するウジエスーパー，さらに福島県いわき市を中心に店舗展開するマルトでは，ともに震災直後から店舗営業を再開して，地域住民に対して商品提供を行った。復旧期には，ウジエスーパーでは，津波被害を受けてスーパーマーケットが空洞化状態になった南三陸町への再出店，マルトでは，独自に食品放射能測定機を導入して地域水産品の安全性の担保に取り組んだ。このような社会的責任は，地域住民への商品の供給責任であり，地域社会の維持につながるものである。とくに，マルトの場合には，地域産品，とくに魚介類の安全性を確保することで地域産業の存続を支援した。また，両社の取り組みは，事業との関連性の高い CSR 活動であることは言うまでもない。

　最後に，サービス業界に関するものであり，同業界では様々な形態での社会的責任に関する取り組みが見られている。印刷業の斎藤コロタイプ印刷では，震災直後の取り組みは不明だが，復旧期においては，被災学校の卒業アルバム流出に関して，写真データの確保・再現によって卒業アルバムを再生させた。つまり，地域の思い出の再生への取り組みであり，これは被災者の精神的側面から健康を支える事業関連性の高い行為となっている。人材派遣業のヒューレックスでは，大震災によって職場が流出し，仕事を失った人々に対する雇用創出の取り組みを行った。求職者と求人企業間の要望のミスマッチ解消や，紹介予定派遣[12] によって最終的に正規従業員を目指す取り組みが行われた。復旧期には，被災地での雇用創出の支援を継続するとともに，後継者難にあえぐ地域企業において後継者を定着させるための婚活支援も実施している。同社のCSR の性質は，雇用創出や人材定着支援という地域社会の維持に対する取り組みであり，事業関連性も高いものである。そして，コンサルティング企業のファミリアは，地域の農水産業を支援するため6次産業化に関する取り組みを進め，復旧期にはその拠点として「アタラタ」という施設を開業している。これによって被災地に賑わいを創出するだけでなく，地域農水産業の販路確保を

目指す取り組みが行われた。これも事業関連性の高い行為と考えられる[13]。

（3）東日本大震災下における地域企業の社会的責任行動②

　ついで，11業種のうちの後半部分の5業種における取り組みを見ていこう。まず，宿泊施設業界の取り組みでは，とくに沿岸部で津波被害を免れた宿泊施設は，地域住民の緊急避難拠点になったり，食料を供給するなどの取り組みによって地域社会を支えてきた。復旧期には，第2次避難施設として指定されたり，復興支援者の滞在拠点にもなってきた。これは地域社会の維持を担うCSRであり，宿泊業の事業それ自体を通して行われた事業関連性の高い取り組みである。とくに福島県いわき市のスパリゾートハワイアンズでは，特徴的な取り組みが見られた。同地域では放射線の問題もあり，休業を余儀なくされていた時期には，避難所への慰問公演活動を展開したのであった。フラダンス・チームが247回の公演を実施しており，交通費・出演費用をすべて同社が負担したという。このような取り組みは，被災者の健康を精神面から支える取り組みであり，フラダンスという同社の中核事業を通して行われる事業関連性の高い取り組みとなっている。

　商社として，コセキはカメラ販売に加えて，それを用いた遠隔会議システムなどを構築する事業を展開している。震災直後には，同社は避難所にコーヒー・サービスを行うことで，被災者の人々が一息つける時間の創出に取り組んだ。これは同社の事業との関連性は低い取り組みである。復旧期には，地域防災を促進するためのシステム開発といった大災害に対するレジリエンス強化に加えて，地域の事業者との取引を優先することで地域経済の循環に努めた。コセキでは，事業関連性の低いもの（コーヒー・サービス）から高いもの（レジリエンス強化）まで，様々なCSR活動が実施されてきた。

　食品製造については，震災下では多くの重要事例が見て取れた。津波による大規模被災にも関わらず，沿岸部の食品企業では雇用維持に取り組んだり，食料品の在庫がある場合には，避難所への食品提供などが行われた。復旧期になると，大規模被災企業では，工場再建による雇用創出や販路拡大を目指すことで，経済的な側面から被災地の復旧・復興に貢献してきた。また，復旧期には

各企業によって様々な活動が展開されたことも特徴的である。例えば，コーズリレイテッド・マーケティングに関する取り組みでは，一ノ蔵が，日本酒「3・11未来へつなぐバトン」を販売して，被災者児童を支援するために売上の全額を「ハタチ基金」に寄付している。佐浦は，被災地支援として購入される同社日本酒（浦霞）の売上の一部を地域復興のために寄贈している。その他には，高政では，地買池消運動や本社併設工場の「万石の里」を観光拠点の１つとして，復興ツーリズムを呼び込む活動が展開されたし，最後に八木澤商店では，地域企業と連携した起業家育成という地域経済の活発化への取り組みも見られた。このように，食品製造各社は，復旧期において，事業関連性の低いものから，高いものまで様々な活動を実施して，被災地の復旧・復興に貢献してきた。

　そして，農業関連の企業である。一般的に農業というと「農家」をイメージされるが，近年では，企業形態（会社法人）あるいは農事組合法人といった農業生産法人（農地所有適格法人）によって，ビジネスとして農業が営まれるようになっている[14]。そのなかでも特筆すべき活動を展開したのが舞台ファームである。震災直後には，同社で保管されていた多量の食料品を活用して炊き出しを大規模に行った。また復旧期には，農業の競争力強化が被災地農業の再生に不可欠と考え，６次産業化を活発に進めたほかに，農業における起業家育成にも取り組んだ。これらは同社の事業そのものを用いた活動であり，事業との関連性も高い。ワンダーファームとイーストファームみやぎに関しては，それぞれ復旧期の取り組みには限定される。前者では，原発事故にともなう風評被害の発生に際して，トマトを中心とする農作物の６次産業化に取り組みその払拭を図ってきた。後者では，津波被災地で塩害を受けた土地での綿花栽培に取り組む「東北コットンプロジェクト」が実施された。これら両社の活動においても，その事業関連性は高いことが特徴的である。

　最後に製造業であるが，これらは主として大手企業（メーカー）に製品を供給する部品製造企業に該当する。岩機ダイカスト工業は，宮城県の部品製造の有力企業である。震災直後には，津波被害を受けながらも雇用を完全に維持しつつ，同社の金型を同業他社へ譲渡してまでもサプライチェーンを止めない取り組みを行った。部品製造業の競争力の根幹ともいえる金型を譲渡してまで

も，サプライチェーンを維持する供給責任を果たさんとしたのである。また，復旧期には，山元町の地域企業として同町の被災状況を広報する活動が展開された。そして，堀尾製作所とヤグチ電子であるが，これらの復旧期における取り組みは，前者では雇用維持・拡大を図るだけでなく，工場空地を被災企業に無償貸出することで事業継続を支援する取り組みが見られた。後者では「ポケットガイガー」という小型で安価な放射線測定器の開発によって，放射線の測定を容易にすることで地域社会への安心を提供したのであった。これら３社の取り組みは事業関連性の高いものであり，地域社会や産業の維持に関する点において共通している[15]。

　以上，東日本大震災下における企業の取り組みについて，11業種27社の取り組み事例を見てきた。これら各社の被災地への取り組みから共通しているのは，地域社会の維持・発展に貢献したということである。震災直後の緊急・救援期には，商品やサービスの供給責任を通した被災者の生命・生活維持，さらに雇用維持を図ることで地域人材の流出を防ぐ地域社会を守る活動であった。復旧期には，各社において様々な活動が行われたが，共通することは，事業を継続して，工場や事業所の再建による雇用の拡大，さらには地域経済の活性化への取り組みが見て取れた。各社によって，より柔軟かつ様々な形態で展開され，いずれも被災地の復旧・復興を直接的・間接的に支援するものであった。このような27社のCSRにおける事業関連性を見ると，事業関連性の低い取り組みだけの実施は２社のみであり，25社は事業関連性の低いものも一部に含みつつ，基本的に事業それ自体，あるいは事業関連性の高いCSR活動を実践していたことが分かる。東日本大震災のような有事の状況下では，事業それ自体が，地域社会の維持や復旧・復興に資することになる。地域企業の有事の際における企業行動は，被災地という地域を支え，地域を守るための活動（責任経営）そのものだったと言えるのである。

4 ── 中小企業・地域企業の CSV・SDGs 視点

（1）中小企業・地域企業として取り組み可能な CSV

　第1章で見たように CSV とは，事業関連性の高い CSR であり，社会や環境課題を解決するだけでなく，当該企業の競争力強化にも貢献するものである。CSV 活動というと，第1章におけるネスレ社のほかにも，ボーダフォン社（Vodafone Group plc）のような多国籍企業事例であったり，日本においてもキリンホールディングスやリコーなどのような大企業の取り組みが知られている[16]。これら多国籍企業や大企業に見られる「戦略的」な取り組みは，一見すると，地域企業にとっては実施が困難であるように思われる。また，このような事例を中小企業経営者に伝えるだけでは，CSR や CSV が「雲をつかむ」ような話に聞こえてしまうであろう。しかし，地域企業として，実際には意図せずに行っている日常の事業活動が CSR や CSV に結実していることも多い。以下では，地域企業の CSV 事例について確認をすることで，中小企業・地域企業にとって CSR が実践可能な取り組みであり，当該企業の競争力強化にもつながることを示していく。これについて河西（2014）の研究に基づいて，まず江別製粉株式会社（以下，江別製粉，所在地：北海道江別市）とコープさっぽろ（所在地：北海道札幌市）の事例を紹介する。

　江別製粉の取り組みとして，小型製粉機の「F-ship」の開発があげられる（写真2−1）。同社は，北海道の小麦に対する評価が低く，輸入産小麦とブレンドされる現状に問題意識を有していた。江別市では「幻の小麦」と称されるハルユタカの復活を図っていたが，少量しか生産されないために，ハルユタカのみでの製粉を困難にしており，結果的に他地域の小麦とブレンドされていた。それゆえ，ハルユタカを復活させたとしても，地域小麦としてのブランド化が困難な状況にあったのである。そこで同社では，通常の大型製粉機の1/20程度の少量ロットで製粉可能な F-ship の開発に成功し，これによってハルユタカのみの製粉を可能とし，地域農業におけるブランド化の推進につなげた。結果として，ハルユタカは全国的に展開する小麦ブランドとしての地位を確立する

写真2 − 1 小型製粉機の F-ship

出所：江別製粉 HP。

ことになる[17]。F-ship によって製粉したハルユタカを始めとする道産小麦の
拡販戦略が奏功して，同社の売上高は約 23 億円（導入前）から約 35 億円（導
入後）へと増大したという（河西，2014，p.4-p.5）。江別製粉はハルユタカ販売に
向けた協力会社の認定を受けており，北海道産小麦の製粉割合が30％を超え
るに至るだけでなく，生産者と消費者の囲い込みにも成功しているという（堤，
2011，p.39）。

　もう一方のコープさっぽろでは，過疎地域における「買い物弱者」に対する
支援を展開している。北海道の過疎地域では，商圏人口が減少したことによっ
て，小売店の閉店が相次いでいるという。それゆえ，過疎地域の消費者として
は，遠方までの買い出しが要請されており，それに対応できない高齢者を中心
に買い物弱者が発生してしまっている。このような状況を踏まえて，コープさ
っぽろは，地方自治体や関係団体と協力して移動販売や無料バスなどの事業を
展開している。そこで注目されるのが「おまかせ便カケル」であり，2 トント
ラックに約 500 品目を取り揃えた販売車による移動販売事業を開始した。おま
かせ便カケルによって，買い物弱者が発生しやすい過疎地域を定期的に巡回し
て，地域住民が必要な商品を購入する機会を提供している。また，コープが日
常的に展開している宅配事業において「高齢者見守り」の機能も追加している。
コープさっぽろでは，その事業を通して社会的価値を創出しているのである。
この取り組みが，コープさっぽろに対しては，買い物弱者を中心として組合員

数を増加させるだけでなく，既存の組合員の消費増にもつながったという（河西，2014，p.6-p.7）。移動販売での組合員への販売に加えて，そのような人々が都市部に買い物に来た際に，生協の利用頻度を高めることにつながったからである。

　その他の事例として，株式会社フタバタクシー（以下，フタバタクシー，所在地：宮城県仙台市）の介護・福祉タクシーと子育てタクシーという事業展開が見られる。同社は，仙台市において，要介護者，高齢者，障がい者といった「交通弱者」に対する移動手段の提供に注力している。介護・福祉サービスに特化しており，所属タクシードライバー50名のうち，45名が「介護職員初任者研修」以上の資格を有している。51台のタクシー総台数のうち，普通タクシーが23台であるのに対して，福祉車両タクシーや患者移送タクシーが28台となっており，半数以上を福祉分野車両に割り当てていることも特徴的である（写真2-2）。さらに同社では，「障がい者支援タクシー」サービスも提供しており，障がいのある児童や生徒たちの学校への送迎に加えて，日常生活での移動支援も実施している。多くのタクシー会社で断られる発達障がいの児童の引き受け依頼についても，専用車を導入して対応している。

　なお2000年の介護保険制度の導入にともない介護タクシー事業へ積極的に参入する企業も増えていったが，保険金の給付額が実質的に減額されたことによって，採算性の側面から同業他社の撤退が相次いだという。フタバタクシー

写真2-2　フタバタクシーの介護タクシー

出所：フタバタクシーHP。

としては，ここに差別化のポイントがあると考え，交通弱者向けサービスの強化を図ることにした。とくに同社は，宮城県ではじめて「子育てタクシー」事業へと参入した。これは「子育て中の家庭の学童や，妊婦の移動をサポートし，学校や塾などに送迎」する新サービスである。2017年時点で，子育てタクシーへの登録者は1,500件に及んでおり，多くの利用客を得ている。しかし，このサービスでは，乗務員が準備に多くの時間を要するだけでなく，チャイルドシートやその他の備品が付いているため，復路において乗客を運ぶことができない。このような福祉関連の事業だけでの収益性は低いが，この取り組みが行政から評価されて，マイクロバス運営などの業務へと派生して，結果として，安定した売上を同社にもたらしているのだという。

東日本大震災下でも，フタバタクシーは地域の交通弱者の危機を救う活動に専念した。沿岸部の医療機関が被災して，透析患者については高台の病院が指定されたのだが，それら患者の搬送という大きな課題を同社は担うことになった。透析患者については，移送が終わった後にも，ドライバーは透析の終了時刻まで病院で待機する必要がある。フタバタクシーでは，同社それ自体に加えて，従業員とその家族・親戚の被災者も多いなかで，生命の維持に関わる透析患者の移送を何よりも優先させたのであった。高速道路の一般使用が制限されている中で，行政担当者に交渉して高速道路の利用を認めさせて病院への移送を行い，従業員としては，地域社会に役立つことを使命に患者の移送に取り組んだのだという。

日本のタクシー業界は，基本的に過当競争にあり，タクシー各社は非効率で収益性の低い分野への参入を見送ったり，撤退したりしている。フタバタクシーとしては，このような状況下で，交通弱者を中心とするサービスのノウハウを蓄積し，同社の競争優位の源泉の1つにさえしている。交通弱者という地域社会が抱える課題の解決を事業活動に組み込むことで，同社が地域社会において存続できる基盤を確立しているのである。すなわちフタバタクシーの事業関連性の高いCSR活動が，競合他社との差別化につながり，同社に対して競争優位をもたらすことにもなっている（坂本光司＆法政大学大学院坂本光司研究室，2017，p.32-p.43）。

（2）大企業：積水ハウスに見る体系的な SDGs 活動

　江別製粉，コープさっぽろ，フタバタクシーの事例から，地域課題の解決を目指した事業が，最終的に当該企業の競争力にも資することから，そこにはCSV 的な特徴が見て取れた。このことから，大企業のように明示的な CSR・CSV を展開していなくとも，地域企業としても，中小企業ならではの取り組みが可能であることを見て取れた。それでは，SDGs についても中小企業による取り組みが可能であろうか。そのことを以下では検討していくが，その前に，積水ハウスという日本の最大手住宅メーカーの事例に基づいて SDGs への取り組みを見てみることにする（図表 2 – 9）。同社は，環境経営・サステナビリティ経営のリーディング・カンパニーとして，CSR や ESG について高い評価を受ける日本の代表的企業の 1 つとなっている（山田，2021，p.262）[18]。

　積水ハウスの CSR 経営・環境経営ビジョンでは，まず「目指す姿」という理想像の下に，2030 年，そして 2050 年に向けた目標を定めたうえで，「主な活動」として具体的な CSR 実践が示されている。さらに，そのような取り組みが ESG への該当を示唆するとともに，SDGs の 17 目標のうちのどれに貢献するのかを示している。なお目指す姿としては，「脱炭素社会」，「人と自然の共生社会」，「資源循環型社会」，「長寿先進・ダイバーシティ社会」という 4 つの姿が示されている。本章では，脱炭素社会と長寿先進・ダイバーシティ社会について見ていくことにする。

　脱炭素社会については，2050 年目標として住まいのライフサイクルにおける CO_2 ゼロが定められている。ライフサイクルとは，製品や住宅が，つくられ，使用され，廃棄・解体される一連のプロセスのことであり，住宅の一生の過程を通して，ネットで排出量ゼロ以下にするカーボン・ニュートラルを目指す取り組みである。そのために中期目標として，2030 年の SBT 目標の達成があげられる。SBT（Science Based Targets）とは，5 年から 10 年先を目標年として各企業が設定する温室効果ガスの排出削減目標のことである（環境省 HP）。各企業がパリ協定の 1.5℃目標を達成するために，自主的に科学的根拠に基づく温室効果ガス削減目標を定めて，その意思を SBT 事務局に伝えて，検証を受けて合格すると，SBT 目標を設定していると広報することが可能になるも

図表2−9 積水ハウスの CSR 経営・環境経営ビジョン

目指す姿	脱炭素社会
2050 年目標	住まいのライフサイクルにおける CO_2 ゼロ
2030 年目標	SBT 目標の達成
主な活動	・「エコ・ファーストの約束」公表（2008 年） ・ネット・ゼロ・エネルギー・ハウス（ZEH）「グリーンファーストゼロ」発売（2013 年） ・パリ協定遵守宣言（2015 年） ・国際イニシアティブ「RE100」加盟（2017 年）
ESG での対応	E（環境）
関連する SDGs	目標 7：エネルギー，目標 11：都市，目標 12：生産・消費，目標 13：気候変動，目標 17：実施手段

目指す姿	人と自然の共生社会
2050 年目標	事業を通じた生態系ネットワークの最大化
2030 年目標	生物多様性の主流化をリード
主な活動	・「5 本の樹」計画開始（2001 年） ・「木材調達ガイドライン」制定
ESG での対応	E（環境）
関連する SDGs	目標 6：水・衛生，目標 11：都市，目標 12：生産・消費，目標 14：海洋資源，目標 15：陸上資源，目標 17：実施手段

目指す姿	資源循環型社会
2050 年目標	住まいのライフサイクルにおけるゼロエミッションの深化
2030 年目標	循環型事業の制度整備加速
主な活動	・ゼロエミッション・プロジェクト始動（2000 年） ・新築施行，メンテナンス，リフォームの拡大での廃棄物のゼロエミッション達成（2005 〜 2007 年） ・ビッグデータ活用に対応した次世代システムへの移行（2017 年）
ESG での対応	E（環境）
関連する SDGs	目標 11：都市，目標 12：生産・消費，目標 17：実施手段

目指す姿	長寿先進・ダイバーシティ社会
2050 年目標	住まいとコミュニティの豊かさを最大化
2030 年目標	住宅における新たな価値の提供
主な活動	・「積水ハウスのユニバーサルデザイン」確立（2002 年） ・「人材サステナビリティ」を宣言（2006 年） ・空気環境配慮仕様「エアキス」発売（2011 年） ・「幸せ住まい」研究開始（2018 年）
ESG での対応	S（社会）
関連する SDGs	目標 3：保健，目標 4：教育，目標 5：ジェンダー，目標 8：成長・雇用，目標 9：イノベーション，目標 11：都市，目標 12：生産・消費，目標 17：実施手段

出所：山田，2021, p.264-p.265 を加筆修正。
原出所：積水ハウス（2019）「Sustainability Report 2019 ── ESG 経営による持続的な成長に向けた価値創造の取り組み──」。

のである（掛川, 2021, p.31）。実際に積水ハウスでは，2030年までのSBTとして，同社が供給する戸建住宅と賃貸住宅からのCO_2排出量を45％削減し，自社で消費するエネルギーによるCO_2排出量を35％削減する目標が設定されている。そのための主な取り組みが，「エコファーストの約束」の公表（2008年），「グリーンファーストゼロ」の発売（2013年），パリ協定の遵守宣言（2015年），「RE100」への加盟（2017年）などである[19]。これはESGにおけるE（環境）に該当し，SDGsとの関連では，目標7：エネルギー，目標11：都市，目標12：生産・消費，目標13：気候変動，目標17：実施手段を実現する活動になっている。

　後者の長寿先進・ダイバーシティ社会について，2050年目標として住まいとコミュニティの豊かさの最大化があげられている。そのような抽象的な目的を達成するために，2030年目標として，住宅における新たな価値の提供が掲げられており，そのための主要な活動が，「積水ハウスのユニバーサルデザイン」の確立（2002年），「人材サステナビリティ」の宣言（2006年），空気環境配慮仕様「エアキス」の発売（2011年），「幸せ住まい」の研究開始（2018年）などである[20]。このような取り組みは，ESG上のS（社会）に該当し，SDGsとの関連では以下のようになる。目標3：保健，目標4：教育，目標5：ジェンダー，目標8：成長・雇用，目標9：イノベーション，目標11：都市，目標12：生産・消費，目標17：実施手段の実現に貢献することが示されている。

　このように積水ハウスでは，CSRや環境経営を行っていくうえで，理想像という理念的な目標から，2050年目標，2030年目標という形でターゲットを具体化していき，それを達成するための活動が明示される。そして，そのような取り組みをESG，ならびにSDGsの観点から位置づける体系的なCSR活動が実践されている。そして，CSRを体系的に明示するだけでなく，それを実行するための組織的な体制の構築，すなわち「CSRの制度化」（institutionalization of CSR）が図られているのである。CSRの制度化とは，CSRに関する教育・訓練，倫理監査や評価，ホットラインやヘルプラインの整備，CSRに関する報告書の発行，CSR担当部署や役員の設置など，企業の内部にCSR実行のための仕組みを構築することである[21]。

　まず，ESG の推進を担う中心的な機関として，ESG 推進委員会が設置されている。同委員会は取締役会の直轄機関であり，具体的に ESG 活動を計画・実行するために以下の3つの部会を設けている。環境事業部会（脱炭素，資源循環，環境負荷低減など），社会性向上部会（ダイバーシティ推進，働き方改革，人権尊重など），ガバナンス部会（組織風土形成やグループ・ガバナンス体制の強化など）であり，これら3部会は，取り組みに関する決定事項について，ESG 推進委員会に報告して承認を得ることになる。また，これら部会は，積水ハウスの各事業部門（営業・生産調達・本社・国内外グループ各社）と実際に連携して ESG を推進していく。もちろん，このような ESG 活動については，ESG 推進委員会を通して，最終的には取締役会に報告・審議されて承認を得ることにもなる（積水ハウス，2022，p.99）。

　このように積水ハウスでは，CSR に関して，その位置づけや基本方針の下に，組織的に実行する体制が整備されている。形式的な側面のみからの評価にはなるが，同社では，まさに「理想的」な CSR・ESG を実践していると捉えることができよう。このことは，同社の CSR に対する理念や方針という価値観が反映されているほかに，住宅業界のリーディング・カンパニーという大企業であり，中小企業よりも相対的に経営資源が豊富だからこそ，体系的で明示的な取り組みを可能にしているとも考えられる。それゆえ，中小企業は，このような体系的な ESG 活動，そして SDGs 実現に向けた取り組みを実践できるわけではない。しかし，ESG や SDGs 課題を認識して，対象範囲を限定しながらも取り組むことが求められている。

（3）中小企業・地域企業の SDGs への取り組みの在り様

　大企業に対して，中小企業の SDGs に関する取り組みについては，十分とは言い難い状況になっている。経済産業省の外郭団体である日本立地センターは，中小企業の SDGs への認知度および取り組み状況を調査している（図表2-10）。この調査では，2018 年と 2020 年の各時点の状況を比較している。まず SDGs の認知度については，2018 年には，わずか15.8％の企業が認知しているに過ぎず，84.2％（421 社）がまったく認知していない状況にあった。しかも認知し

図表2−10　中小企業のSDGsへの認知度および取り組み状況

		2020年11月調査			2018年10月調査		
		n	%		n	%	
全体		500社		100%	500社		100%
SDGsについて認知している	すでに対応・アクションを行っている	17	3.4%		6	1.2%	
	対応・アクションを検討している	24	4.8%	50.4%	4	0.8%	15.8%
	知っているが，とくに対応していない	119	23.8%		29	5.8%	
	聞いたことはあるが，内容については知らない	92	18.4%		40	8.0%	
SDGsについて認知していない	本調査ではじめて知った	248	49.6%	49.6%	421	84.2%	84.2%

出所：日本立地センター，2021, p.2に基づいて筆者作成。

ている企業（79社）においても，その内容を十分に把握して，かつ行動を実施，あるいは検討している企業は2.0%（10社）に過ぎない。「知っているが，とくに対応していない」（5.8%，29社）や「聞いたことはあるが，内容については知らない」（8.0%，40社）を考慮すると，SDGsに関して，ほぼ無関心な企業の割合は98.0%（490社）に達していた。2018年時点では，ほとんどの中小企業が，SDGsに対して取り組んでいない状況だったのである。

　直近の2020年になると，この数値が改善していく。SDGsに関して，認知していると回答した企業は50.4%（252社）まで上昇し，認知していないと回答する49.6%（248社）を上回る状況になった。しかし，SDGsを十分に認識したうえで実施している，および行動を検討していると回答する企業の割合は8.2%（41社）に留まっている。結果的に知っていても実行していない（する気が無い），および内容について知らないと回答する企業が91.8%（459社）と，依然として高い割合を占める状況になっている。

　この結果は，帝国データバンクによる調査とも符合している。同社の2021年6月の調査によると，SDGsを理解して取り組んでいると回答する企業の割合が14.3%，現在取り組んではいないが，取り組みたいと思っている割合が25.4%となっている。また，SDGsを知っていても取り組んでいない，あるい

はSDGs自体を知らないとする回答の合計は60.2％を占めている。ちなみに大企業では，55.1％の企業が何らかの形でSDGsに取り組んでいると回答しており，中小企業よりも圧倒的に高い比率になっている（帝国データバンク，2021，p.2）。たしかに2020年時点と比較して，ポジティブな回答割合は増加傾向にあるが，中小企業ではSDGsに関する理解と実践の不十分な状況が明らかになっている。SDGsが盛んに喧伝される今日においてさえも，中小企業・地域企業においては，その認知度や取り組みが十分には行き渡っていないのである。

　しかし，このようなアンケート調査からは，1つの大きな誤解があることを指摘しなければならない。第1章での検討内容からも分かるように，SDGsは，従来とは抜本的に異なる何か目新しい取り組みだけを指すわけではない。たしかに積水ハウスの体系的な取り組みを考慮すると，SDGsという「新種」は，中小企業には困難な取り組みであるような印象を与えるかもしれない。しかしISO26000で示されたように，ESGに関する取り組みを，ビジネスを通して実践することがSDGsの目標の達成に貢献することになる。つまり，事業との関連性を意識しつつ，環境，社会，ガバナンス（経済も含む）に関する取り組みを地道に行っていくこと，すなわちCSRを着実に実践することがSDGsにつながっていくのである。それゆえ，仮に体系的ではないとしても，中小企業・地域企業は何らかの形でSDGsへ貢献していることが明らかである。「SDGsに取り組んでいるか」という大上段に構えた質問だと，中小企業経営者を委縮させてしまい，結果として「取り組めていない」と回答する可能性が高いと考えられる。

（4）東日本大震災下の企業行動に関するSDGs観点からの再分類

　上記の図表2－7および2－8の東日本大震災における地域企業のCSRを，SDGsに関連させて位置づけることも十分に可能である（図表2－11）。いちごホールディングスによる震災直後の炊き出し，造水装置による水の提供は，SDGsの目標2：飢餓と目標6：水・衛生に直接的に関係してくる。愛子観光バスと仙南タクシーの災害時の交通手段確保は目標11：都市に関係し，とくに後者の語り部タクシーは目標4：教育にも関係する取り組みである。フタバ

図表２−11 震災下の企業行動の SDGs への分類

社名	地域支援の取り組み	SDGs との関連性
いちごホールディングス	震災直後：炊出しの提供，造水装置による水提供 復旧期：—	目標２：飢餓，目標６：水・衛生
愛子観光バス	震災直後：独自判断による運航開始 復旧期：運行維持・増便により地域の交通手段確保	目標11：都市
仙南タクシー	震災直後：地域住民への交通手段提供 復旧期：語り部タクシーの運行	目標４：教育，目標11：都市
フタバタクシー	震災直後：透析患者を中心とする弱者の移送 復旧期：交通弱者支援	目標３：保健，目標11：都市
仙台水産	震災直後：卸売市場の開場・食品供給 復旧期：提案会開催で生産者と消費者のマッチング	目標２：飢餓，目標８：成長・雇用，目標11：都市
サン・ベンディング東北	震災直後：約10万本に及ぶ飲料の避難所への配布 復旧期：自動販売機の稼働維持と収益の一部寄付	目標２：飢餓，目標４：教育，目標11：都市
深松組	震災直後：建物応急措置，津波がれきの撤去主導 復旧期：被災地再開発（アクアイグニス仙台）	目標８：成長・雇用，目標11：都市
ウジエスーパー	震災直後：震災翌日からの店舗営業再開 復旧期：津波被災地南三陸町での再出店	目標２：飢餓，目標11：都市
マルト	震災直後：店舗再開による商品供給 復旧期：食品放射能測定機の導入	目標２：飢餓，目標11：都市，目標14：海洋資源
斎藤コロタイプ印刷	震災直後：— 復旧期：流出した卒業アルバム再生	目標12：生産・消費
ヒューレックス	震災直後：雇用ミスマッチ解消，紹介予定派遣 復旧期：被災地における雇用支援，婚活支援	目標４：教育，目標８：成長・雇用
ファミリア	震災直後：— 復旧期：アタラタ開業による６次産業化推進	目標８：成長・雇用，目標15：陸上資源
南三陸ホテル観洋，大観荘など	震災直後：地域住民の避難場所・食料供給 復旧期：第２次避難施設，復興支援者の活動拠点，地域社会のPR活動	目標２：飢餓，目標11：都市
スパリゾートハワイアンズ	震災直後：— 復旧期：避難所への慰問公演	目標８：成長・雇用
コセキ	震災直後：避難所へのコーヒー・サービス 復旧期：地域防災や地域内取引強化	目標８：成長・雇用，目標11：都市
一ノ蔵	震災直後：— 復旧期：「醸造発酵で子どもたちを救おうプロジェクト」	目標４：教育
佐浦	震災直後：— 復旧期：「浦霞発，日本酒の力プロジェクト」	目標11：都市
木の屋石巻水産	震災直後：大規模被災下の雇用維持 復旧期：工場再建と雇用拡大	目標８：成長・雇用，目標11：都市
高政	震災直後：かまぼこの避難所への配布 復旧期：地買地消運動，被災地観光の拠点	目標２：飢餓，目標４：教育，目標８：成長・雇用，目標11：都市
にしき食品	震災直後：大規模災害下の雇用維持，食品提供 復旧期：工場再建および販路拡大	目標８：成長・雇用，目標11：都市
八木澤商店	震災直後：大規模被災下の雇用維持 復旧期：工場再建と地域企業と連携した起業家創出	目標８：成長・雇用，目標９：イノベーション，目標11：都市
舞台ファーム	震災直後：炊出しの提供 復旧期：農業の６産業次化，農業起業支援	目標２：飢餓，目標８：成長・雇用，目標９：イノベーション，目標15：陸上資源
ワンダーファーム	震災直後：— 復旧期：生産施設再開と事業再建，住民ニーズの理解	目標８：成長・雇用，目標15：陸上資源
イーストファームみやぎ	震災直後：— 復旧期：津波被災地での綿花栽培	目標15：陸上資源
岩機ダイカスト工業	震災直後：雇用維持，サプライ・チェーンの維持 復旧期：地域社会のPR活動	目標８：成長・雇用，目標11：都市
堀尾製作所	震災直後：— 復旧期：雇用維持，工場敷地空きスペース提供	目標８：成長・雇用
ヤグチ電子	震災直後：— 復旧期：ポケットガイガーによる安価な放射線測定	目標９：イノベーション

出所：本章の図表２−７と図表２−８を加筆修正。

タクシーの災害時の患者移送や交通弱者支援は，目標3：保健と目標11：都市の取り組みに該当する。また，仙台水産の震災直後からの食料供給や提案会の開催などは，目標2：飢餓と目標11：都市に関係するだけでなく目標8：成長・雇用にもつながる。生産者と消費者をマッチングすることで，地域産業の維持と雇用を創出することになるからである。サン・ベンディング東北における10万本に及ぶ飲料の配布や，収益の教育に対する寄付活動は，目標2：飢餓と目標11：都市だけでなく，小中高校生の被災者の教育にも貢献するため目標4：教育にも該当してくる。

　深松組のがれき撤去やアクアイグニス仙台の開業といった取り組みは，目標8：成長・雇用や目標11：都市に，そのほか，ウジエスーパーやマルトの取り組みは，目標2：飢餓と目標11：都市に関係してくる。とくに，後者の魚介類に対する放射線測定に関しては，海洋資源の有効活用を促進するものであり目標14：海洋資源にも関係してくる。斎藤コロタイプ印刷による卒業アルバム再生は，目標12：生産・消費に関する取り組みとなっている。また，ヒューレックスでは，派遣従業員が最終的に正規従業員になるまでの訓練を提供しているし（目標4：教育），雇用のミスマッチを無くす取り組みは目標8：成長・雇用に貢献する。

　この観点から，ファミリア（目標8：成長・雇用，目標15：陸上資源），南三陸ホテル観洋や大観荘（目標2：飢餓，目標11：都市），スパリゾートハワイアンズ（目標8：成長・雇用），コセキ（目標8：成長・雇用，目標11：都市），一ノ蔵（目標4：教育），佐浦（目標11：都市），木の屋石巻水産（目標8：成長・雇用，目標11：都市），高政（目標2：飢餓，目標4：教育，目標8：成長・雇用，目標11：都市），にしき食品（目標8：成長・雇用，目標11：都市），八木澤商店（目標8：成長，目標9：イノベーション，目標11：都市），舞台ファーム（目標2：飢餓，目標8：成長・雇用，目標9：イノベーション，目標15：陸上資源），ワンダーファーム（目標8：成長・雇用，目標15：陸上資源），イーストファームみやぎ（目標15：陸上資源），岩機ダイカスト工業（目標8：成長・雇用，目標11：都市），堀尾製作所（目標8：成長・雇用），ヤグチ電子（目標9：イノベーション）においても，震災後の取り組みについてSDGsとの関係から位置づけることができる。

　このように見てくると，地域企業は，環境・社会・経済に関する何らかの取り組みを行っているのであり，その地道な取り組みがSDGsに直結してくるのである。もちろんCSRの実践に際して，最初からSDGsを意識した行動がともなえば理想的なのかもしれないが，行為の結果がSDGsにつながることを理解すべきである。SDGsは，中小企業においても十分に貢献することが可能な取り組みなのである。

　なお，2020年以降に感染が拡大した新型コロナウィルスのパンデミックにおいても，企業（もちろん地域企業）は一定の役割を果たしてきた。ただし，この問題は，一般的に「ウィズコロナ」とも言われるように，コロナウィルスという脅威が常態化した状態であり，東日本大震災のような緊急を要する有事とは異なってくる。ある意味で，有事と平時が混在化した状況下において，企業がどのような役割を果たしたのかという課題であり，震災時ほど明示化された取り組みが見られたわけではない。

　まず，事業関連性の取り組みを見ていくと，例えば，金融機関では，売上が急減した企業に対する緊急対策融資（宮城第一信用金庫），休日に相談窓口を開設して事業者への相談（七十七銀行）などが見受けられる。産業企業では，飛沫防止の仕切り版の開発と販売の開始（スリーエイト），フェースシールドやゴーグルなどの不足物資の地元開発・生産（ホクシンエレクトロニクスほか）などの事業関連性の高い取り組みが一部に見られた[22]。しかし，コロナ禍と関連するCSRは事業非関連の取り組み，つまり寄付や寄贈といったフィランソロピー活動に該当してくる場合が多く，企業の寄付活動を活性化させることにつながったと言えよう。例えば，約40万枚のマスクを政府の「マスクチーム」へ寄贈（アイリスオーヤマ），次亜塩素酸水（ハセッパー水）の顧客への無償配布（松沢蒲鉾店），マスク12万枚と非接触型体温計200本の蔵王町への寄付（オズベルト・ホテルズ），「お子さまランチ」を無料にして子供たちの気持ちを元気づける活動（レストランHACHI），医療現場で不足する防護服1,000着の寄付（共友工業）など枚挙にいとまがない[23]。これらの取り組みについても，SDGsの17目標のうちのいずれかに位置づけることが可能である。

5── 本章のまとめ

　本章では，中小企業・地域企業における社会的責任を位置づけるとともに，大企業との比較から，それら独自の CSR 展開に関する検討を行ってきた。まず，中小企業は，地域社会との結びつきが強いことから，ISO26000 におけるコミュニティに関する課題事項を見ることで，どのような社会的責任を果たせるかを確認した。地域社会に対しては，企業は，①コミュニティへの参画，②教育及び文化，③雇用創出及び技能開発，④健康など 7 つの課題事項に対して貢献することができる。ここから言えるのは，地域社会の持続可能性や発展が，CSR の重要課題の 1 つになっているということである。

　企業の地域社会に対する貢献というと，一般的にフィランソロピー活動になることから，そのような社会貢献の拠出額についても見ることにした。本章では，日本経団連・1%（ワンパーセント）クラブの調査に依拠してみたが，各社の平均拠出額については年間 5 億 9,700 万円（2016 年）という状況だった。しかし，この数値は資本金額の大きい大企業による取り組みであり，中小企業では大規模な拠出は難しい。また実際に宮城県の企業を見ると，有力企業と言えども，そのほとんどが中小企業に該当していた。中小企業は，大企業と同様の枠組みで CSR 活動を行うのではなく，異なる取り組みを考えて実行する必要があることも示された。また，このような社会貢献活動を中心にして，中小企業のCSR の認識や活動の状況に関する調査結果を検討した。その結果，CSR という言葉自体への認識や理解について高まりつつあるが，CSR に取り組めていると回答する企業は 41.9%に留まっており，十分な活動ができていない状況であった。

　しかし，中小企業だとしても，今日では CSR・CSV に取り組むことが必須の事項として求められている。それを促進するためには，中小企業にとって明示的に見返りがあることを示す必要があるが，この点については不明確なものであった。それでも大企業による積極的な取り組みは，長期的かつ定性的な側面から何らかのメリットが存在するからだと考えられる。大企業の場合には，

戦略的かつ明示的な CSR 実践が行われるが，中小企業の CSR は暗黙的に日常のビジネスにおいて自然に取り組まれている。その CSR を明示的に認識できたのが，東日本大震災下における地域社会を支える活動であった。震災被災地では，地域企業が，地域住民の生命維持，雇用創出，供給責任，レジリエンス強化など地域社会の維持と活性化に向けた様々な取り組みを行っていた。このような取り組みは，東日本大震災の被災地という地域を支え，地域を守る企業行動だったのである。そして，これらの CSR 活動は事業との関連性の高い取り組み，すなわち事業それ自体を通して行われた社会的責任の遂行でもあった。このことから，中小企業の事業それ自体に社会性が組み込まれていると考えられるのである。

　そして，日常的に事業活動に CSR を組み込み，競争力を強化する取り組みとして，意識せずにそれを達成している江別製粉，コープさっぽろ，フタバタクシーの事例を検討した。ここから分かることは，地域社会を対象に事業と関連性の高い社会的責任を果たした結果として，受注を増加させたり，サービスの差別化につながったりと，各社の競争力の向上に資している。なお各社とも，その活動の初期から見返りを求めて行動したのではなく，結果として，企業それ自体の持続可能性を高めていることが特徴的である。いずれにせよ，CSV は，中小企業においても実行可能な取り組みであることが示された。

　最後に SDGs に関する取り組みについても検討した。まず，積水ハウスによる ESG 経営も含めた SDGs について見たことで，その取り組みは体系的に展開され，それぞれの活動の ESG と SDGs との関係性も明示されていた。ある意味で，（表面上は）理想的な CSR・SDGs 活動を実践しているように見受けられる。このように体系的な SDGs 活動を目の当たりにすると，中小企業においては，その取り組みを模倣（模範に）することは困難である。それゆえ，中小企業では SDGs への取り組みが困難なように見受けられる。しかし，東日本大震災における企業活動を見ていくと，地域社会に対する社会的責任行為は，SDGs の項目に当てはまることも見て取れた。実際に企業行動を位置づけてみると，目標8：成長・雇用や目標11：都市などにフォーカスされているものの，SDGs との関係性が明確に存在していた。このように社会や環境などへの取り

組みを行うことが，その濃淡に違いがあるものの，SDGs に貢献することにつながる。中小企業・地域企業と言えども，事業との関連性を通して，CSR を何らかの形で実行することが重要なのであり，その行為それ自体が持続可能な発展に結実していくと考えられる。

　本書では，地域企業が地域社会に対して果たす社会的な役割について検討していくが，そこには企業と地域社会の共生関係が重要な要因の1つになってくる。そのような共生関係は，一朝一夕ではなく，長い歳月を経て構築されるものでもある。すなわち，当該地域企業において，何代にもわたる事業承継の過程において，地域社会に対して社会的責任を果たす思考や価値観もまた承継される。これによって，地域企業は地域社会に対して CSR を果たし続けることになり，両者間における共生関係が形成されていくと考えられる。このことを踏まえて第3章では，地域企業による CSR 実践の原動力を経営者のリーダーシップに求めて，「社会的に責任あるリーダーシップ」と，その世代間の承継に関する理論的な検討を行う。この考察を通して，本書における中小企業 CSR 分析のためのフレームワークを構築する。

【注】

1）例えば，焼売弁当で全国的に有名な崎陽軒では，社会貢献活動の一環として，神奈川県の中学生や大学生などとの商品共同開発や，生徒・学生の企画力向上を支援する社会教育活動を実施している。詳細は，小山（2015）を参照のこと。

2）エンプロイアビリティ（Employability）とは，「雇用され得る能力」または「働く人が必要とされ続ける能力」と訳出される。エンプロイアビティは3つの要素で構成されており，その1つが「知識・技能」となっている（パソナ HP）。

3）例えば，KDDI が開発した漁業支援システムとして「スマートブイ」という新技術がある。センサーと通信機器搭載のブイを海上に設置することで，漁獲量を予測して出漁の判断を支援する。これによって，効率的な漁業を支援することができるのである（KDDI 総合研究所 HP）。

4）英米では地域社会を活性化させるために，政策としてコミュニティ開発投資を促進してきた。「地域再投資法」という制度の下に，「コミュニティ開発金融機関」（Community Development Financial Institution, CDFI）が設立され，民間金融機関は CDFI に投融資を行ったり，あるいは直接的に地域社会に投資することもできる。詳細は，小関（2010）を参照のこと。

5）日本経団連の加盟企業リストについては，同団体の HP を参照のこと。

6） 環境経営戦略にフォーカスして，環境経営が企業の競争力に結実することを指摘する豊澄（2007）においても，既存研究をレビューしたうえで，「有意なプラスの影響を与える」「有意なマイナスの影響を与える」，または環境経営と企業収益に「相関が無い」とする結論が乱立しており，混沌とした状態にあることが指摘されている（豊澄，2007，p.102-p.106）。環境経営という，より範囲を限定した研究においても，その明確な結論が導き出されていない状況にある。

7） このことを示す事例の1つとして，イギリスの石油企業 BP 社による CSR への取り組みを考察する矢口（2008b）の研究がある。BP 社では，巧みな CSR 戦略がステークホルダーからの絶大な評価を得ることにつながり，海外展開における事業の円滑化という効果を生じさせていた。詳細は矢口（2008b）を参照のこと。

8） 本書の具体的な考察対象である阿部長商店，イシイ，峩々温泉，さいとう製菓，サイト工業の5社については，ここでは除外している。

9） なお，フタバタクシーについては，後述するためここでは割愛をしている。

10） コーズリレイテッド・マーケティング（Cause related marketing）とは，企業の利益の一部を，行政，NPO や福祉団体などの非営利機関に寄付することで，社会課題の解決に寄与しつつ，当該企業の商品やブランドなどのイメージ向上を図る取り組みである。このような社会課題について，マーケティングの側面から解決しようとする活動のことをコーズマーケティング（Cause marketing）という。詳細については，Kotler and Lee（2005）を参照のこと。

11） 東日本大震災後において，建設業が地域のインフラや建物復旧に取り組んだ活動については，岩田（2013）やいがらし監修（2015）で詳細に記述されている。

12） 紹介予定派遣とは，派遣先の企業において直接に採用されることを前提とする人材派遣形態である。派遣期間中に，一定の条件を満たすことで，雇用者と派遣従業員の合意によって直接雇用へと契約を切り替えることができる（アデコ HP）。

13） いちごホールディングス，仙南タクシー，サン・ベンディング東北，深松組，ウジエスーパー，マルト，斎藤コロタイプ印刷については小泉（2020）を参考に記述している。また，愛子観光バス，仙台水産，ヒューレックス，ファミリアについては矢口（2014a）に基づいて記述している。

14） 農業生産法人，あるいは農地所有適格法人の詳細については，日本農業法人協会 HP を参照のこと。

15） 南三陸ホテル観洋をはじめとする沿岸部ホテル，コセキ，木の屋石巻水産，高政，舞台ファーム，岩機ダイカスト工業，堀尾製作所については，矢口（2014a）を参考に記述している。また，スパリゾートハワイアンズ，一ノ蔵，佐浦，にしき食品，八木澤商店，ワンダーファーム，イーストファームみやぎ，ヤグチ電子については，小泉（2020）を参照している。

16） 各社の CSV への取り組みについては，それぞれの CSR 報告書を参照のこと。ただし，これら企業の取り組みを分かりやすく解説する資料もある。詳細は，オルタナ HP やザ・オーナー HP などを参照のこと。

17)　現在，ハルユタカの生産量が増加し，北海道だけでなく全国的に販売されており，一般消費者も購入できる商品となっている。詳細はたくさんネット HP を参照のこと。

18)　積水ハウスの SDGs 活動については，山田（2021）における記述を全体的に参照している。

19)　これら取り組みの詳細については，積水ハウス（2019）を参照のこと。

20)　これらの詳細についても，積水ハウス（2019）を参照のこと。

21)　CSR の制度化に関する定義については，Weaver et al.（1999）で示されている「企業倫理の制度化」（institutionalization of business ethics）に関する定義を援用している。

22)　これらの記事の詳細については，『河北新報朝刊』2020 年 3 月 11 日，3 月 13 日，5 月 9 日，5 月 21 日を参照のこと。

23)　また，事業非関連型の支援活動に関する取り組みの詳細については，『河北新報朝刊』2020 年 3 月 12 日，3 月 15 日，3 月 24 日，4 月 4 日を参照のこと。

第3章 中小企業のCSRとリーダーシップの関係性
―社会的に責任あるリーダーシップと
その承継が持つ意味―

【第3章の要約】

　本章では，中小企業の CSR を推進する経営者の「社会的に責任あるリーダーシップ」とその承継について，予備的な考察を行い，中小企業の CSR の持続性を担保する試論を構築した。これによって，次章以降における地域企業の CSR と経営者リーダーシップの事例を検討するための分析視点と枠組みを得られた。

　多くの中小企業が同族企業であるため，経営者のリーダーシップがその行動に大きな影響を及ぼす。その CSR は暗黙的 CSR であるため，経営者のリーダーシップに依存せざるを得ない。中小企業は，事業存続の基盤である地域社会を中心とするステークホルダーから社会的正当性を得るためにも，CSR を実践できる優秀なリーダーの存在が必要である。経営者は，社会的に責任あるリーダーシップを発揮することで，企業の責任ある行動を導くことができる。また，中小企業が持続的に CSR を実践し続けるには，経営者の社会的に責任あるリーダーシップが承継され続ける必要もあった。これによって中小企業の永続的な CSR を可能にして，所有に基づく法的正当性だけでなく，ステークホルダーからの社会的正当性を得ることが可能になるのである。

1 ── 本章の目的[1]

　本章では，CSR を推進する経営者のリーダーシップについて，既存の研究をレビューすることでその特徴を明らかにする。また，そのリーダーシップの承継に関して，本書における分析の視点や枠組みを構築する。本書では，すでに CSR の重要性について幾度となく触れてきたが，CSR は改めて学術的だけでなく実務的にも注目さていることに留意すべきである。SDGs が世界的にも大きな関心事項になっているなかで，企業は CSR を果たすことで地域社会の持続可能な発展に貢献することになり，ステークホルダーからの社会的正当性の獲得につながるからである（奥村，1987，p.185-p.194）。

　それにも関わらず，製造業の品質・検査データ不正（日産自動車やスバルなど），粉飾決算や不正請求（ヤマト HD や東芝など），その他に談合や汚職・贈賄など企業不祥事の発生は枚挙にいとまがない[2]。これらは大企業におけるケースであり，それらには組織的な CSR 推進体制が構築されている（CSR が制度化されている）場合が多い。それにも関わらず経営者の関与，従業員個々人の関与，暗黙的慣行に従った組織的関与など多様な発生要因によって不祥事を生じさせている。もちろん，このようなマイナスの側面だけでなく，企業は環境や社会課題の解決に寄与して持続可能な発展にも貢献できる存在である。企業の社会貢献については，これまで見てきた通り，ISO26000，国連グローバル・コンパクト，SDGs などが策定されており，企業の CSR 活動を促進している。グローバルと，ローカルとを問わずプラスの影響を及ぼす企業活動が要請されているのである。しかし，学術・実務の双方から CSR 実践の主体と見なされるのは大企業であり，中小企業の CSR への注目・関心は相対的に低い。実態経済に目を向けると，日本の企業数は約 421 万社であるが，そのうち大企業数は 1 万 2,000 社程度に過ぎず中小企業の占める割合が 99.7％に達している（中小企業庁 HP）[3]。中小企業は日本経済を支える重要な主体であり，政府・行政による支援政策が見られるだけでなく，学術的にも中小企業研究が活発化している。これとは対照的に中小企業の CSR 研究は，不活発なだけでなく，わず

かに見られる研究も大企業に倣って，CSRを制度化すべきという主張に偏っ
ているようである（矢口，2016a）。

　筆者は，中小企業のCSR研究を過少にして，その認識を誤解させる要因
には，経営者の価値観とリーダーシップに基づき実践される「暗黙的CSR」
（implicit CSR）が看過されているからだと考えている[4]。中小企業のCSRを捉
えるには，経営者のリーダーシップ行動がCSRに及ぼす影響を考察する必要
がある。とくにCSRを推進する経営者の「社会的に責任あるリーダーシップ」
（Socially Responsible Leadership，以下，SRリーダーシップ）が，同族企業的な中
小企業のCSR実践には不可欠の要因になる。中小企業のCSRは，公式的な権
威が集中する経営者のリーダーシップという属人的な性質に依存するため，現
経営者の下でCSRを果たせていたとしても，世代交代によりCSR実践が量・
質ともに後退する可能性もある。大企業とは異なり，中小企業ではCSRの持
続性も課題の1つになるのである。このことから，属人的な要素であるSRリー
ダーシップを，先代から現経営者，そして現経営者から後継者に承継すること
で中小企業のCSRの持続性が担保される。これによって，中小企業は社会的
正当性を獲得し続けることができるのである。

　このことに基づいて，本章では，中小企業のCSRを推進する経営者のSR
リーダーシップと，その承継に関する予備的な考察をして，CSRの持続性を
担保する試論を構築する。これによって，次章以降での地域企業のCSRにお
ける経営者の役割とSRリーダーシップの承継を考察するための視点を得る。
これが本章での研究目的となっている。以下では，まず中小企業の性質を規模
やガバナンスとの関係から考察して，CSRを含めた企業行動には経営者が決
定的な役割を果たすことを指摘する。同時に，中小企業においてCSRが求め
られる理由についても述べる。ついで，2000年代以降に議論され始めたCSR
とリーダーシップの関係性を問う研究，さらにリーダーシップも含めた事業承
継研究をレビューして，CSRを視点とした中小企業，SRリーダーシップ，事
業承継の各研究領域における課題を明らかにする。最後に，中小企業のCSR
において，それを推進するSRリーダーシップの役割と，その持続性を担保す
る事業承継の視点に基づく試論を構築して，今後の研究の方向性を示し，次章

以降での事例考察に向けた枠組みを提示する。

2 ── 中小企業の性質と経営者のリーダーシップ

　中小企業の CSR を検討するうえで，その特徴と性質を考慮する必要がある。会社法（第二条）では資本金 5 億円以上，または貸借対照表上における負債総額 200 億円以上の企業を大企業としており，それ以外の企業は中小企業と位置づけられている（中央経済社編，2005，p.57）。この定義では，資金・資産からの把握になっているため，より実態的な側面から中小企業を位置づける必要がある。それが中小企業基本法であり，同法では資本金と従業員数の側面から業種ごとにその定義をしており，両者のうち一方でもこの基準に該当すると，中小企業と認識されることになる（図表 3 − 1）。実際に中小企業基本法によると，業種が 4 つに区分されている。まず，製造業その他では，資本金 3 億円以下または従業員数 300 名以下の企業が中小企業に該当する。つまり，資本金 3 億円以下，あるいは従業員数 300 名以下のいずれかの要件に当てはまれば，中小企業に分類されるのである。ついで卸売業では資本金 1 億円以下または従業員数 100 名以下が，小売業では資本金 5,000 万円以下または従業員数 50 名以下が，サービス業では資本金 5,000 万円以下または従業員数 100 名以下が，それぞれ中小企業として分類される。

　また，企業の規模的な側面に加えて，株式所有や取締役会構成といった「ガ

業種分類	中小企業基本法の定義
製造業その他	資本金の額又は出資の総額が 3 億円以下の会社又は常時使用する従業員の数が 300 人以下の会社及び個人
卸売業	資本金の額又は出資の総額が 1 億円以下の会社又は常時使用する従業員の数が 100 人以下の会社及び個人
小売業	資本金の額又は出資の総額が 5 千万円以下の会社又は常時使用する従業員の数が 50 人以下の会社及び個人
サービス業	資本金の額又は出資の総額が 5 千万円以下の会社又は常時使用する従業員の数が 100 人以下の会社及び個人

図表 3 − 1　中小企業の規模的定義

出所：中小企業庁 HP。

バナンス」(Governance, 統治) の側面からも中小企業を捉える必要がある[5]。
多くの中小企業では，一般的に同族 (家族・親族) が企業を支配する「同族企業」
(family business) に該当すると想定される。Villalonga and Raphael (2004) に
よれば，同族企業とは，同族構成員とその代表であるオーナー経営者が，株式
所有に基づいて支配・経営する企業と定義される。さらに中小という規模的な
特性もあって，経営者の意思決定が決定的な影響力を有する。ここでいう「決
定的」とは，経営者の制度的な権威だけでなく，組織が小規模になるため，経
営者が末端の従業員に対して対面を通して直接的な影響を及ぼすことができる
という意味で用いている。つまり，オーナー経営者の意思や価値観に基づく
リーダーシップが，従業員に対して直接的に影響することで組織的な企業行動
に結実すると考えられる。そもそもリーダーシップとは，「集団機能により著
しい何らかの継続的な，かつ積極的影響を与えるその集団成員の役割行動」で
あり，「一定の問題 (problem) が解決される過程にかかわりをもつ社会的行動」
と定義される (三隅, 1978, p.44)。このことから，経営者が従業員の行動に継
続的な影響を及ぼし，それが社会的な行動となって課題を解決し組織としての
成果を生じることになる。その成果には，経済的な側面 (売上や利益) もあれば，
組織内外の社会的な課題の解決[6]も含まれると考えられる。

　さて，中小企業を同族企業と完全に見なして良いかが疑問になるであろう。
このことについて，矢口 (2017a) は『帝国データバンク会社年鑑』に基づいて，
東日本大震災の被災3県 (岩手・宮城・福島) に本社を擁する有力企業 (3,653社)
を整理している (図表3 - 2)。業界 (建設，製造，運輸・通信，卸売・商社，小売，
不動産，サービス) と売上高の観点から分類し，さらに各セルに位置づけられる
企業を規模とガバナンス (同族か非同族か) の観点から再分類したものである。
企業規模については，中小企業基本法に提示されている中小企業の定義に依拠
して，当該企業が属する業界的特性を踏まえて，資本金と従業員数の観点から
中小企業に該当するかどうかを判断した。またガバナンスについて，主要株主
と経営者 (あるいは経営陣) がほぼ一致する企業について，同族企業として捉
えることにした[7]。このように資本金と従業員数から大企業と中小企業を区別
し，株式所有の観点から同族企業と非同族企業の区別を行っている。

図表3－2 岩手・宮城・福島県の企業規模とガバナンス (n＝3,653)

業種＼売上高	分類項目	合計	～5億円	～10億円	～25億円	～50億円	～100億円	100億円超
売上高別合計	中小企業	3,569	1,263	1,053	797	290	107	60
	大企業	84	0	0	11	21	18	34
	合計	3,653	1,263	1,053	808	311	125	94
	同族企業数	3,477	1,228	1,006	763	288	111	81
	同族比率	95.2%	97.2%	95.5%	94.4%	92.6%	88.8%	86.2%
建設・土木・管工事など	中小企業	1,070	488	327	194	48	8	5
	大企業	0	0	0	0	0	0	0
	同族企業数	1,045	485	319	184	45	7	5
製造	中小企業	583	201	170	134	51	21	6
	大企業	4	0	0	0	0	1	3
	同族企業数	552	191	158	125	50	20	8
運輸・通信	中小企業	225	64	81	67	11	2	0
	大企業	14	0	0	6	5	2	1
	同族企業数	225	59	80	68	15	2	1
卸売・商社	中小企業	838	212	218	225	113	43	27
	大企業	16	0	0	0	0	1	15
	同族企業数	810	208	209	219	104	39	31
小売	中小企業	317	85	97	74	30	21	10
	大企業	17	0	0	3	4	6	4
	同族企業数	324	84	97	72	32	25	14
不動産	中小企業	115	48	36	24	6	1	0
	大企業	2	0	0	0	0	1	1
	同族企業数	105	41	34	22	5	2	1
サービス（外食，IT，リースなど）	中小企業	421	165	123	79	31	11	12
	大企業	31	0	0	2	12	7	10
	同族企業数	416	160	109	73	37	16	21

出所：矢口，2017a, p.15 を加筆修正。

　さて，これら3県の企業（地域の有力企業）の集計対象は3,653社になり，その規模的内訳は大企業数84社に対して中小企業数3,569社となっており，全体（3,653社）に占める中小企業の割合は97.7％に及んでいる。また，株式所有と経営に関するガバナンスについては，3,653社のうち3,477社が同族企業で

あり，この比率も 95.2% と高い数値を示している。しかも，売上高が 5 億円
以下では 97.2%，5 億円〜 10 億円以下では 95.5%，10 億円〜 25 億円以下では
94.4%，25 億円〜 50 億円では 92.6%，50 億円〜 100 億円では 88.8%，100 億
円〜では 86.2% というように，売上高の小さい企業ほど同族企業の割合が高く
なっている。このように東日本大震災の被災地について，企業の全体的な特徴
を俯瞰すると，いかに有力企業と言えども，そのほとんどが規模の側面から中
小企業であり，ガバナンスの側面から同族企業と捉えることができる。なお株
主持分に拠らない支配実態をも考慮に入れると，同族企業の比率はさらに高ま
ると想定される。このことから株式所有を背景とする経営者のリーダーシップ
が，中小企業の行動を決定づける要因の 1 つになると考えられるのである。

　日本の大企業・上場企業では，経営者の在職年数は平均 7.1 年（半数以上が 4
年未満）と，一定の任期に基づいて交代するため（東洋経済新報社 HP），あらゆ
る企業行動が組織的に制度化されている。つまり，仕組みとして確立されて
いるのである。経営者交代による組織的活動の停滞を回避する必要があるか
らである。また，大企業の CSR は「明示的 CSR」（explicit CSR）として，CSR
も組織に制度化されている。第 2 章でも述べたように，CSR 担当取締役の設
置，CSR 教育の実施，CSR 監査体制の整備，CSR 報告書の発行など，CSR の
推進体制を構築して外部からの評価を可能にする[8]。企業評価も含めて，明示
的 CSR は何らかの経済的見返りを追求する戦略的な取り組みであり，大企業
で進展している CSR（あるいは CSV）実践はこの傾向を強く反映している。大
企業では，CSR は経営者の倫理観や価値観に基づくというよりも，むしろ制
度化された取り組みとして，組織的に機能する仕組みとして捉えられる。

　これに対して中小企業の CSR は，上記の通り暗黙的 CSR で特徴づけられる。
それは，経営者の価値観に基づいて実践される CSR であり，制度化された戦
略的な行為ではなく，非制度的で見返りを求めない行為なのである。当該企業
の社会貢献や社会的責任行為を喧伝するのではなく，経営者が企業の負う責任
を自覚して行う CSR であり，彼らの価値観とリーダーシップによって牽引さ
れる。中小企業では，CSR の制度化が不十分であるため，経営者の価値観そ
れ自体が当該企業の CSR を形づくると考えられる。それゆえ暗黙的 CSR に依

拠しなければ，中小企業の CSR 実践を的確に捉えられなくなる（矢口，2016a，p.60）。つまり，明示化されていないために，CSR 担当取締役の選任，CSR 報告書の発行状況，社会貢献の実施状況などの制度的な観点から中小企業の CSR を評価することは困難である。

　中小企業の CSR に関する既存研究は少ないことに加えて（八木，2008），かろうじて見られる研究においても，大企業で実施される CSR の制度化を中小企業でも導入・促進すべきという主張（奥村，2011；Cochet and Vo，2012）が多い。このことから，中小企業の暗黙的 CSR が認識されておらず，中小企業（の多く）では CSR が実践されていないという誤解を発生させている。しかし，CSR は確実に実践されており，実際に中小企業の暗黙的 CSR は災害後のような有事の経営環境において際立ってくる。これについて矢口（2014a）は，東日本大震災後の被災地企業による事業継続，供給責任，雇用責任といった取り組みを暗黙的 CSR の具現化として明らかにしているし，第 2 章でも見てきた通りである。

　また，上記の通り同族企業的な性質を有する企業の割合が極めて高いため，中小企業の CSR には経営者の価値観とリーダーシップがより大きな役割を持つようになる。非同族型の大企業や上場企業のように任期に基づいて交代するのではなく，中小企業の経営者交代は事業承継を意味することになり，しかも家族・親族とくに子息を中心に行われる[9]。それゆえ現経営者の高齢化にともなう事業承継がほとんどであるため，その在職期間は一般的に数十年に及ぶことも多い。長い在職期間のなかで，経営者の権威やリーダーシップの影響力は，公式的にも，非公式的にも，さらに高まることになり，CSR も含めた企業行動には経営者の価値観や意思が直接的に現れてくると想定される。

3 ── 中小企業にとって CSR の実践が必要になる理由[10]

　多くの中小企業では，個人または同族によって株式の大部分が所有され，オーナー経営者によるマネジメントの下で，当該企業の立地する地域社会において事業を主として展開している。上記では，東日本大震災の被災地における

企業データからそのことを示唆したが，現実的には，世界的にもそのような傾向が見られるのである（Vyakarnam et al., 1997, p.1628）。中小企業は地域企業として，地域社会が事業存続の基盤になっているのである。そして，中小企業は，現経営者の親族，とくに実子・実孫という後継者へ円滑に事業承継するために，ステークホルダーとの関係性を重視する経営を行うという。ステークホルダーは，後継者が事業承継後の経営を軌道に乗せるのに不可欠な資源を提供するからであり，彼らとの間に「ソーシャル・キャピタル」（Social Capital, 社会関係資本）[11] を形成する必要があるのである。なお，ソーシャル・キャピタルを形成して，ステークホルダーから協力を得るためには，上記の通り，企業には彼らから正当性を獲得することが求められる（Miller and Breton-Miller, 2006, p.81）。同族型の中小企業では，その究極的目的は，子孫への事業承継を通した企業それ自体の永続性の確保であり，そのためにステークホルダーとの良好な関係構築の必要があるのである。

　CSR と事業承継の関係を考察するにあたって，「正当性」（legitimacy）の概念を正しく認識する必要もある。正当性とは，広辞苑によれば，「法律・社会通念から正当であると認められる状態にあること」と定義される（新村編，1998，p.1475）。また Epstein（1969）によれば，企業の正当性とは，ステークホルダーによる企業行動の「正しさ，適当さ，道徳的な善良さ」の確信と容認であり（Epstein, 1969, p.254），それは，企業の「権限行使，および活動が，経営環境の価値ないし社会価値と合致すること」を意味している（奥村，1987，p.187）。法律的にも，あるいは法律を超えた社会価値的な側面においても，企業の存続について「正当」と見なされる必要があるのであり，規模に関わらず企業には必ず正当性が求められる。また，円滑な事業承継のためにも，ステークホルダーからの正当性の獲得が重要な要因にもなってくる（Koffi et al., 2014, p.112）[12]。

　そもそも経営学において，企業の正当性を問う発端の 1 つには Berle and Means（1932）の研究がある。AT&T（American Telephone & Telegraph Company），GM（General Motors），US スチール（U.S. Steel），デュポン（DuPont de Nemours）などに象徴されるように，大企業体制が到来した 20 世紀初頭のアメリカでは，

株式所有が広範に分散し，株主と経営者が不一致の状態にある「所有と経営の分離」（separation of ownership from management）が発生した。そのような企業では，株式を所有しない「専門経営者」（salaried manager）が台頭し，彼らが経営戦略や経営管理に加えて，後継者の選任をはじめ重要事項に対する権限を持つようになっていた。この結果として，所有に基づかない権限の正当性が問われ，専門経営者には中立的な立場でステークホルダー間の利害調整（株主利害が最優先事項）を担うことが求められた。その責任を果たすことで，彼らに対して企業支配の正当性が付与された。所有と経営が分離した公開株式会社では，「社会的存在」として，ステークホルダーにCSRを果たすことによって経営者の権力へ正当性が付与されるのである。

　このことを前提とした場合，所有と経営が一致している中小企業では，経営者権力ならびに事業承継についての正当性問題は発生しないように思われる。しかし，株式所有という法律的な根拠だけでは経営者に正当性が付与されないと指摘される。たとえば，堀越（2014）は，M. Weber と C. I. Barnard の学説に依拠して，中小企業における経営者権力と事業承継について考察している。一定数の従業員を擁し経営管理方式を構築している中小企業では，官僚機構的な合理性に基づく「合法的支配」が進んでいるため，経営者の地位や権限について，「伝統的支配」的な世襲に基づく承継とは齟齬をきたすという。世襲という私有財産の移転が，組織の内部においては，従業員を中心とする他者に受容される必要があり，そのためには後継者が企業の「成員に対して彼らの社会基盤を保全」できる「優れたリーダー」であると承認されなければならない。中小企業において，経営者の権力，そして世襲に基づく事業承継が正当化されるのは，優れたリーダーの継続性を担保できるか否かに依存するという。また，木原は，地域社会との関係で中小企業の正当性を考察し，従業員や地域社会といったステークホルダーからの信頼がなければ，経営者権力が十分に機能しないことを指摘する。事業承継を含む経営者権力は，地域社会における「多様な人間関係を軸にした信頼関係」によって正当性が付与され，その結果，ステークホルダーからの協力と貢献を得られることになる（木原，2011）。

　このことから，株式所有だけでは正当性が確保されないため，中小企業経営

者は，優れたリーダーシップを示して従業員や地域社会といった地域ステークホルダーの生活・社会基盤の維持に努め，彼らから信頼を得る必要があるのである。奥村によれば，継続企業として活動できるのは，その「活動領域」において社会的責任を果たしているからであり，企業がそれを怠り，経済・社会・環境の側面で十分な成果を上げない場合には，「社会が経営からその自由を奪う」ことになるという（奥村，1987，p.185-p.194）。社会・環境にとって害を及ぼすような企業活動をした場合には，市場からの退出を迫られる。すなわち，倒産（状態）に至ることもしばしばである。例えば，水俣病を引き起こした日本窒素，食中毒や食肉偽装を行った雪印グループ，粉飾決算による損失隠しを行った山一證券などは，まさに企業存続の正当性を失うことになった典型的な事例と言えよう。

　企業の正当性は，ステークホルダーから問われるものであり，企業行動が社会の価値と合致しているかの判断なのであり，事業継続のいわば「ライセンス」（license to operate）であり，社会的正当性とも言い換えられる。これは法律的な側面を満たすだけの法的正当性に加えて，企業存続に必要になる社会から付与される正当性の視点である。経営者がリーダーシップを発揮して，事業存続の基盤である地域社会に対してCSRを実践していくこと。すなわち，企業は，法律的な責任に加えて，経済，倫理，社会貢献といった社会的責任を果たして，（地域）社会にとって望ましい存在と見なされる必要があるのである。これによって企業と経営者権力に正当性が付与され，円滑な事業承継，そして持続的な発展が可能になると考えられる。

4── 経営者の倫理に関連するリーダーシップ研究

　CSRの制度化はCSR研究における主流であり，行動規範の策定とCSR体制の構築，およびCSR教育などの推進体制（久保田，2007；Yoon and Lam, 2013；井上，2107）や，CSR報告の在り様や役割といった情報開示に関する研究が盛んに行われてきた[13]。しかし，制度化に関する研究対象は大企業に限定されており，中小企業については考察の範囲外にあったようである。中小企業では

CSR の制度化が不十分だからであり，制度化のみに注目すると大企業だけしか考察の範疇に入らなくなるからである。また，CSR の制度化に関する議論では，経営者のリーダーシップに関する視点も看過されている。もちろん，取締役会という経営体に注目する研究も見られるが，役員の配置と権限，合議体としての意思決定を問うているものの（村田，2012；Shaukat et al., 2016），特定個人のリーダーシップには焦点が当てられていない。つまり，CSR とリーダーシップの関係性については，研究蓄積の少ない領域だったのである。しかし，近年では，CSR も含めて企業の倫理を推進する経営者のリーダーシップに関する研究が進展してきている。以下では，それら既存の研究をレビューしていくことにする。

（1）CSR とリーダーシップ研究の萌芽

　リーダーシップとは，組織の成員に影響を及ぼす特定個人の役割行動であり，リーダーの行動がフォロワーに作用して組織として何らかの成果を生じさせる。ミシガン研究とオハイオ研究を「双璧」として展開されるリーダーシップ研究では，リーダーの役割行動が組織の経済的な成果（生産性や業績など）に及ぼす影響や関係性を主要な考察対象としてきた。それゆえ，CSR や企業倫理という側面から，社会的な課題解決を志向する経営者の役割やリーダーシップ行動については十分な考察が行われてこなかったようである。

　日本では，CSR とリーダーシップの関係性についての研究はほとんど存在せず，わずかに見られる研究も，CSR におけるリーダーシップの本質を問うたり，学術的な考察を試みるものではない。例えば，山中（2006）は，CSR の推進には経営者のリーダーシップが必要であり，その形成には哲学が重要であると主張している。しかし，CSR へと結実するプロセスを説明しておらず，経営者の哲学を提示する規範論的な性格が強い。また，伊藤（2008）は，企業はミッションを持つべきであり，同時に経営者にはビジョンを実現するリーダー像を求めている。ビジョンを実践する経営者が「凛とした企業」たらしめるのであり，そのような経営者を擁する企業が CSR を果たせるのだという。しかし，伊藤の研究も経営者のあるべき理想像を論ずる規範論に留まってい

る。また，経営者による CSR の認識や見解が取り上げられることもあるが（小林，2006；日本能率協会編，2007），これらは対話や事例紹介の域を出るものではない。

　これに対して海外では，2000 年代初頭のエンロン・ワールドコム・ショック（以下，エンロン事件）を契機にして，CSR の制度化だけでなく，経営者のモラル（道徳・倫理）にも注目が集まり，モラルに焦点を当てたリーダーシップ研究が進展していく（小久保，2007，pp.23-25）。企業の経済的な成果だけではなく，企業倫理や CSR を推進するリーダーシップの社会性に関心を集めるようになったのである。とくに，「オーセンティック・リーダーシップ」（authentic leadership，以下，オーセンティック LS），「スピリチュアル・リーダーシップ」（spiritual leadership，以下，スピリチュアル LS），「サーバント・リーダーシップ」（servant leadership，以下，サーバント LS）の 3 つのリーダーシップが注目されることになる。

　まずオーセンティック LS とは，「本物であり，独自的で，偽物ではない」リーダーシップのことである（Shamir and Eilam, 2005, p.396）。そこでは，リーダーは組織内における個人の①自己認識と②内面的な道徳性，③公平な情報処理，④フォロワー[14] との透明性ある関係を構築し，ポジティブな精神状態と組織内の道徳的雰囲気を醸成していく存在と捉えられる（Mohmmadpour et al., 2017, p.493）。しかし，オーセンティック LS 研究は「哲学的な様相を呈して」おり，その概念的な特徴のみに焦点が当てられ（小久保，2007，p.25-p.26），CSR を導出する直接的な行動とは捉えられていないようである[15]。またオーセンティック LS は，リーダーの全人格的要素を検討するため，CSR を推進するリーダーシップそれ自体を問うているわけではない。CSR に関する要素は，オーセンティック LS の一部に過ぎないことから，CSR に正の影響を及ぼすかもしれないが，それ自体が全面的に CSR を関与・推進するわけではないと考えられる。

　ついでスピリチュアル LS である。そもそも「スピリチュアリティ」（spirituality）とは，「霊性，精神性，崇高さ，高邁な精神性」を意味する。スピリチュアル LS については，2008 年のリーマン・ショック後に倫理観を著しく欠いた「市

場原理主義」への批判から関心が高まった。この特性を企業経営に適用することで，従業員が生きる意味や働く意味を認識し，「社会への貢献や天職感・使命感」を持つことにつながるという。スピリチュアル LS の研究も徐々に進展しているものの，そこには霊性や精神性といった要因が含まれてくる。そのような要因は学術的（少なくとも社会科学的）とは言い難く，CSR を推進するリーダー像の考察には適さないと考えられる。実際にスピリチュアル LS については，一般書では取り上げられるものの，社会科学としての学術的研究は極めて少ないことも指摘されている（戒野，2011，p.31-p.32）。

　そしてサーバント LS は，1970 年に R. K. Greenleaf によって提唱された古典的な概念である。サーバント LS は組織全体に対する奉仕者としてリーダーを捉え，「利害関係者の要求に注意を向け，モラル的な要素を持ち，自己犠牲的」に行動するリーダーシップである。そこには倫理の要素が見られるものの，サーバント LS の特徴は傾聴，共感，癒し，気づき，説得，概念化，洞察，奉仕の心などであり，CSR との直接的な関連性が不明確なのである（小久保，2007，p.27-p.28）。これに関する既存の研究でも，サーバント概念の探求や，従業員に奉仕する行動と従業員管理を問うなど（真田，2013；豊田，2017），サーバント LS が，必ずしも CSR を推進する直接的なリーダーの行動としては認識されていない。

（2）CSR により接近する倫理的リーダーシップ

　オーセンティック LS，スピリチュアル LS，サーバント LS への関心が高まっているが，それらはリーダー自身の道徳や高潔さを問うことに限定されており，CSR を推進するリーダーシップを直接的に想定しているわけではなかった。このことを踏まえ，以下では CSR とより直接的な関係を持つであろう「倫理的リーダーシップ」（ethical leadership，以下，倫理的 LS）について検討していく。倫理的 LS は，「個人活動と個人間関係を通した規範的で適合的な行動であり，双方向のコミュニケーションや意思決定を通してフォロワーの行動を促進する」リーダー行動と定義される（Brown et al., 2005, p.120）。ここから倫理的 LS とは，リーダーが倫理的な振る舞いを示し，その行為をフォロワーが観察

したり，両者間でコミュニケーションを取ることで，フォロワーの行動を倫理的なものに変容させる行為と解釈できる。倫理的LSに関する研究も，エンロン事件後に盛んに議論されるようになっており，それらには以下のような特徴が見出される。

第1に，倫理的LSの概念を問う研究が見られる。例えば，Dion（2012）では，「哲学的エゴイズム」（philosophical egoism）や「カント哲学」（Kantianism）など5つの倫理学理論を用いて，倫理的LSが有する哲学的背景を考察している[16]。Dionによると，倫理的LSは単一の背景ではなく，多様な哲学的な思考を基礎にしており「道徳的な柔軟性」（"moral flexibility"）があるという。また，Kimほか（2015）も，韓国における伝統的価値観を踏まえて倫理的LSを哲学的に考察している。自己修養・研鑽のもたらす倫理的なインテグリティ（integrity，誠実さ）が，リーダーシップを発展させる前提条件であり，さらに内的献身性を涵養する同国の伝統的リーダー観が，倫理的LSとの間に共通する特徴であるという。DionやKimほかの研究では，倫理的LSの概念について，既存の倫理学を応用したり，国・地域の伝統的な価値観に基づいた抽象的かつ形而上学的な考察が行われている。

第2に，他のリーダーシップとの比較から倫理的LSの特徴を考察する研究がある。例えば，Yasir and Mohamad（2016）は，オーセンティックLSとサーバントLSに加えて，さらに「トランスフォーメーショナル・リーダーシップ」（transformational leadership，以下，変革型LS）と倫理的LSを比較考察している。オーセンティック，サーバント，変革型の3つのリーダーシップ論では，リーダーの倫理性については，彼自身の道徳的価値観に依存するという資質論に終始し，さらに倫理的側面はリーダーシップ行動の一部として認識されているに過ぎないという。これに対して倫理的LSに基づくリーダーは，公正で信頼できる人間行動を通してフォロワーに影響を与える存在であり，倫理そのものを中核とするリーダーシップなのである。企業では，経営者は倫理的LSを実践して，その取り組みを組織内に示していくことが望ましいという。また，Toor and Ofori（2009）も，同様のアプローチに基づいて，変革型LSと「トランザクショナル・リーダーシップ」（transactional leadership，以下，取引型LS）

との比較を行っている。変革型 LS はフォロワーの態度や価値観を変化させるのに対して，取引型 LS は報酬と管理・監視・強制によって部下の行動を統制するリーダーシップと捉えられる。彼らは，シンガポールの建設業を調査した結果，倫理的 LS は変革型 LS に対して正の影響を及ぼすという。企業変革に直面した際に，倫理的なリーダーは，従業員が通常以上の労力を厭わない姿勢や態度を醸成させるからである。また，倫理的リーダーは従業員との関係を経済的な取引や契約を超えるものと捉えるため，倫理的 LS と取引型 LS 間には正の関係性が見られない。倫理的リーダーは，経済的な関係を超えて従業員の意思や態度に影響を及ぼすこともできるのだという。このように，異なるリーダーシップ形態との比較を通して倫理的 LS の特徴が抽出されている。

　第 3 に，倫理的 LS が従業員や組織に与える影響の考察である[17]。例えば，Huhtala ほか（2013）は，倫理的な企業には倫理的な経営者が存在するのかという問題意識に基づいて，北欧フィンランド企業に対する調査を実施した。これによると，経営者が自身を倫理的であると評価するほど，当該企業の組織文化や企業風土もより倫理的な性質になる。リーダーが倫理的に行動することで，従業員の企業に対する認知とその行動も変容するからだという。またHuang and Paterson（2017）は，職場内の倫理課題の発生に際して，倫理的 LS が従業員の意思決定に及ぼす影響力を考察している。その際には，「集団的倫理表明」（group ethical voice）という尺度を設定している。集団的倫理表明とは，挑戦し変化に挑む集団表現の形態であり，従業員個人や集団としての行動に反映され，それが高まるほど企業をより倫理的にする。Huang and Paterson によると，倫理的 LS は，倫理的な組織文化を醸成し集団としての倫理表明を促進することになるという。さらに，Zhu ほか（2014）は，中国の観光関連企業調査に基づいて倫理的 LS を考察している。CSR への評価が高い企業であれば，強い倫理的 LS が見られると想定されるが，実際には倫理的 LS の強弱とは関係がないという結論に至っている。組織的な CSR 推進体制が構築されている，つまり CSR が制度化されているならば，経営者の倫理的 LS による CSR への影響は間接的に留まるのである。つまり倫理的 LS のみでは，CSR に及ぼす影響は限定的にならざるを得ないのだという。このことは，大

企業の CSR が経営者の属人的な性格ではなく，制度化された組織的な活動（明示的 CSR）になるという本章の第2節の見解とも整合的である。

（3）経営者の倫理に関連するリーダーシップ研究の論点

　上記から分かるように，エンロン事件を契機にして，リーダーシップ研究においても倫理の視点が見られるようになった。オーセンティック LS，スピリチュアル LS，サーバント LS が該当してくるが，これらは直接的に企業の CSR を導くリーダーの行動特性というよりは，彼ら自身の道徳や高潔さを問うことに限定されていた。つまり CSR や倫理に関しては，それぞれのリーダーシップ形態を構成する一要因に過ぎずに，リーダーシップそれ自体が実際の CSR へと具現化する視点やプロセスについては看過されている。

　それゆえ CSR に対して，より直接的に関連する倫理的 LS に本章では注目することにした。倫理的 LS は倫理そのものを中核要素とするリーダーシップ理論であり，経営者の倫理性，および組織とフォロワーへの影響という2つの視点が含まれている。既存の研究では，まず倫理的 LS の概念を探求する考察があり，哲学や文化を援用して抽象的・形而上学的にその特徴が抽出されていた。ついで倫理的 LS の概念について，他のリーダーシップ（変革型 LS と取引型 LS）との比較を通して，より具体的にその特徴に迫ろうとする研究も見られた。とくに倫理的 LS は，変革型 LS に正の関係を有することが指摘されていた。そして，倫理的 LS のフォロワーへ与える影響については，リーダーが倫理的であるほど組織文化も倫理的になることを指摘する一方で，CSR が制度化されている企業では倫理的 LS の CSR に与える影響は間接的・限定的になるのであった。

　このように既存研究では，倫理的 LS の概念や組織・従業員への影響を考察しているものの，そのようなリーダーシップが，どのような影響を従業員に対して及ぼし，社会的に責任ある企業行動を取らしめたのかを考察していない。また，その考察は主として大企業を対象としているようであり，中小企業を意識した倫理的 LS 研究は見受けられない。それは，倫理的 LS の CSR に及ぼす影響の間接性を主張する Zhu ほか（2014）からも顕著に見られる。CSR とリー

図表3－3 CSRの視点（倫理や道徳）に関連するリーダーシップ研究

CSRの視点を含む リーダーシップ論	研究の特徴	
オーセンティックLS スピリチュアルLS サーバントLS	特徴1：企業不祥事を背景とした注目の高まり 特徴2：リーダー自身（属人的）の高潔さや道徳性を重視	
	課題1：倫理やCSRに関する視点は，各リーダーシップの一要素として認識 課題2：リーダーシップのCSR活動への結実・表出化については看過	
倫理的LS	特徴1：企業不祥事を背景とした注目の高まり 特徴2：倫理そのものをリーダーシップの中核的要素と認識 特徴3：哲学や倫理学の側面からリーダーシップの概念を考察 特徴4：他のリーダーシップ論との比較からの倫理的LS概念の考察 特徴5：倫理的LSのフォロワーへ与える影響	
	課題1：倫理的LSのCSR活動への結実・表出化については看過 課題2：リーダーシップが重要な役割を担う中小企業の考察が看過	

出所：筆者作成。

ダーシップの関係性を問う研究では，中小企業におけるオーナー経営者の意思決定や価値観と，その役割が十分に考慮されていないのである（図表3－3）。

5 —— 中小企業における社会的に責任あるリーダーシップとその承継

（1）社会的に責任あるリーダーシップの概念と既存研究

　CSRでは制度化に対する研究を中心としつつも，2000年代初頭以降には，CSRとリーダーシップの関係性もその議論の対象になってきた。しかし，経営者のリーダーシップがCSRを推進して企業行動として具現化していく視点や，経営者の影響力の大きい中小企業を対象とする考察が不十分なことも見て取れた。むしろ，経営者のリーダーシップがCSRに及ぼす影響を考察するのには，中小企業こそ研究対象とすべきだと考えられる。以下では，中小企業のCSRを推進する経営者のリーダーシップと，そのCSRの持続性を担保する事業承継について検討し，中小企業におけるSRリーダーシップとその承継に関する試論を構築するための前提をつくる。

　本書では，従業員を動員して企業のCSRを導くリーダーシップとして「社

会的に責任あるリーダーシップ」に注目する。SR リーダーシップとは「社会
関係資本，および究極的には持続的な事業活動と公益の双方の構築に貢献す
る」リーダー行動と定義される（Maak, 2007, p.329）。すなわち，事業活動を通
してより良いコミュニティ構築へ貢献しつつ，最終的に当該企業と社会全体の
発展を両立できるように企業行動を導くリーダーシップのことである。社会
的に責任あるリーダーが，CSR の制度化の有無に関係なく，その個人的な価
値観や理念によって企業の CSR を牽引していく。例えば，松下幸之助の「水
道哲学」や，Johnson & Johnson 社の 3 代目経営者 R. W. Johnson の「我が信
条」（Our Credo）といった理念は，CSR を実現させる強いリーダーの意志であ
り SR リーダーシップの片鱗を見ることができる[18]。社会的に責任ある企業は，
社会的に責任あるリーダー無くしては誕生しえないし（Godos-Diez et al., 2011），
企業が CSR をつねに実践するためには，SR リーダーシップの恒常的な存在が
必要だと考えられる。実際に経営者の意思が，CSR の範囲（株主だけの利害を
重視するか，それともステークホルダー全体を考慮するのか）を決定する際にも重要
になることが指摘されている（Waldman and Siegel, 2008, p.120）。

　そして，若干ながら SR リーダーシップに関する研究も見られる。例えば，
「合理的利己主義」（rational egoism）という尺度を用いて，リーダーの意思決定
を考察する Miska ほか（2014）の研究がある。これによると，金銭・物質的な
誘因は，経営者をしてステークホルダー全体の利害を満たすように行動させ
るには十分ではない。社会への価値や「本物であること」（authenticity）とい
った経営者の認識こそが，SR リーダーシップを発揮するモチベーションにな
るという。また Arishi ほか（2018）は，経営者による SR リーダーシップが従
業員の離職意思の低下に作用すると指摘している。SR リーダーシップを発揮
する経営者に率いられた企業では，従業員の在職期間の長期化を促進するこ
とから，結果的にその競争力強化に結実するという。さらに変革型 LS と取引
型 LS との比較考察を行う Groves and LaRocca（2011）の研究もある。社会的
に責任あるリーダーは，①社会利害を優先させるステークホルダー価値と，②
企業利益を考慮する経済的価値の 2 つの価値観を有している。前者には変革型
LS，後者には取引型 LS の特徴が関係してくるのであり，SR リーダーシップ

には変革型と取引型の双方のリーダーシップの特徴が内包されることを指摘している。

このようにSRリーダーシップ研究については，概念的特徴，従業員への影響，他のリーダーシップとの比較の観点から研究されてきた。しかし既存の研究では，中小企業において，経営者のリーダーシップが従業員に影響を及ぼし暗黙的CSRとして具現化すること，さらにSRリーダーシップが事業承継を通して受け継がれること，すなわち中小企業のCSRの持続性の視点を見ることができない。このことから，経営者のリーダーシップ（SRリーダーシップ），暗黙的CSR，事業承継の観点から中小企業のCSRを考察することには，高い学術的な独自性があると考えられる。以下では，一部にはなるが，事業承継に関するこれまでの研究を整理した後に，中小企業におけるSRリーダーシップとその承継に関する試論を構築していく。

（2）事業承継の既存研究と社会的に責任あるリーダーシップ

中小企業では，経営者のリーダーシップが組織を動かすのに決定的な役割・影響力を有しており，そのことはCSRにおいても同様であろう。中小企業の行動は，経営者の属人的な性格や資質に大きく依存することになるのである。それゆえ中小企業の持続的CSRのためには，経営者の交代後において，次代の経営者もSRリーダーシップを発揮することが必要になる。中小企業（同族企業）の事業承継は子息を中心に行われるため，とくに親子間におけるSRリーダーシップの世代間承継が大きな課題の1つになってくると考えられる。

一般的に事業承継は，中小企業の持続性に関する重要課題の1つとして認識されている。実際に，毎年約20万社に及ぶ中小企業が承継困難のために廃業に追い込まれている（『日本経済新聞朝刊』2015年1月26日）。そして事業承継に関しては，多様な調査・研究や事例・実務報告が行われており，それらは「ハード」と「ソフト」の2つの側面に整理することができる。ハードとは，事業承継に関連する諸制度（法制や税制など），外部からの支援策，所有や支配をめぐるガバナンスなど，とくにモノ・カネ・情報に関する側面のことを示している。これに対してソフトとは，ヒトに関する側面であり，とくに事業を承

継する後継者の選抜や養成が中心的な課題になってくる。

　そして，事業承継に関する既存研究をこれらの側面から整理すると，まず
ハードに関しては，①事前準備や計画策定（Donald, 1997；河原, 2018），②株式・
財産の相続と税制に関する課題や解説（Burpee et al., 2001；山下・生田，2017），
③事業承継後の企業支配・ガバナンスの在り様（新村，2016；後藤，2017），④
事業承継の危機を救済する M&A の活用（Mickelson and Worley, 2003；上田，
2017），⑤金融機関や経営コンサルタントによる承継支援の枠組みと事例（Sinkin
and Putney, 2013；伊東・川畠，2017）など多様な研究が行われており，研究蓄積
の進展を見て取ることができる。

　ソフト（ヒト）の側面に関しては，ハードに比べると研究蓄積は極めて少な
くなる。そのうえ，日本では経営理念を受け継ぐべきだとか，それを受け継
ぐ覚悟を指摘する実務事例・報告に終始していて学術的な研究は見受けられ
ない（中村，2009；星野・石坂，2016）。これに対して海外では，同族企業の事
業承継においてリーダーシップの視点が含まれるケースも見られる。例えば，
Longenecker and Schoen (1978) は，子息へ事業承継する 7 つの段階（①入社前，
②パートタイム勤務，③フルタイム勤務，④固有職能の習得，⑤管理者職能の習得，⑥
事業承継：早期，⑦事業承継：成熟期）を提示し，後継者をリーダーの地位に円滑
に就任させることの重要性を指摘している。円滑な経営者への就任は，後継者
が経営者としてリーダーシップを発揮するためにも重要になるという。Bozer
ほか（2017）も，親子間承継におけるリーダー地位への円滑な承継を問うてい
る。その実現には，家族内の結束の重要性や，従業員を中心とするステークホ
ルダーの理解や承認が必要になると指摘されている。

　このように事業承継に関しては，ハードに関する研究が中心であるのに対し
て，後継者育成というヒトの側面に関しては研究蓄積が少ない状況にある。さ
らにリーダーシップに注目すると，リーダーとしての地位の確立に考察が限定
されており，現在の経営者のリーダーシップにおける先代経営者の価値観や行
動の反映はもちろんのこと，経営者の SR リーダーシップについても全く看過
されている。それゆえ中小企業を対象として，先代経営者と現経営者間におけ
る SR リーダーシップの承継を考察することは，ソフトに注目するものであり，

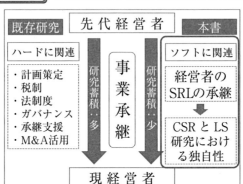

図表3－4　事業承継に関する既存の研究と本書の位置づけ

※1：SRL とは SR リーダーシップのことを指している。
出所：筆者作成。

事業承継および中小企業 CSR 研究の研究蓄積を補うことにもなる。さらに，経営者の SR リーダーシップを視点にして事業承継を研究することは，CSR とリーダーシップの関係性に新たな視点を付与できる（図表3 - 4）。また逆説的になるが，CSR とリーダーシップが事業承継における重要な要素の1つになることも示せると考えている。

6── 本章のまとめ

　本章では，中小企業の CSR を推進する経営者の SR リーダーシップとその承継について，予備的な考察を行い，中小企業の CSR の持続性を担保する試論の構築を目的とした。以下では，本章の内容をまとめるとともに，これに関する試論を提示する。まず，中小企業の CSR 推進における経営者のリーダーシップを考察する前提として，中小企業それ自体の性質を考察した。中小企業は同族企業であるため，経営者のリーダーシップがその行動に大きな影響を及ぼす。長期間に及ぶ在職期間は，経営者のリーダーシップを強固にし，最終的には子息を中心に家族・親族へと承継されていく。また中小企業の CSR は暗黙的 CSR であるため，CSR においても経営者のリーダーシップに依存せざ

を得ないことが示された。そして，企業が存続するための正当性についても検討した。中小企業は，事業存続の基盤である地域社会を中心とするステークホルダーから社会的正当性を得る必要があり，そのためにも CSR を実践できる優秀なリーダーの存在が必要になる。

　ついで，CSR とリーダーシップに関する既存研究をレビューした。CSR 研究の主流は制度化に関するものであり，大企業を対象とした組織的な CSR 推進体制と CSR 報告などが考察されていた。それゆえ，中小企業の CSR への認識が不十分になり，かつ CSR を推進するヒトやそのリーダーシップの視点も看過されてきた。このことを踏まえて，経営者のリーダーシップに関する研究のレビューを行った。エンロン事件後には，オーセンティック LS やサーバント LS などに注目が集まったが，これらのリーダーシップ論では，CSR はその要因の一部に過ぎないため，倫理を中心的要素として捉える倫理的 LS に注目することにした。そこでは，その概念や組織・従業員への影響が考察されているものの，倫理的 LS の CSR 行動への結実については看過されていた。なお，これら倫理や CSR に関するリーダーシップ研究は，主として大企業を想定しているようであった。

　そして本章では，SR リーダーシップが従業員を動員して，実際の CSR を推進する経営者行動になると捉えた。SR リーダーシップは企業と社会の双方の発展を目指すリーダーシップ形態であり，その存在なくしては社会的に責任ある企業行動を取ることができない。しかし，SR リーダーシップ研究においても，それが CSR 活動をどのように具現化させているのかを考察していない。また中小企業の暗黙的 CSR とその持続性において，SR リーダーシップの恒常的な存在が重要となるにも関わらず，その承継という視点も見られない。これに加えて事業承継については，制度や支援策などハードに関するものが多く，リーダーシップも含めたヒトの側面（ソフト）に関する研究蓄積が少ないことも明らかになった。

　それゆえ中小企業の CSR では，暗黙的 CSR の視点を通して，経営者の SR リーダーシップに注目する必要がある。現在の経営者には，先代経営者の理念や価値観，そして SR リーダーシップが反映されていると推察される。なぜな

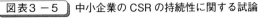

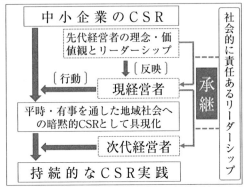

図表３－５ 中小企業の CSR の持続性に関する試論

```
┌─────────────────────────────┬────────┐
│      中 小 企 業 の Ｃ Ｓ Ｒ        │社      │
│  ┌─────────────────────┐      │会      │
│  │ 先代経営者の理念・価     │      │的      │
│  │ 値観とリーダーシップ     │      │に      │
│  └─────────────────────┘      │責      │
│         ↓ 〔反映〕           │任      │
│   〔行動〕    現経営者      ←─ │あ  承  │
│  ┌─────────────────────┐   │ │る  継  │
│  │ 平時・有事を通した地域社会へ│   │ │リ      │
│  │ の暗黙的CSRとして具現化  │   │ │ー      │
│  └─────────────────────┘   │ │ダ      │
│              次代経営者  ←─ │ー      │
│                              │シ      │
│   持 続 的 な Ｃ Ｓ Ｒ 実 践       │ッ      │
│                              │プ      │
└─────────────────────────────┴────────┘
```

出所：筆者作成。

ら先代経営者の取り組みを，後継者は子息として見聞き・体験しているため，それが現経営者の行動にも反映されると考えるからである。現経営者が SRリーダーシップを発揮することで，企業として，平時・有事を通して地域社会に対する CSR が果たされるのである。そして，現経営者の SR リーダーシップを，子息を中心とする次代経営者へと承継していくことで，社会的に責任ある企業行動（暗黙的 CSR）の持続性が担保される。このようにして，中小企業の持続的な CSR を可能にする SR リーダーシップとその承継に関する試論を構築することができる（図表３ - ５）。

　中小企業の究極的目的は，子孫を中心にした事業承継を通して継続企業（ゴーイング・コンサーン，going concern）になりえることであり，事業承継を含めた経営者権力については，株式所有という観点から法的正当性が付与されている。しかし，それだけでは不十分であり，経営者権力を十分に機能させるには，従業員も含めた地域社会からの正当性付与が必要なのであり，事業存続の基盤である地域社会を軽視することは，円滑な事業承継やゴーイング・コンサーンという目的を妨げることになる。法的正当性に加えて，地域ステークホルダーから存在意義を承認されるための社会的正当性を獲得する必要がある。

　社会的正当性の獲得のために，中小企業は地域社会に対して CSR を実践していく必要があるが，その CSR は大企業のそれとは異なり，経営者の価値観

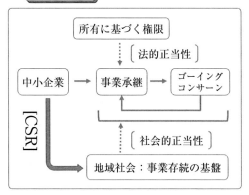

図表3−6　事業承継と CSR の関係性

出所：矢口，2016b, p.73 を加筆修正。

とリーダーシップに基づき実践される暗黙的 CSR なのである。中小企業・地域企業の CSR は，地域社会の維持・発展への貢献を目的とし，その行為は地域社会からの暗黙の期待に応えるものであり，本業そのものを通して行われる。このような活動に対して，地域社会から何らかの形で社会的正当が付与され，円滑な事業承継，そして継続企業として持続していくための基礎が提供されると考えられる。中小企業における CSR と事業承継の関係性が，法的・社会的という2つの正当性を通して説明される（図表3−6）。

【注】
1）　本章の内容は矢口（2019）を大幅に加筆修正したものである。
2）　詳細については，第1章図表1−3を参照のこと。
3）　この数値は 2006 年時点の企業数である。なお，2014 年の最新版の企業統計によると企業数は 409 万 8,284 社へと減少している（日本統計協会 HP）。
4）　暗黙的 CSR の詳細な特徴については，Matten and Moon（2008）を参照のこと。
5）　佐久間（2003）によると，コーポレート・ガバナンスは「企業支配論の延長線上」に位置づけられる。企業における①経営者の任免権限や②最高意思決定権限という企業支配に加えて，ガバナンスの議論では③経営者への監視システムが加わるという。
6）　社会的な課題事項の解決とは，人間関係・モチベーションのような組織内事項やステークホルダーとの関係改善を図る行為であり，企業と社会のより良い関係を模索する取り組みと言える。
7）　所有と経営が完全に一致していなくとも，所有者が経営者の選解任やその行動を支

配できる影響力を行使できる場合には，そのような企業は，本来は同族企業とみなされる。つまり，表面上は所有者が経営者の地位になくとも，「所有と支配」が一致しているために，この場合の経営者は「番頭」的あるいは「傀儡」的な役割を担うに過ぎず，企業は究極的には所有者のリーダーシップに導かれることになる。さらに，場合によっては，少数所有の株主であるにも関わらず，企業行動に決定的な影響力を有することもあるであろう。このような所有者の実質的な影響力については，定性的な調査が必要になるが，『帝国データバンク会社年鑑』では定量的な情報しか得られない。従って，定量的な側面から確実に判断できる場合のみを同族企業として捉え，曖昧性や不確実性がある場合には，便宜上，非同族企業に位置づけていることに留意されたい。

8）明示的 CSR は Matten and Moon（2008）で提示された概念であるが，矢口（2014a）がそれらを明確かつ具体的に解説しているので参照のこと。

9）近年では，中小企業でも親族外の事業承継（第三者承継）が増加傾向にあるものの，依然として事業承継の中心は経営者の子息が主流のままである。詳細は義永（2014）を参照のこと。

10）本節は，矢口（2016b）p.69-p.71 を加筆修正して引用している。

11）ソーシャル・キャピタルとは，「人々や組織の間に協調的な行動をもたらす要素」と定義される。つまり，人間の関係に基づく社会関係が，特定主体に対して，何らかの無形の便益をもたらすのである。例えば，地方の少数世帯で形成される集落では，家に鍵をかけないことが一般的である（あった）。このことは，集落内の人びととの間の社会関係が構築されて，鍵をかけなくとも盗難被害に遭うリスクが極めて小さい「治安の良さ」という便益を発生させている。また経営学では，ネットワークが形成されることによって「個人や組織が所有し活用することのできる」資源，つまり「人脈」や「コネクション」として捉えられる場合が多いようである（大野，2015，p.224）。

12）正当性と類似した概念に「正統性」があるが，両者には決定的な違いがある。正統性とは，血筋や血統の正しさを示すものであり，例えば，「彼には王位を継承する正統性がある」のような表現がされる。正当性と正統性はしばしば混同されがちなので整理して理解する必要がある。

13）CSR 報告については，情報の非対称性を踏まえたステークホルダーへの伝達の在り様（Michaels and Grüning, 2017），CSR 報告書発行による企業への経済的効果（Cho et al., 2015），取締役会構成の多様化と CSR 報告の促進状況（Rao and Tilt, 2016）などの研究がある。

14）フォロワーとは，企業では一般的に従業員や部下と捉えられることから，ここではリーダーに従う存在として簡易的に捉える。

15）オーセンティック LS が，CSR に及ぼす影響を考察する研究も若干ながら存在する。例えば，Carroll and Buchholtz（1999）の「CSR ピラミッド」に対して，オーセンティック LS の構成要素が及ぼす影響を問う Luo and Shi（2009）の研究がある。

16）哲学的エゴイズムとは，意図的真因の究極的な水準に基づいて，すべての行動が，行為者の欲望の 1 つに動機づけられ生じると捉える理論である（Schmid, 2010, p.217）。またカント哲学を一言で言い表すのは困難であるが，それは「真・善・美」によって表され，「理想を具現した最高の状態」への到達を目指すものである（TRANS. Biz HP）。

17）Toor and Ofori（2009）でも従業員への影響が指摘されていたが，あくまで他のリーダーシップとの比較がその考察の中心であった。

18）水道哲学や我が信条の詳細については，松下（2001）や片山（2007）を参照のこと。

第4章 地域企業の社会的責任（1）
―阿部長商店とイシイの事例考察―

【第4章の要約】

　本章では，阿部長商店（水産加工・観光）とイシイ（卸売・流通）の2社の社会的責任行動の事例を詳細に検討した。両社の企業・事業概要を踏まえたうえで，実際のCSR活動について検討していった。そのCSR活動は経営者のリーダーシップによって導かれていること，さらには先代経営者の価値観や姿勢が承継されていることも示された。つまり，SRリーダーシップの承継が，地域企業をして社会的責任を果たすための重要要因の1つになることが示されたのであった。

　阿部長商店では，阿部社長がリーダーシップを発揮することで，東日本大震災下において雇用維持，被災者受け入れ，地域活性化などに関する取り組みを行った。イシイにおいても，石井社長の下で，大震災では津波被災地での供給責任の履行，コロナ禍の課題解決に資するステリPRO開発・販売などの取り組みが見られた。そして，両社の地域社会を対象とするCSR活動は，事業それ自体を通した取り組みであった。さらに両社長においても，先代経営者の理念や価値観が強く反映されていることから，阿部社長，石井社長のそれぞれにおいては，SRリーダーシップが承継されていると見なされるのである。

1 —— 本章の目的

　第3章では，企業のCSRとリーダーシップに関する既存の研究を検討してきた。近年では「倫理」を中心に据えた様々なリーダーシップ研究が見られているが，企業の社会的責任行動を生起するものとしては，SRリーダーシップが重要になることを示した。とくに中小企業においては，経営者の価値観やリーダーシップに基づく暗黙的CSRが実践されることになるので，そのCSRの在り様は，所有者としての権限を有するオーナー経営者の意思決定に大きく依存することになる。また，中小企業がCSRを果たし続けるためには，経営者が世代交代をすること，つまり事業承継を通して経営者がSRリーダーシップを発揮し続けることが必要になる。それが中小企業の持続的CSR活動の源泉になり，また当該企業が地域社会を含むステークホルダーから社会的正当性を獲得するためにも必要になってくる。

　本章および第5章，そして第6章では，地域に根差した中小企業・地域企業のCSRについて，経営者の果たす役割の観点から詳細に見ることで，上記のSRリーダーシップと承継に関する整合性を確認していくことにする。本書で取り上げる企業は，阿部長商店（水産加工・観光），イシイ（卸売・流通），箟々温泉（観光），さいとう製菓（食品製造），サイト工業（建設・土木）の5社である[1]。阿部長商店は，気仙沼市や南三陸町を本拠にして，震災復興に大きく貢献した企業であるし，イシイは震災直後の3月12日から被災地最前線で店舗営業を再開させて供給責任を果たした企業である。箟々温泉は，秘湯の一軒宿ながらも，大震災や蔵王火口周辺警報，さらにはコロナ禍に直面しながらも地域の自然環境と企業それ自体の存続を模索してきた。そして，さいとう製菓は，震災後にはかもめの玉子30万個を無償配布するとともに，大船渡市の企業復興の旗振り役にもなった。最後にサイト工業は，地域の建設事業者として，大震災後だけでなくコロナ禍でも様々な取り組みを行ってきた。

　これら各社のなかには中小企業の域を超えつつある企業もあるが，いずれも地域に根差して活動する地域企業であり，株式所有と経営が一致する同族型企

業でもある。また，各社とも地域社会・産業を中心に，長期間にわたって社会的責任を果たしてきた企業としても知られており，各経営者は共生の価値観と強いリーダーシップを発揮していることも特徴的である。その意味で，これら企業については，CSR における SR リーダーシップの果たす特徴・役割とその承継を考察するのに適していると言える。まず本章では，阿部長商店とイシイの事例を検討することにする。これによって，地域企業における経営者のリーダーシップの役割と，その承継に関して確認をすることができるであろう。ついで第 5 章では，巣々温泉とさいとう製菓の事例について見ていき，第 6 章ではサイト工業の事例を検討する。ちなみに第 6 章では，サイト工業の事例を見た後に，これら 5 社の事例に基づいて分析をすることで，各社に共通する特徴を析出する。中小企業では，経営者の SR リーダーシップが世代間において承継されて，現在の CSR 行動に反映されていることを示していく。

2── 水産加工・観光業として地域を支える阿部長商店

（1）阿部長商店の概要

　株式会社阿部長商店（以下，阿部長商店，本社：気仙沼市港町 2 番 13 号，代表取締役：阿部泰浩氏，以下，阿部社長）は，1961 年に宮城県気仙沼市で創業した水産加工・流通，および観光業を主要事業とする地域の代表的企業である。南三陸地域（岩手県大船渡市から宮城県石巻市）において，水産加工と観光事業をメインに展開しており，その売上高は単独で約 140 億円，関連会社も含めると200 億円，従業員数も 600 名に及んでおり，宮城県だけでなく東北地方で最大手の水産・観光企業と言えるであろう。同社は，売上高や雇用という経済的側面のみならず，東日本大震災への対応をはじめとして，つねに地域課題の解決に真摯に向き合い取り組んできた企業としても知られている[2]。

　阿部長商店の創業の経緯は，阿部泰兒氏（創業者，阿部社長の実父，以下，泰兒前会長）が，1961 年に気仙沼市で鮮魚売買の仲介業を創業したことから始まる。当初は，泰兒前会長が志津川町（現南三陸町）で魚の小売店として開業をしたが，1960 年のチリ地震津波によって店舗が流出し，全財産を喪失することに

なる。チリ地震以前の 1959 年頃から気仙沼魚市場で仕入れを始めて，宮城県
以外にも岩手や山形県での販売を開始していたこともあり，これを契機として
気仙沼市に移住し，鮮魚仲介業の行商を発足させる。そして，1961 年に阿部
長商店を設立することになる。その後，1968 年に法人化し現在に至る株式会
社阿部長商店の原型が誕生することになる。

（2）東日本大震災に直面した際の企業行動

　阿部長商店は，南三陸地域最大手の水産企業として，社会的責任を果たして
きたことで知られている。同社では，東日本大震災以前には，気仙沼市と南三
陸町を中心に水産事業で 9 工場（加工施設や冷凍庫），観光事業では 3 つの宿泊
施設（南三陸ホテル観洋，サンマリン気仙沼ホテル観洋，気仙沼プラザホテル）と冠
婚葬祭施設（高野会館）・物販施設（気仙沼お魚いちば・海の市内テナント）と複数
の事業所を擁していた。大震災では，水産事業の 9 工場のうち 8 工場が，観光
事業でも高野会館と気仙沼お魚いちば・海の市内テナントが甚大な被害を受け
ることになった。その被害額は，施設被害が約 100 億円，在庫被害が約 20 億
円という状況であったが，このような大規模被災に際して，阿部社長が下した
決断は事業継続と全従業員の雇用維持という英断であった。

　阿部社長は，大震災後，気仙沼市で事業を再開できるのかについて不安に思
っており，従業員の雇用を維持するために考え行動していた。国や県などの政
府・自治体からの支援策の情報を得るために，宮城県労働局やハローワークへ
何度も問い合わせを行ってきた。それらから得られた回答は，「解雇した方が
良いですよ」というものであった。これに対して阿部社長は「このようなこと
ではいけない」と考えたという。阿部社長は，「つながり」の重要さを認識し
ていた。つながりさえあれば，互いに助け合う共助が生まれる。そして，その
ような従業員たちの力が企業再建にとって貴重なものになるはずと考えたので
あった。

　このことから基本的に解雇という選択肢はなく，最大限に我慢できるところ
まで雇用を維持することを決定したのである。一方，従業員としても関心事は，
自分自身の雇用に関するものであり，雇用の維持が決定されたことで安心して

生活の再建に取り組むことができた。また，阿部長商店では，自宅が被災した従業員とその家族を同社のホテルに避難させて，阿部社長と従業員とで共同で生活をしたのだという。後述のとおり，従業員のみならず地域住民の避難も受け入れたのだが，阿部長商店は，地域住民とともに従業員とその家族の生活を守るために行動した。また，2011年4月採用の新卒従業員35名の採用内定も取り消さない決断もしたのである[3]。

　阿部長商店では，同社運営の3ホテルが大規模被災を免れたことから，被災した地域住民の避難の受け入れを行った。南三陸ホテル観洋（以下，ホテル観洋）では南三陸町の住民を，サンマリン気仙沼ホテル観洋と気仙沼プラザホテルでは気仙沼市の住民をそれぞれ受け入れたのである。両自治体とも被害規模は甚大であったのだが，とくに南三陸町は中心部を含めて町自体が壊滅的な被害を受けていた。その際に，ホテル観洋は，地域住民にとっての避難場所として公共的な役割を担い南三陸町の瓦解を防いだのである。さらに災害時の一時避難場所としてだけでなく，仮設住宅が建設されるまでの二次避難場所としても地域住民を受け入れた。地域住民が二次避難に際して南三陸町外に出てしまうと，住民の流出を招き，復旧と復興を担う人材を喪失することになる。同ホテルが二次避難を引き受けることで，地域住民に快適な避難生活を提供するとともに，地域社会の維持にも貢献したのである。このように阿部長商店は，東日本大震災直後において，気仙沼市や南三陸町という事業拠点で地域社会を支えるための活動を展開してきた。

（3）東日本大震災の復旧・復興の過程における責任経営

　大震災の復旧・復興の過程においても，阿部長商店は地域最大の企業として，地域社会の持続可能性に貢献していくことになる。まず，水産事業では，工場の再建を早急に進めた。大震災で唯一被災しなかったのは南三陸町工場（南三陸食品）のみであったが，2012年末までには，一貫生産体制を実現する大船渡工場（大船渡食品）を再建させた。また，2017年末までに気仙沼市に存在した6つの工場・冷凍庫を集約させて2つの工場へ再建することになる。鮮魚から加工・出荷を一貫して手掛ける「気仙沼食品」（写真4−1）と，刺身や鮮

写真4－1 阿部長商店気仙沼食品

出所：阿部長商店 HP。

魚販売に特化する「気仙沼フレッシュ」という2工場である。さらに，石巻市において加工事業を行っていたグループ会社「渡冷」が被災を契機にして，阿部長商店の直接の事業所として工場再開を果たした。このように5工場に集約する形で，震災前の生産能力を上回る体制を構築していったのである。

　阿部長商店が，雇用を維持して水産加工施設の復旧を急いだ背景には，日本有数の漁港である気仙沼港の衰退を懸念したからである。つまり，漁港が復旧・復興したとしても，そこで水揚げされた魚介類の受け入れ先，つまり水産加工企業とその施設がなければ，いずれ漁船が入港しなくなり気仙沼港の活気も失われる。気仙沼港の停滞は，漁港都市である気仙沼市の衰退を招きかねない。それゆえ，阿部長商店としては，そのような魚介類の受け入れ先となるべく，水産加工施設の復旧を急ぎ，気仙沼市の主要産業である水産業を支えようとした。当該企業の事業再建だけでなく，そこには地域社会・産業の復興と再建を同時に果たそうとする取り組みが見て取れるのである。阿部長商店は，当該企業の収益性よりも地域社会・産業を重視する経営姿勢を有していることが分かる。

　また，南三陸ホテル観洋（客室数244室，写真4－2）は上記の通り避難場所になっただけでなく，復旧・復興の過程において，建設関係を中心とする復興作業員の宿泊拠点や，NPO・ボランティアの活動拠点としてもその役割を果たすことになる。震災以前から，ホテル観洋では地域活性化に対する取り組み

写真4-2　南三陸ホテル観洋の外観

出所：南三陸ホテル観洋 HP。

を行ってきたが，震災後の代表的な取り組みとしては「南三陸キラキラ丼」があげられる。キラキラ丼とは，南三陸町で水揚げ・養殖されるサケのいくらをふんだんに使用した海鮮丼のことである。これは観洋で考案されたものであるが，南三陸町地域の飲食店組合加入の飲食店においても，各店舗が独自にアレンジして提供する地域共通メニューとなっている。キラキラ丼は，観光客が南三陸町を復興ツーリズムで訪問する際の「目玉料理」となり，2013年には年間9万食を売り上げるほどになったという。これによって，被災地での交流人口の拡大に貢献しただけでなく，地域資源の活用を通した水産業の復興が図られている。

　このような共通メニューによる地域活性化だけでなく，ホテル観洋では，「語り部バス」（2012年2月運行開始）を運行して，大震災の被害を風化させない取り組みも行ってきた。ホテルの送迎用バスを利用して，従業員がガイドとして乗り込み，南三陸町の津波被害について語るバスガイドを行っている。語り部バスの利用者は，2016年3月時点すなわち運航開始後の約4年間で30万人に達しており，南三陸町の震災復興ツーリズムにも貢献した。これには被災地として南三陸町が忘れ去られる，つまり震災の風化によって注目が低下することで，復興の遅れという懸念が存在していた。その懸念を払拭すべく取り組まれたのが語り部バスなのであった。

　さらに，「南三陸てん店まっぷ」（写真4-3）という取り組みも行われた。南三陸町では，被災した商店が集積して形成された「南三陸さんさん商店街」や

写真4－3 南三陸てん店まっぷ

出所：南三陸ホテル観洋 HP。

「ハマーレ歌津」などの施設があるが，それらは震災復興ツーリズムとの関係
で集客力も比較的に高いという。これに対して，津波被害を受けなかった店舗
は，高台などに個別に点在して存在するため，集客力が弱い状況になっている。
つまり，南三陸町内では飲食・商業関連の店舗間で格差が生じており，この格
差が地域社会の発展を阻害する要因の1つになると認識されたのである。それ
ゆえ，てん店まっぷを作成して，同町に点在している店舗への集客を図り，均
衡の取れた地域社会の発展をホテル観洋が中心となって目指したのである。こ
のように阿部長商店は，企業として，地域社会の一員として大震災前後，そし
て，その復旧・復興の過程で南三陸地域において大きな役割を果たしてきた。

（4）コロナ禍における阿部長商店

　阿部社長によると，コロナ禍で経営環境が大きく変化したが，このような厳
しい状況下でも経営の安定性確保を目指した方針を打ち出してきたという。新
型コロナウィルスは多方面に打撃を与えているが，最も大きな影響を受けてい
る産業の1つが観光産業と言って良いであろう。コロナ禍が終息すれば観光産
業は迅速に回復すると考えられるが，現状（2021年9月時点）では，阿部長商
店の観光事業も厳しい経営環境に直面していた。当時は，アフターコロナでの
観光産業の正常化を見越して，観光客の望む適切なサービスを提供できるよう
に準備するのが大切であり，そのために耐え忍ぶ状態にあったという[4]。コロ

写真4－4　三陸食堂シリーズ

出所：阿部長商店 HP。

ナ禍における水産事業では，外食や学校給食など業務用食材の需要が，一時的に大きく落ち込んだ。阿部長商店の水産事業も，業務用食材への納入比率が高かったため影響を受けることになった。しかし，外食向け商品（B to B）の売上が下がった一方で，消費者向け商品（B to C）の売上が順調に推移したことから，経営資源を小売り商品へと集中することにした。

　これについては，2020年より「三陸食堂」（写真4 - 4）という「お魚総菜シリーズ」の販売を開始し，わずか1年足らずで20万パッケージ以上を販売するヒット商品となった。三陸食堂シリーズは，気仙沼で水揚げされるカツオを商材とした取り組みにより始まったが，そこには生産ラインの安定化を確保する目的があった。阿部長商店の主要商材の1つであるカツオについて，コロナ禍ではスーパーマーケット向けの販売は堅調であったが，飲食店向けの需要が落ち込んだのであった。スーパーで販売されるカツオの重量は2～2.5kgのものが一般的であるが，これはプラスチックトレイに入れるのに適した大きさであり，価格も維持されやすい。これ以上の大きさのカツオは，本来は，飲食店や寿司屋などで使用される良質な商材であり価格も高いのだが，需要の低迷とともに価格も低下している状況にある。つまり逆転現象が起きていたのである。三陸食堂シリーズでは，このような大型のカツオを用いて開発した結果として生み出された商品なのである。需要のある商材を活用するととともに，需

要の低下した商材についても，同社の加工技術を用いることで資源の無駄を省いて持続可能性に貢献している。

　これに対して，観光事業については売上高や宿泊客数の回復が困難な状況にある。2020年秋には「Go To トラベル」による支援があったため，一時的に収益を回復できたが，その後，新型コロナウィルス感染者の再増加により停滞した状態となった。阿部社長によると，2021年の観光事業については，新型コロナ流行の初年度の2020年よりも厳しい経営環境に置かれていたという。観光部門の回復のために，EC（電子商取引）を導入して，旅行会社や団体客ではなく個人客というB to C領域の直販・通販を強化している。阿部長商店には，固定客（つまりファン）が多数存在するので，「季節のお魚」などを提案して顧客のつなぎとめを図っている。

　観光事業では，地域共通宿泊券を発行する取り組みを行ってきたが，これには行政の支援が不可欠になる。2021年の夏には宮城県独自の宿泊の前売り券（50％割引）を販売したが，アフターコロナにおいても，このような施策を実施しないと消費者の観光マインドが変化しない。ホテル観洋の女将の阿部憲子氏は，宮城女将会の会長として，宮城県の宿泊業全体で協力しながら働きかけをしているが，政府・行政には「声」がなかなか届かない状況であるという。実際に，コロナ禍によって歴史ある老舗旅館でさえ倒産の危機に瀕している状況であり，阿部女将は地域宿泊業全体を危機から救いたいと述べている。

　阿部長商店では，水産加工事業と観光事業が両輪となって発展してきた。大震災時の復旧・復興過程では，観光部門が企業全体の収益を支え，今回のコロナ禍では水産部門が企業全体を支える構造となっており，また部門間での連携や協働関係が機能している。さらにコロナ禍における社会貢献についても，阿部社長はつねに考えており，同社として可能な対応を心がけてきたという。まず経済的責任に該当するものであり，コロナ禍であろうとも企業として十分な利益を上げて，従業員の雇用を維持すること，すなわち地域経済や産業に貢献していくことである。ついで，従業員の感染対策である。気仙沼市は，仙台市のような大都市圏からの距離があるため，人々の感染に対する意識が都市部に比べて低くなる傾向にあるが，従業員の健康と人命を重視して取り組んだとい

う。従業員に対しては，観光施設や工場勤務など様々な職種における感染防止
のマニュアルを策定して，それに準拠する形で従業員の行動を導いてきた。感
染者を発生させないようにする。また仮に発生したとしても，クラスターを発
生させないように努力してきた。同社では，2021年の夏に外国人の技能実習
生1名が罹患したが，幸いにも1人だけの感染に抑えクラスターの発生を防止
することができた。地域社会への貢献としても，気仙沼市と南三陸町において，
阿部長商店のホテルを職域接種の場として提供しようとした。同社従業員も活
用できるし，地域住民も利用するのに適した広い会場もあるので，多くの人々
にワクチン接種を促進させたいという思いがあった[5]。

（5）先代経営者のリーダーシップとその承継
①　泰兒前会長の経営姿勢

　このように阿部社長は，大震災の復旧・復興において，雇用維持，その後の
気仙沼市の水産復興，南三陸町の震災風化防止や商業活性化など，従業員や地
域社会を重視して様々な社会的責任を果たしてきた。このことに対して，阿部
社長は特別なことをしている認識をまったく持っていない。ただし，阿部長商
店の先代社長であり，父親の泰兒前会長の企業人・経営者としての行動をつね
に見てきたゆえ，彼の経営者としての理念や振る舞いが，自身のなかに体現さ
れていると阿部社長は感じているようである。

　泰兒前会長の父親は水産物売買を手がけており，その事業を泰兒前会長の
兄が手伝っていたが，その兄が戦死したことを契機に家業を手伝うようにな
る。上記の通り，1968年には法人として株式会社阿部長商店を設立し（資本金
500万円），石巻市や志津川町などに進出して営業所や倉庫などを拡大していく。
創業当時は魚介類の行商として始まったものが，時代の変化とともに全国へと
販路を拡大していった。泰兒前会長が創業した当時には，魚介類の輸送は，鉄
道利用からトラック輸送に変わって遠方まで運べるようになっていた。道路整
備がますます進み，交通網が発達したことから九州から北海道まで出荷先を広
げていったという。また，冷凍技術も発達して，水揚げされた魚を新鮮な状態
で保管したまま，市場に魚が不足する時期に提供できるようにもなった。さら

に，一般家庭において，調理の手間を嫌って鮮魚需要が減少したため，加工食へとニーズが変化していた。このような経営環境の変化を的確に捉えながら事業を拡大してきたのである。

　泰兒前会長は自社に対してだけでなく，地域の水産業，すなわち地域社会の発展を考慮した取り組みも実施してきた。その端的な取り組みの1つとして，水産資源の保全に関する取り組みがあげられる。まず，1995年7月に「全国秋刀魚サミット」（主催：宮城県冷凍事業協会，実行委員長：泰兒前会長）を開催して，水産資源管理への取り組みを開始することになる。当時も含めて，昭和後半（1970年代）から震災直前（2000年代）まで，基本的にサンマは豊漁であり毎年大量に水揚げされていた。豊漁が続いていたために，需給バランスが崩れてサンマ自体の価値は大きく低下していた。その資源について懸念されることが皆無に等しかったにも関わらず，泰兒前会長はサンマを保全する運動を始めたのである。

　当時，サンマの年間漁獲量はTAC[6]の規定によって26万トンに定められていた。しかし，豊漁が続いていたため，漁船上で選別が行われ，小型のサンマが海上に廃棄され大型のものだけを水揚げしていたのである。価格の高い，大型のサンマのみを選別していたのであり，実際にはTACで決められた26万トンの漁獲量ではなく，捨てられたものまで含めると，40万トンを遥かに超えていたと想定される。このことを危惧して，泰兒前会長は水産資源を守るための運動を展開した。つまり「洋上で選別して捨てることを禁止せよ」という声を上げたのである。当時は，サンマ資源が豊富であったことから，研究者からは食用以外の用途も提案されるほどであった。しかし，その資源量の減少を確信していたのであり，多くの関係者の楽観的見解とは異なり，早くからの資源保全によって持続可能な漁業を目指そうと取り組んだ。

　さらに泰兒前会長は，1999年の気仙沼漁協の専務理事就任を契機として，カツオを氷水のタンクにつけて外気に晒さない工夫をする「タンク取り」という鮮度維持にも取り組んだ。従来のカツオ漁については，気仙沼の魚市場では籠のまま放置されていた。漁船ではカツオを下処理して冷蔵保管するのだが，そこから水揚げされて，水産加工業者が仕入れるまでの数時間は外気に放置さ

れたままであった。そして，市場で落札された後に，市場内で氷詰めをして箱
に入れるという流れであった。

　これに対して，泰兒前会長は漁船から市場に水揚げした後も，氷水のタンク
に投入して，そのまま保管して工場へ出荷するタンク取り方式へと変更したの
である。しかし，それを実施するためには，水産の流通・加工事業者が冷蔵
庫・冷凍庫を擁する必要があったことから，従来の「籠販売」を主張する仲卸
業者の反対に遭うことになる。泰兒前会長は，市場内の吹き曝しの場所で，刺
身用になる鮮魚を扱うことに衛生管理や品質の側面から問題があると考え，冷
蔵管理を徹底することで品質を向上させて，カツオの価値を高めようと考えた
のである。漁船から市場，そして水産加工事業者へ低温で輸送する，いわゆる
コールド・チェーンの流れをつくりあげたのである。鮮度の維持を重視する取
り組みは流通・加工関係者から評価され，結果的に漁協としてもタンク取りを
実施せざるを得なくなった。その取り組みが奏功して，気仙沼市は 25 年連続
カツオ水揚げ量日本一という成果を生み出せたのである。カツオの価値が高く
なるため，気仙沼の魚市場ではカツオが高い値段で売れる。その結果として，
カツオの水揚げ量が増えるという一連の好循環をつくりあげたのである。反対
の声を上げる事業者に対しては，彼らを納得させるために，自身の進退をかけ
るという荒療治に出る。結果として，2003 年に泰兒前会長は，その功績にも
関わらず専務理事を退任することになった。

　阿部社長は，彼の行動を見て，「我々，一企業が自ら犠牲を払いながら，気
仙沼の水産業全体のためになぜ声を上げるのか」と疑問に思っていたようであ
る。それでも泰兒前会長は，何よりも地域（産業）の発展を第一に考えていた
のである。つまり，地域のなかに阿部長商店の仕事があるのだから，企業が継
続するには地域社会との共生関係が必要になることを理解していた。同時に阿
部社長は，「父親のそのような姿勢を見てきたので，水産業に関する大きな流
れをつくれば，最終的には自分たちに還元されるだろうと考えている」という。
また，その先頭を切るのは阿部長商店であり，同社が取り組まなければ，何も
変わらずに気仙沼市の水産業は，現在よりも一歩か二歩は少なくとも遅れた状
況になっていたであろう。

　2002年4月には阿部長商店は創業40周年を迎えたが，その式典において泰兒前会長は「地域とともに歩む地元企業の一員として，信頼こそが企業の生命」と述べており，地域社会・産業の発展があるからこそ同社も発展できることを主張している（『水産経済新聞』2019年6月21日）。阿部社長は，泰兒前会長が地域のリーダーであったように，自分もそのようになるべきだと思うし，地域社会に対する思いは，「父親の背中を見てきたことから，それが当たり前になっている」と述べている。阿部社長は，大震災後に地域水産業の復興を意識した事業展開をしてきたが，そこには震災前から社会的責任を果たしてきた泰兒前会長の理念が根付いているように見受けられる[7]。

　なお同年に泰兒前会長が社長を退いてからも，地域水産業の発展に尽力し続けてきた。例えば，2004年3月には南三陸水産加工事業協同組合を設立し，自ら代表理事に就任して地域水産業の加工技術の確立を目指した。また，2012年7月には気仙沼地区の水産流通・加工業の復旧・復興を目指した南気仙沼水産加工事業協同組合を設立している。後者の組合では，約5,000トンの魚介類を低温管理できる超低温冷蔵施設に始まり，共同利用作業保管施設も建設するなど，組合員が共同で利用できる施設（インフラ）を整備して，地域水産業の復興を支援・促進してきた。

②　泰兒前会長からの事業承継を受けた今後について

　2002年の経営者交代の際に，阿部社長は阿部長商店の価値観として暗黙的であった経営理念を明示化した。それが，「海とともに生きる」というものである。泰兒前会長は，カリスマ経営者として存在していたことから，従業員は，会長である創業者に従っていれば良い状況であった。阿部社長は，世代交代に際して，従業員をより自律的な存在に変容させる必要があると感じたことから，経営理念という組織自体の基盤を構築する必要があると考えた。阿部長商店は，泰兒前会長が個人企業として創業し，そこから成長してきた。つくられた組織を引き継いで，そこから「ヒトづくり」をするためには，企業としての理念を明示する必要があると考えたのであった。

　現在の阿部長商店では，三陸の岩手県南部（釜石市や大船渡市）から宮城県北

部（気仙沼市）海域で「サーモンバレー構想」を進めている。この構想の背景には，三陸地域の沿岸漁業の疲弊という課題が存在している。東日本大震災後，阿部長商店も含めて水産加工企業の事業所の再建は相当の割合で進んだわけだが，漁業そのものの側面に目を移すと，海上環境の変化のなかで水揚げの減少に苦しんでいる状況にあるという。養殖業については，沿岸養殖のホタテにおいて貝毒が発生して出荷できなくなったり，ワカメも病気によって種落ちするなど生産性が低下し，漁業者の収益を圧迫させている。定置網漁業に関しても，海水温度が上昇しているため，北方から南下してくる魚が獲れにくくなっており，サケはサンマ以上の不漁になっている。

　サンマ漁師は，例えば，まぐろはえ縄漁業や北洋漁業などとの兼業が多く，サンマの不漁分については兼業分で不足を一定程度賄うことができる。また，サンマの漁獲量の落ち込みに対しては，魚価が上昇していることも漁業者の大幅な収入減少を防いでいる。これに対して，サケ漁を中心とする沿岸漁業は，ピーク時に比べて１〜２％程度の漁獲量という燦々たる状況になっている。ここまで漁獲量が減少すると，仮に魚価が上昇したとしても，漁業者の収入にほとんど貢献することがなく，事業は成立しなくなる。三陸地域では定置網漁を実施する沿岸漁業者が多いので，漁獲量減少はまさに地域水産業，ひいては地域社会それ自体の衰退につながってしまう。このようななかで，阿部社長は三陸地域におけるサーモンバレー構想を実行しているのである。現在の養殖技術を用いれば，三陸のリアス式海岸の地形の下で，サケは比較的容易に成魚まで育成することが可能である。この養殖という技術を活かして，サケの生産，加工，流通・販売までの川上・川中・川下工程について，三陸地域で一貫して取り組むのがサーモンバレー構想なのである。ここでのポイントは，サーモンバレー内での競争をなくして地域漁業者が連携することにある。競争相手は，地域を含めた国内産サケではなく，海外産の輸入「サーモン」だからである。

　阿部社長によると，「国内マーケットをこれから開拓することは十分に可能であるし，国産の優位性を示すことで消費者により受け入れられる余地が残っている」という。このようなことから，地域の水産業に携わるステークホルダー全員が"win-win"になる関係の構築を目指しているのである。三陸地域

の基幹産業たる水産業を，永続できるように仕事の質と在り様を変えていかなければならない。このように阿部長商店では，阿部社長のリーダーシップの下で，地域社会と地域産業に対して社会的責任を果たさんとしていることが分かる。ここには泰兒前会長の地域社会に対する経営姿勢が，阿部社長にも引き継がれている。すなわち，SR リーダーシップが阿部社長へと承継されていると考えられるのである。

（6）阿部長商店の事例のまとめ

　阿部長商店は南三陸地域を中心に，水産加工業と観光業を手掛ける地域最大規模企業の１つである。鮮魚売買の仲買からはじまり，水産加工業，そして観光業へと業容を拡大させていった。東日本大震災によって，主要事業所がのきなみ大規模被災することになる。そのような状況下でも，雇用を完全に維持しながら，かつ同社の宿泊施設では，気仙沼市や南三陸町の被災者の受け入れを積極的に行った。また，震災の復旧の過程においては，水産加工施設の早期再建を図ることで地域全体の漁業の衰退阻止に取り組むとともに，キラキラ丼や語り部バスなどを通して地域活性化にも資する活動を展開してきた。阿部長商店によるこれらの活動は，同社の阿部社長の強いリーダーシップによって導かれたものであり，企業と地域社会が共存関係にあることを如実に示している。

　近年のコロナ禍においても，同社では観光事業に大きな影響を受けたが，水産事業を強化することで不確実性に対応してきた。企業として経済的責任を果たすことで，雇用を維持しつつ地域産業に貢献することを使命として取り組んだ。さらにワクチンの集団接種会場への試みからも分かるように，阿部長商店が擁している施設を最大限に活用されていた。

　阿部長商店の社会的責任は，阿部社長のリーダーシップが大きな役割を果たしており，そこには泰兒前会長の経営者としての姿勢が承継されていると考えられる。泰兒前会長は，サンマ資源の保全に取り組み，その持続可能な利用に関して主導権を発揮しただけでなく，カツオのタンク取りという品質向上の運動も推進した。このような取り組みに対して，地域漁業者からの反対に遭いながらも，地域のために同社が犠牲を払ってきた。その経営者としての姿勢を見

てきたからこそ，東日本大震災を始めとして，近年の漁業の不漁を克服するなど，阿部社長は地域社会・産業において大きな役割を果たせた。同社では，泰兒前会長の経営姿勢が，阿部社長に受け継がれ，彼をして SR リーダーシップを発揮せしめていると考えられるのである。

3── 商品供給を基本とするイシイの社会的責任行動

（1）イシイの概要

　イシイ株式会社（以下，イシイ）は，1961 年に設立されたワーク・ユニフォームの納入を主要事業とする地域企業（本社：宮城県仙台市若林区卸町 2 丁目 7-6，代表取締役：石井吉雄氏，以下，石井社長）である（写真 4 − 5）。同社の事業ドメイン（領域）は，「環境に配慮した快適・安全な職場環境づくり」であり，働く人々を労働環境の側面からトータル的にサポートすることが事業の中核となっている。なおワーク・ユニフォームとは，事務服，白衣，作業服などの働く人々のユニフォームであり，同社では宮城県を主要マーケットとしつつ東北地方で第1位のシェアを有している。さらにイシイのユニフォーム事業の強みは，縫製・捺染・刺繍という加工部門を自社内に擁しており，顧客ニーズに沿ってカスタマイズできることにある。また，メーカーが廃版にする商品（有切商品）を大量購入・保管して，それらを顧客へリーズナブルに提供できるのも強みと

写真4−5　イシイ本社の外観

出所：イシイより提供。

なっている。

　そのほかの事業としては，ユニフォームに関連して展開されるセールス・プロモーション（通称，SP）商品の企画・販売がある。また，作業服と作業用品に関しては，ダブルストーン（以下，適宜 WS を使用）という小売店を展開している（2022 年末時点：22 店舗）。そして近年では，太陽光発電，蓄電池，除菌消臭水（ステリ PRO）などの環境関連事業にも進出している。宮城県外の事業所として，山形市や奥州市をはじめとする東北地方の支店だけでなく，東京営業所も開設して関東地方での顧客獲得にも取り組んできた。また，中国やベトナムなどに提携工場を有しており，同社のプライベート・ブランド製品や，ステリ PRO などの自社製品の製造が行われている。なおイシイの売上高は約 60 億円，従業員数は約 300 名（正規・非正規の双方含む）に及んでおり仙台市を代表する地域企業の 1 社となっている（2021 年度時点）。

　イシイでは，現在 2 代目の石井社長が経営の全責任を負っている。同社では，本業が極めて堅固であり，企業設立からの 60 余年において，一度たりとも赤字決算を迎えたことがない。それだけでなく，バブル崩壊，リーマンショック，東日本大震災，さらに近年のコロナ禍という大きな経営環境の変化に直面しても，右肩上がりの成長を実現してきた。また，イシイとサプライヤーとの信頼関係も厚く，数多くの繊維関係の製造企業との直接的な関係も構築している。例えば，繊維大手の東レやコーコス信岡のような企業に対しても，地域企業ながら直接かつ対等の取引関係を有している。これに加えて，従業員との信頼関係も厚い。石井社長は，同社を「人間育成の場」として捉え，従業員教育に熱心に取り組むだけでなく，待遇面においても極めて手厚い対応をしており，このことは後述の震災時の従業員対応でも見ることができる。石井社長は，宮城県繊維製品卸商協同組合理事長や日本政策金融公庫東北ブロック理事などの要職を兼務することで，同社の発展だけでなく，街づくり，繊維業界の再構築，東北地域の発展・活性化にも積極的に取り組んでいる。

（2）有事におけるイシイの社会的責任

　イシイは有事と平時とを問わず，積極的に CSR を果たしてきた。社会的責

任については，石井社長によると，「全うな事業活動によって利益を上げることで，それを従業員への給料という所得で配分し彼らが家族を養っていくこと，そして法人税を的確に納税して企業市民としての義務を果たすこと」が根底にあるという⁸⁾。経済的責任と法律的責任という CSR における基礎的責任を重視する地道な取り組みであり，事業それ自体を通した社会貢献・CSR 活動を実践している。イシイは創業以来，基本的に右肩上がりの成長を実現してきたが，そのようにして得た収益を，従業員への所得配分ならびに政府・自治体への法人税支払いによって経済的責任を果たしてきた。

　また，イシイは環境問題への対応として，中小企業ながら ISO14001 を 2004 年に認証・取得している。石井社長自身が環境問題やサステナビリティに関する意識が極めて高いからであり，「我々は，同じ地球に生まれ，育ってきたのであるから，環境を保護して地球を守っていく責任がある」。そして，「自然環境を何としても守らなければならない。単に利益を上げるだけでなく環境問題を意識した企業にならなければならない」と述べている⁹⁾。石井社長にとって，環境問題に取り組むことの経営者としての宣誓が ISO14001 の認証取得なのである。地域企業として，地域的な環境問題だけでなく，全国あるいはグローバルな視点，かつ世代を超えたサステナビリティの観点から環境に取り組む姿勢を見せている¹⁰⁾。

① 東日本大震災の発生

　東日本大震災では，イシイはダブルストーンの店舗営業継続によって被災地へ物資を供給し続けたことで知られている。2011 年 3 月 11 日に発生した大震災では，各地において大きな被害をもたらした。宮城県では，栗原市で最大震度 7 を確認するだけでなく，石巻市，女川町，南三陸町，気仙沼など，とくにリアス式海岸沿いでは，大津波によって各都市中心部が壊滅的な被害を受けたのであった¹¹⁾。

　大震災下のイシイでは，幸いにも人的被害を発生させずに済んだ。しかし，ダブルストーン（写真 4 - 6）においては，当時，宮城県を中心に 13 店舗を展開していたが，気仙沼店，石巻元倉店，塩釜店の 3 店舗が津波被害を受けるこ

写真4－6　ダブルストーン六丁の目店

出所：ダブルストーン HP。

とになる。とくに気仙沼店は土台ごと流出してしまい，店舗の跡形もなくなり再建自体が不可能になったほどである。その他にも，津波被害を受けなかったイシイ関連施設やダブルストーン各店舗においても，壁や天井が落ちたり，窓ガラスが破損するなどの被害も多数発生した。また，同社それ自体の被害だけでなく，多くの得意先が流出して顧客を失ったり売掛金も回収不可能になった。イシイは，本社をはじめとして津波被害を受けた割合は少ないものの，多大な損失を被ったのであった。

　3月11日の震災発生時には，石井社長は本社内にいて従業員の避難を先導し，誰一人として怪我人を出すことがなかった。これは，ISO14001 の一環として平時からの避難訓練を徹底してきたことの成果だという。全従業員の避難が完了したことを確認して，石井社長が最後に外に出たが，その際に地震が再び大きくなりイシイ本社が歪んでいる様子を見て，「これはとんでもないことが起きた」と強く認識したという。そして，本震が完全に収まってからは，3〜4人でチームを編成して食料を購入してくるよう指示を出した。このような大震災では，スーパーや商店が閉店して，いずれ食料品や日用品を購入できなくなると危惧したからである。

　このような取り組みの最中に，大津波が沿岸部に押し寄せていることを携帯ラジオ放送から知ったのであった。沿岸部への大きな被害を危惧して情報収集に努めたが，停電によって携帯電話すらつながらない状況で，十分な情報を得

ることができずにいた。凍てつく寒さのなかで，大津波が襲来したら沿岸部の
被災者の人々は非常に厳しい環境下に置かれることになる。そこで石井社長
は，イシイが地域企業として貢献できることは何かを考えたのだという。だか
らこそ，津波被害を受けた店舗以外のダブルストーンを営業継続することで，
被災者および自衛隊や警察・消防隊員などの緊急対応者に物資を提供し続ける
行動を決定したのである。

②　ダブルストーンを通した被災地支援活動

　そのような活動のために，イシイとして，まずは食料と燃料（ガソリン）を
確保する必要があった。これについて，幸運にも秋田県の取引先企業がガソリ
ンをドラム缶で 20 本，また同県の他の取引先が米数百キロ分を用意して送っ
てくれた。燃料は仙台市卸町の本社倉庫からダブルストーン各店舗に商品を発
送するために，食料品はイシイ本社と WS 各店舗で働く従業員の生命と健康
を維持するために準備されたのであった。燃料と食料の準備が整ったことか
ら，大震災翌日の 3 月 12 日より各店舗の営業再開を決めることができた。津
波被害を受けた店舗以外のすべて（合計 10 店舗）を通常営業（店舗営業）で再開
することを決定したのである。宮城県全域が停電していて WS 各店舗にも通
電しておらず，店舗内は暗い状況であったが，何としても営業を開始して商品
提供しようということになった。

　矢口（2014a）は，東日本大震災直後の宮城県における作業服・作業用品関連
店舗の営業状況を示している（図表 4 - 1）。ここから，大震災直後の 3 月 12 日
と 13 日において営業を再開しているのはダブルストーンのみであり，3 月 14
日以降，ようやくコメリやダイシンなどが一部再開し，カインズホームやホー
マックなどがその後に続いている。しかも，WS のように通常の店舗営業で再
開したのではなく，他企業では店頭営業や部分営業がほとんどであり，かつ再
開できた店舗も一部に限られていた。このように他社と比較すると，WS の震
災直後の営業継続は特筆すべきことであることが分かる。ましてや石巻市や名
取市といった津波被災地の最前線において，営業継続している店舗（スーパー
やコンビニエンスストアなども含めて）は皆無の状況にあり，WS は被災地最前線

出所：矢口，2014a, p.149。

図表4－1 大震災直後の作業服・作業用品関連店舗の営業状況

	3月12日	3月13日	3月14日	3月15日	3月16日
カインズホーム	n.a. n.a.	― ―	― ―	1/3 以下 店頭・部分	1/3 以下 店頭・部分
コメリ	n.a. n.a.	― ―	2/3 以上 店舗営業	2/3 以下 店舗営業	2/3 以下 店頭・部分
ダイシン	n.a. n.a.	― ―	2/3 以下 店頭・部分	2/3 以下 店頭・部分	2/3 以上 店頭・部分
ホーマック	n.a. n.a.	― ―	― ―	― ―	1/3 以下 店頭・部分
ダブルストーン	2/3 以上 店舗営業	2/3 以上 店舗営業	2/3 以上 店舗営業	2/3 以上 店舗営業	2/3 以上 店舗営業
ワークマン	n.a. n.a.	n.a. n.a.	n.a. n.a.	n.a. n.a.	n.a. n.a.

において商品・物資供給の重要な拠点になったのである。

　大震災翌日の3月12日から，出勤可能な従業員は出社することになった。女性従業員は朝からおにぎりづくりをするなど食料供給体制を整え，男性従業員は卸町本社倉庫の商品を WS 各店舗に届ける活動をした。各店舗では，発電機を準備できる店舗ではそれを利用して営業を再開し，準備できない場合には電卓を用いて計算を行った。店舗を再開させた直後には，被災した人々が大勢押しかけてきて，顧客一人ひとりに対応できる状況ではなく，まさに「言葉に言い表せないほどの混乱した状態」であったという。

　とくに石巻市や名取市などの沿岸部の各店舗には，被災者からの需要だけでなく，官公庁，自衛隊，警察，自治体などからも注文が殺到した。胴付き長靴や防寒手袋など，被災者の捜索・救助活動を行うために必要な商品に対する需要が多かった。ここで課題になるのは，商品供給を継続するための在庫確保であった。大震災直後には，各店舗と卸町本社の在庫を放出して商品提供したわけだが，そのような在庫はいずれ枯渇し営業継続ができなくなる。それゆえ，全国各地の取引先から通常時と同様に商品を納入してもらう必要があった。大震災時には全国各地の非被災地企業との取引においては，冷徹なビジネスの論

理が存在した。例えば非被災地の取引先企業からは，震災直後にも関わらず，被災地企業に対して早急に売掛金の支払いが求められた極端な事例もあったという。いずれにせよ，通常の「取引」に基づく商品提供を，被災地企業としては期待できないのが一般的であった。

　しかし，イシイは，全国各地の企業からの商品供給を受け続けることができた。同社の業績が堅固であり，取引先への支払い遅延が一度もなかったことに加えて，経営者間での人的な信頼関係も厚かったからである。しかし，全国の取引先から商品を供給してもらおうにも，鉄道が止まり，高速道路も緊急車両の通行以外には封鎖されている状態であった。その際に，イシイは宮城県警との取引関係も深いため，関東や関西方面からのイシイへの商品輸送については，救援物資扱いにしてもらい高速道路の使用許可を取ったのである。このようにして，大震災直後においても商品の仕入体制が整えられ，ダブルストーンの営業継続を可能にしたのである。

　ダブルストーン石巻蛇田店を例にあげると，石巻市では沿岸から比較的近いところでは，あらゆる店舗が閉店していて，開店しているのは WS のみであった。その結果，被災者を含む地域住民が商品を求め殺到してきた。店舗営業においては，停電により電気を使用できなかったので購入金額の精算を電卓で行っていたが，来店客があまりに多すぎたため，計算が間に合わなくなってしまった。それゆえ，商品の点数を目分量で測定し，おおよその金額で商品を販売

写真4 − 7　津波被害を受けた塩釜店の店内

出所：イシイ HP。

写真4 − 8　石巻蛇田店の店内風景

出所：イシイ HP。

することにした。つまり，どんぶり勘定的に大雑把に，しかも相当低めの金額を設定して商品を持ち帰ってもらったという。

　お金を全く持っていない顧客も多く，彼らからは「不足分は後日持ってくるから，商品を渡して欲しい」との要望を受けるようになった。このような客に対しても，石井社長は，代金回収を考えるよりも，まずは困難に直面している被災者を支えるべく商品提供するよう指示したのであった。さらに，混雑のために支払いに並ぶのを諦め，商品をそのまま持ち帰る客も続出した。このような事情から，店舗営業を継続すればするほど損失が発生してしまう状況になっていた。社内では，店舗を休業させて損失を回避したほうが良いとする意見も見られたが，石井社長としては，商品提供を継続することが企業の社会的責任であると認識し，営業継続を強引ながらも指示したのであった。

③　震災時の活動を通して得られたこと

　津波被災地で営業する店舗がダブルストーンのみであったことから，テレビの再開に際しては，民放各局に加えてNHKでもWSが取り上げられるほどであった。一般的にNHKでは，民間企業の販売状況を知らしめる広報をしないのだが，画面上下テロップにおいて営業状況，購入できる商品・生活物資に関する案内が掲載され続けた。メディア各局からもWSの活動が注目を集めるほど，その営業継続は被災地にとって重要な行為であったのである。

　大震災直後だけでなく，被災地の復旧・復興期においてもダブルストーンは重要な役割を果たすことになる。まず気仙沼店が津波で流出したことから，南三陸町志津川に新店舗を開設して，気仙沼市から南三陸町までの復興事業を包括的に支援できる体制を整えた。また福島県では，津波被害からの復興だけでなく，福島第1原子力発電所事故にともなう除染事業を支援するために，相馬市と原町に出店して復興作業員や除染作業員への商品の供給拠点を確立した。さらに石巻市では，石巻漁港に近い場所に出店したが，その際には，地域住民から感謝されたことが印象的である。地域住民の1人からは，「大震災直後には，ダブルストーンに本当に助けてもらった。また復旧の最中に，ダブルストーンが我々の地域に来てくれて本当にありがたい」と謝意を述べられたという[12]。

　大震災のWSでは，全従業員が懸命に取り組んだことで営業継続を達成できたのである。そして，地域社会のために取り組んだことが，従業員のモチベーション向上にさえつながったようである。またイシイによる被災地に対する社会的責任だけでなく，従業員への厚い配慮も指摘しておくべきであろう。食料については，従業員だけでなく余剰分を彼らの家族に対しても配分した。もちろん，雇用に関しても，誰一人として解雇や減給することなく全従業員の雇用も維持された。それどころか，全従業員に対して災害見舞金として，臨時の給付金を提供しており，彼らの生活を支えることも，その責任として強く認識した行動が見られた。

　イシイは，このような事業関連の取り組みだけでなく，塩害被害を受けた被災農地に対して，綿花栽培を行い農業支援・土地再生を行う「コットン・プロジェクト」へも参加している。また全国のユニフォーム納入企業と共同して，復興関連商品をつくり，売上の一部を復旧・復興関係団体へ寄付をするコーズリレイテッド・マーケティングも展開してきた。もちろん，義援金や支援物資の提供といったフィランソロピー活動にも積極的に取り組んでいる。

④　コロナ禍におけるイシイの社会的役割

　有事という点では，新型コロナウィルスのパンデミックも，近年の人類が経験したことのない緊急事態であった。コロナ禍においても，イシイは大きな貢献を果たし，今日においても果たし続けている。その具体的な手段となったのがステリPROであり，その特徴は，ウィルスに対する高い殺菌力と人間身体への安全性を両立していることにある。専用の加湿器を用いてステリPROを空中散布することで，あらゆるウィルスの拡散と感染を予防できる。ステリPROは新型コロナウィルスさえ殺菌できることから，導入先における集団感染（クラスター）の発生防止にも貢献してきたのである。2020年には，ステリPROに対して莫大な受注があったことから，イシイでは全従業員と外部人材（他社一時派遣やアルバイト）を総動員して，社会に貢献すべくその増産に邁進したという。

　また，コロナ禍では繰り返し発出される緊急事態宣言の下で，多様な業種

において企業業績は軒並み低下していた。これに対してイシイでは，ステリ
PROという商品の存在をして，コロナ禍においても右肩上がり成長を実現さ
せることができた。ステリPROが感染拡大防止を通して社会に貢献しただけ
でなく，同社の収益拡大にもつながり，結果的に雇用を拡大することにも貢献
したのである。サービス業を中心にアルバイト需要が減退したことから，収入
を得られなくなった学生アルバイトやパートを増加させたり，あるいは取引先
企業から従業員数名を出向形態で受け入れて給料支払いも負担した。確かに，
イシイ1社のみでの貢献には限界があるが，それでもステリPROを通して，
社会全体の安心・安全という社会的価値，そして収益拡大や雇用拡大という経
済的価値の双方を両立させることができた。

（3）平時におけるイシイの社会的責任

① 環境問題に対する多面的な取り組み

　イシイの環境問題への取り組みの一環としては，「有切商品」（ありきりしょ
うひん）と呼称される商品群への取り組みがある。有切商品とは，製品モデル
チェンジによって生じる絶版品番のメーカー余剰在庫品のことである。これは
旧型のデザインであるほかに，サイズや色の不揃いなどの理由からメーカーで
処分されることが一般的である。焼却処分ということは，被服製造のための資
源を浪費するだけでなく，焼却過程においてはCO_2の排出を意味する。イシ
イでは，これら商品を大量に仕入れて販売に結びつける活動をしている。型落
ちではあるが，品質的に何ら問題のない有切商品をビジネスに組み込んでいる
のである。有切商品の購入・保管・販売については，まず当該商品を購入する
ためのメーカーとの関係性が必要になるが，そのような関係性は，一朝一夕で
はなく，長い年月のビジネス関係を通して構築される。ついで，有切商品を保
管する倉庫の確保も重要であり，イシイでは卸町の本社周辺に複数の倉庫を
確保している。そして，有切商品の販売については，営業活動（B to B）とダ
ブルストーンによる店舗販売（B to C）という両側面から商品を販売していく。
このようにして，有切商品をビジネス化している。

　環境問題に関するもう1つの取り組みが，レンタル・ユニフォームである。

ユニフォームを販売するのではなく，レンタル提供することによって，イシイがクリーニングや補修を含めた管理を行う仕組みであり，メンテナンスが確実に行われることでユニフォームの製品寿命が延びる。最終的に顧客から回収して，リユースまたはリサイクルをするため，焼却処分による CO_2 も排出されない。レンタル・ユニフォームの事業化も，環境負荷の軽減に大きく寄与する取り組みとなっている。有切商品とレンタル・ユニフォームという事業は，環境問題の解決に貢献するとともに，ビジネス面でのイシイの収益性を支えているという。

このような事業関連の取り組みとは異なり，イシイでは，事業非関連の環境問題への取り組みも実施されている。日常的には，本社周辺の卸町地区のゴミ拾い清掃や花壇整備などのほか，近年ではマイクロ・プラスチックによる海洋汚染も踏まえて，海岸清掃活動（ビーチ・クリーン）にも積極的に取り組んでいる。これらの取り組みは，環境問題の改善への寄与を目指すだけでなく，従業員の環境意識向上という環境教育の観点からも行われている。その意味で，ISO14001 の PDCA プロセスに組み込まれた活動なのである[13]。

②　地域社会の健全な発展に向けた取り組み

最後に，イシイによる地域社会の健全な発展への貢献として「ピンクシャツデー仙台」の開催がある。これは，2018 年 2 月 28 日に仙台市立南材木町小学校（以下，南材小学校）で開催されたいじめ撲滅イベントである。ピンクシャツデーは，2007 年にカナダのノバスコシア州のハイスクールで発生したいじめ行為に対して，生徒たちによる反対のための取り組みである。世界的に毎年 2 月の最終水曜日をピンクシャツデーと位置づけて，いじめ撲滅の啓発運動が展開されている。2017 年の仙台市立中学校生徒の自殺に象徴されるように，宮城県の学校ではいじめが絶えない状況にある。石井社長は，仙台市の小中高校生を取り巻く状況に問題意識を有しており，学校という集団のなかで，望ましい共生関係を構築することが，子供の健全な成長と，より良い地域社会の形成のために必要不可欠だと考えたのである。

ピンクシャツデー仙台では，バレーボール元日本代表の大山加奈氏（元東レ

アローズ女子）を招聘して，バレーボール教室といじめ撲滅へ向けた講演会を実施した。大山氏が講演する経緯には，JUG（日本ユニフォーム・グループ）という繊維関連の全国団体の存在がある。JUG には，イシイとともに繊維大手の東レも加盟している。東レは，大山氏とともに，東日本大震災の復興支援活動の一環で被災地を訪問した経験があった。大山氏は自身の経験に基づいて，目標，挫折，努力，達成，仲間の大切さに関する講演を行ったという。石井社長は，同氏の講演が「良く生きる」ことを問うており，いじめ撲滅に最適なものであると考え，大山氏の講演とバレーボール教室の開催を決定した。ここには，イシイの企画に賛同して，東レから講師派遣の協力を得られたことが重要であった（矢口，2018b，p.14）。地域企業のイシイが，東レと対等の関係でイベントを開催できているのであり，この背景にはイシイ創業者の石井次雄氏（以下，次雄前社長）の時代から約 60 年に及ぶ長期的な取引関係がある。企業規模を超えた信頼関係を構築してきたことの成果がここに表れている。

　またピンクシャツデー仙台の開催では，地域の公的機関と企業が協働する必要があり，イシイは，これら地域ステークホルダー間の調整役も担った。このイベントの参加主体は，公的機関として，仙台市，南材小学校，日本バレーボール協会などであり，民間機関としてイシイと東レのほかに，ジー・アイ・ピー（イベント運営）とユーメディア（出版・広告）という地域企業である。仙台市長，教育委員長，南材小学校長から賛同を得ることに加えて，バレーボール協会からの支援も取り付けた。また，ジー・アイ・ピーやユーメディアとは，日頃からの取引関係と信頼関係に基づいて協力を依頼することができた。イシイはピンクシャツデー仙台を開催するために，多様な主体間のマネジメントという調整コストも引き受けたのであった。

　近年では SNS の匿名性を悪用する誹謗中傷も増えており，学校における従来のいじめに加えて，あらゆる場面で「いじめ」が蔓延する社会になっていると石井社長は感じている。人間は社会のなかで協力・助け合いながら生活しているため，誰かを何らかの形で疎外する行為は断じて許されない。石井社長は，健全な社会の発展に向けて，企業として最大限の努力をもって取り組むことの必要性を述べている[14]。

（4）石井社長のリーダーシップと先代経営者からの承継

　上記では，東日本大震災下の WS 営業継続をはじめ，コロナ禍でのステリ PRO，環境問題への取り組み，ピンクシャツデー仙台などイシイの社会的責任行動を見てきたが，このような取り組みは石井社長のリーダーシップによって主導されている。同氏の地域社会・環境問題に対する思いや理念が，イシイをして CSR を果たす原動力になっている。つまり，「いざ」という緊急時に企業がいかに社会的責任を果たせるのか。それが経営者の役割なのだという。石井社長においても，企業をして社会的責任を果たすための SR リーダーシップが見て取れるのである。

　石井社長は二代目経営者であり，創業者は父親の次雄前社長である。石井社長によると，次雄前社長は，苦労人であると同時に大変な努力家であり，設立した企業，そして従業員を大切にし地域社会とともに生きる姿勢を持っていた。彼は，妻のせつ氏とともに，名取市や仙台市の公的機関で「売店」をビジネスとして展開していた [15]。事業を開始した当初には，公的機関内での営業許可と商品仕入れのために出資が求められることになる。これについて次雄前社長は，外套（オーバー），トランジスタラジオ，懐中時計といった私物を売却して，資金を確保したのであった。「国立玉浦療養所」（現在の宮城県立西多賀支援学校）で開業し，商品の品揃えの充実と「感じの良い」接客が好評となり，同校教職員・生徒だけでなく近隣地域住民も集う人気の売店となる。収益も順調に拡大したことで，他の公的機関内にも出店して店舗数を次第に増やしていったという。取り扱う商材・サービスが異なるものの，現在のイシイの創業の原点がここに存在すると言っても過言ではない。

　のちに次雄前社長は，将来的な商いとしての商業圏，そして自分の家族，子供たちへの教育環境を考え，家族全員で仙台市へ移り住むことにした。そこでは販売店事業をやめて，父と兄が経営する繊維・染物を取扱う事業の支援を始めていく。顧客への信頼，提案力，抜群のセールストーク，周囲からの好感度の高さに秀でた営業力でその売上を一気に上昇させた。その力は内部にとどまらず，やがて石井次雄商店として独立・起業という形でますます発展することとなる。

　次雄前社長は，顧客や取引先に対して最大限の義理を果たす仕事方針，細部にわたる神経の行き届いた段取り，優れたコミュニケーション能力，そして大胆な判断力とリーダーシップを有していた。また，己における基本が質素倹約な生活スタイルであった。まさに経営者の鏡としての素質を持つ次雄前社長の力により，ビジネス（行商活動）は順調で顧客数も増えるとともに売上高も拡大し，確かなる資本を蓄積し早期の法人化を成し遂げる（創業当時は石井染工株式会社）。

　取引先についても，東レを始めとする繊維業界のリーディング企業との取引関係も構築するほどであり，その成果の一旦は，上記のピンクシャッデー仙台における関係からも見て取ることができる。また次雄前社長は，自身の企業とそれを支える従業員への愛着の大きい人物でもあった。例えば，新入社員を迎えられることを喜び，彼らをまるで家族のように待遇した。義理堅いだけでなく，人間に対する情熱と愛情を持った人物であり，そのことをして多くのステークホルダーを惹きつけたという。

　そして，次雄前社長は，地域社会に対して役に立たなければ，企業の存在意義がないとして，長男である石井社長とともにダブルストーンという店舗事業を立ち上げた。1985 年に WS 第 1 号店を出店したが，それまで現場労働者を支援する「総合型」の店舗が存在しなかったことから，作業服・作業用品関連を網羅的に取り扱うことで，顧客の利便性を高めようとした。「ダブルストーンに行けば，頭の上から足の先まですべてが揃う」というキャッチフレーズで展開し，これによって建設作業が順調に進めば，地域経済の発展にもつながると考えたのであった。

　さらに次雄前社長は，東北新幹線の開業（1982 年 3 月 30 日）にも尽力することになる。新幹線の開業は，仙台市のみならず宮城県全体（あるいは東北全体）の経済的・社会的発展に重要な役割を担うと考えたからである。新幹線の高架橋敷設に際しては，線路網上の極めて多くの住宅・住民の立ち退きが必要になる。しかし，東北新幹線の建設にあたっては，「東北・上越新幹線反対運動」という沿線の地域住民を中心とした全国的な反対運動が展開された。このような反対運動によって新幹線の開業が中止になる，あるいは遅れることが，仙台

市・宮城県それ自体の発展を阻害すると懸念されていた。そこで，地域住民からの信頼が厚く，政治力に優れた人物として国鉄の役員を任されていた次雄前社長に白羽の矢が当たり，仙台駅南側地区の用地買収を円滑にするために，地域住民の取りまとめを旧国鉄から依頼されることになる。次雄前社長は，新幹線建設にともなう高架橋エリア住民の反対や不安意見に対して，一軒一軒ごとに丁寧に説明をしていき，新幹線の地域社会の発展に対する重要性や，また安全性・騒音に対する彼らの不安を払拭するように努めた。結果として，地域住民からの理解が得られて，用地買収が進展して新幹線の高架橋建設が可能になったのである。その功績が称えられて，次雄前社長は友人である手島典男氏（旧国鉄：現在仙台ターミナルビルの社長）と共に新幹線開業のテープカット式にも登場することになった。

　いずれにせよ，次雄前社長は，企業，そして従業員，顧客，取引先に対する責任感の強さと，何よりも義理を重んじる姿勢を有していた。そして，地域社会の発展をつねに考えて行動していたのである。企業と従業員を率いるだけでなく，新幹線建設においても地域住民の意向を導く次雄前社長のリーダーシップについて，石井社長はその取り組みを目の当たりにしてきた。また，次雄前社長の商売人としての姿勢についても，幼少期より後姿を見てごく普通に浸透していたのである。そのような経営者としての姿勢は自然なかたちで承継され，イシイが企業として社会的責任を果たすことに結実している。東日本大震災直後のWS店舗営業の継続は，石井社長にしてみれば，まさに地域ステークホルダーに対する義理を優先する行為であり，お世話になっている方々への恩返しという気持ちだったのである。その他には，コロナ禍でのステリPROやピンクシャツデー仙台においても，イシイをして地域社会に貢献することを使命として行動させている。このような取り組みは，石井社長のSRリーダーシップによって主導されている。そして，そのようなリーダーシップには，まさに次雄前社長の理念や価値観が反映されていると考えられるのである。

（5）イシイの事例のまとめ

　イシイは仙台市に本社を擁するワーク・ユニフォームの納入を主要事業とす

る地域企業である。同社は，石井社長のリーダーシップの下で，様々な局面において社会的責任を果たしてきた。彼のCSRに対する根本は，事業を通して利益を上げて，従業員を養い，納税をすることであるが，環境問題を始めとして，地域社会に対する様々な社会的責任行動を見ることができた。

大震災下では，ダブルストーンを震災翌日から全店営業継続したことが知られている。とくに，津波被災地の最前である石巻市や名取市においては，あらゆる小売店が閉店しているなかで，被災者や自治体・警察などへの物資供給を一手に担った。これによって，被災者の生活を支援したのであった。また，コロナ禍においても同社のステリPROを用いて，感染拡大防止だけでなく雇用維持・拡大にも貢献した。平時の取り組みとしては，イシイは中小企業でありながらもISO14001を認証取得していることがあげられる。実際の事業では，有切商品やレンタル・ユニフォームのように商品廃棄回避や製品寿命の長期化に貢献する取り組みが見られる。なお，事業とは直接的な関係がないものの，地域社会の健全な発展に資するためにピンクシャツデー仙台も開催してきた。

このようなイシイの企業としての社会的責任行動は，石井社長のリーダーシップに基づくものであり，まさにSRリーダーシップとしての特徴を見て取れる。そして，石井社長の行為の背景には，父親である次雄前社長の理念や考えが承継されている。次雄前社長は，企業だけでなく，従業員，顧客，取引先などの地域ステークホルダー重視の経営を行いつつ，東北新幹線開業に際しての用地買収など地域社会の発展にも尽力してきた。また，その人間性において，何よりも義理を重んじる姿勢が見られた。石井社長は，次雄前社長の人間性やリーダーシップを間近で目の当たりにしてきたのであり，次雄前社長の社会的に責任あるリーダーシップが自然に承継されているのである。

4 ── 本章のまとめ

本章では，阿部長商店とイシイのCSRに対する取り組み事例について検討してきた。阿部長商店は，気仙沼市を中心とする南三陸地域の水産加工・観光業の大手企業の1つであり，地域社会・産業の維持を目的に様々な取り組みが

行われてきた。大震災では，多くの事業所に壊滅的な被害を受けたが，阿部社長は事業を継続して雇用を維持するとともに，同社宿泊施設では，被災者を受け入れて避難拠点としての役割を果たした。復旧・復興の過程では，水産加工施設を早期復旧・再開することで魚介類の受け皿として確立し，地域漁業の衰退の阻止に取り組んだ。また，震災風化阻止や地域活性化に向けて交流人口拡大の活動も行われている。さらに，コロナ禍でも感染拡大の防止やワクチン集団接種への取り組みなど，果敢に社会的責任が果たされていた。同社のCSRには阿部社長のリーダーシップの役割を強く見て取れたが，そこには泰兒前会長のSRリーダーシップが承継されている。泰兒前会長は，サンマ資源の保全やカツオのタンク取りなど，水産業の持続可能性や地域漁業の競争力強化を目的に活動してきた。そこには自社だけではなく，地域ステークホルダー全体の利害を優先する姿勢が強く見られた。そのような先代経営者の経営姿勢が，阿部社長のSRリーダーシップにも反映されているのである。

　ついで，イシイは仙台市を拠点とする卸売・流通業であり，とくにワーク・ユニフォームの納入については，東北地方で最大のマーケットシェアを誇っている。また，小売部門であるダブルストーンは，作業服・用品を総合的に取り扱う大型店舗であり，宮城県では，店舗数と実績において第1位となっている。同社のCSRの特筆すべき取り組みとしては，大震災直後の3月12日からWSの営業を再開し，津波被災地最前線で商品・物資の供給を担ったことにある。コロナ禍では，ステリPROの開発・販売を通して，感染拡大の防止や雇用の維持に貢献してきた。それ以外については，いじめ撲滅に向けたピンクシャツデー仙台の開催やISO14001の認証取得など，社会や環境問題に関する積極的な取り組みが見られた。イシイのCSR行動においても，石井社長の強いリーダーシップをして，地域社会の危機時でも従業員を動員することができている。彼は地域社会に対する強い共生意識と価値観を有しており，そのリーダーシップには，先代社長である次雄前社長の経営姿勢と共通する点が見受けられた。それは義理を重んじ地域社会の発展に資する姿勢であり，次雄前社長のリーダーシップが，石井社長の意思決定や行動にも反映されており，ここにおいてもSRリーダーシップが承継されていると考えられる。

　このように本章では，阿部長商店とイシイのCSRと，SRリーダーシップの承継に関する事例を通して，両社ともに暗黙的CSRに根差して有事と平時とを問わず社会的責任を果たしてきたことが見て取れた。また両社ともに，そのCSR実践には経営者の価値観に基づくリーダーシップが強く反映されていた。そこには地域社会の存在なくして当該企業の発展もないという，企業と地域社会の共生の価値観が見られる。また，阿部社長と石井社長ともに，各社の社会的責任行動を導くSRリーダーシップを顕著に発揮していたが，そこには先代経営者の経営姿勢やリーダーシップが反映されており，改めてSRリーダーシップを承継していると考えられるのである。

【注】

1）企業事例の掲載については，恣意的な配列を避けるために五十音順としている。
2）本章の第2節（1）から（3）については，矢口（2014b, 2018a）の記述に基づいて再構成している。
3）最終的に震災により5名の辞退があったものの，30名が同年度に阿部長商店に入社した（『河北新報朝刊』2011年5月29日）。
4）以下のコロナ禍における阿部長商店の取り組みや，泰児前会長の理念やリーダーシップに関する記述では，とくに注記が無い場合には，阿部社長へのヒアリング調査に基づいている（実施日：2021年9月15日）。
5）結果的に，医師の手配がつかず職域接種会場を実施できなかった。阿部社長によると，「地域社会に貢献するため，職域接種会場として，真っ先に手をあげたかったが，極めて残念な思いである」と述べている。
6）TAC（Total Allowable Catch）とは「漁獲可能量」のことであり，保存管理を行うべき魚種について漁獲量の上限を定めて，種の維持・保全を図る制度である。
7）泰児前会長は，水産流通・加工業，観光事業，倉庫事業に取り組んできた成果が評価され2004年には旭日双光章を受賞している。
8）石井社長へのヒアリング調査に基づいている（実施日：2020年6月17日）。
9）石井社長へのヒアリング調査に基づいている（実施日：2020年6月17日）。
10）以下では，まず東日本大震災におけるイシイの被災地に対するCSR活動を見るが，これについて，とくに注記が無い場合には矢口（2014a）に依拠して記述している。
11）最終的な死者・行方不明者や資産の被害総額については，復興庁（2020）を参照のこと。
12）石井社長へのヒアリング調査に基づいている（実施日：2020年6月17日）。
13）石井社長へのヒアリング調査に基づいている（実施日：2021年7月11日）。
14）石井社長へのヒアリング調査に基づいている（実施日：2020年6月17日））

15）以下，とくに注記がない場合には，次雄前社長の逸話については，石井社長に対するヒアリング調査に基づいている（実施日：2019年8月25日）。

第5章　地域企業の社会的責任（2）
―巌々温泉とさいとう製菓の事例考察―

【第5章の要約】

　本章では，巌々温泉（観光）とさいとう製菓（食品・菓子製造）の2社の社会的責任行動の事例を詳細に検討した。前章と同様に，まず両社の企業・事業概要，さらに沿革などを踏まえたうえで，実際のCSR活動について見ていった。これら各社においても，阿部長商店やイシイでも見られたように，CSRは経営者のリーダーシップに大きく依拠しつつ，かつ現経営者だけでなく，先々代・先代経営者の理念や価値観を反映していることが分かった。つまり，巌々温泉とさいとう製菓においても，経営者のSRリーダーシップと，その承継という特徴を見出すことができた。

　なお巌々温泉では，東日本大震災時の小竹浜を中心とする支援活動，火口周辺警報の際の風評被害払拭などに竹内社長がリーダーシップを発揮してきた。また，さいとう製菓においては，齊藤会長の下で，大震災時にはかもめの玉子30万個を避難所へ配布するほかに，かもめの玉子工場まつりを開催するなど，被災地の活性化に関する取り組みを主導してきた。このような取り組みは，両社の経営者のリーダーシップを強く反映するものであり，地域社会の維持・発展に対して焦点が当てられていた。また両社の先代経営者も，その方向性は異なるものの，社会的責任を果たすべく行動しており，彼らのSRリーダーシップが現経営者に承継されていた。

1 —— 本章の目的

　本章の目的は，地域企業の CSR と，SR リーダーシップに関する情報を追加的に収集することである。実際に本章では，地域企業の社会的責任事例として，巽々温泉とさいとう製菓の事例について詳細に検討していく。前章での考察と同様に，各社とも，企業概要や沿革を踏まえたうえで，地域社会に対する社会的責任の実践について見る。これまでと同様に，有事と平時の双方の視点を踏まえながら，企業として果たした社会的役割が示されるであろう。また，先々代・先代経営者の理念や価値観が，現経営者へと受け継がれていること，すなわち SR リーダーシップが承継されることで，歴代にわたる CSR 実践を可能にしていることも示されるであろう。これらの検討を踏まえて，次章では，地域企業の CSR 特性，ならびに SR リーダーシップの承継について分析を行っていく。

2 —— 蔵王地域におけるサステナビリティの実現を
目指す巽々温泉[1]

（1）巽々温泉の概要

　巽々温泉（代表取締役 竹内宏之氏（以下，竹内社長），宮城県柴田郡川崎町大字前川字巽々1）は，宮城県の蔵王エコーラインの中腹に位置する一軒宿の温泉旅館である（写真 5 - 1）。その創業は 1877 年（明治 9 年）となっており，約 150 年に及ぶ歴史と伝統を有する老舗旅館である。客室数は 17 部屋あり，収容定員数は最大で 35 名となっている。蔵王町の遠刈田温泉や川崎町の青根温泉からも離れた位置にある秘湯であり，実際に同旅館は「日本秘湯を守る会」（以下，秘湯を守る会）の会員にもなっている（図表 5 - 1）。巽々温泉では，2 種類の内湯（ぬる湯とあつ湯）と 3 種類の露天風呂（一般露天風呂，混浴露天風呂，貸切露天風呂）という 5 種類の風呂を有している。さらに同旅館の敷地から源泉が湧きだしており，すべての風呂が源泉かけ流しとなっている。温泉の特徴の 1 つに

写真5-1 巌々温泉の外観

出所：川崎町 HP。

図表5-1 巌々温泉の位置

出所：日本秘湯を守る会 HP。

は，「飲泉」もあげられる。群馬県の四万温泉や大分県の湯平温泉とならんで，飲泉による健康維持や病気改善が期待される「日本三大胃腸病の名湯」としても知られている。巌々温泉は，温泉に徹底的にこだわり「療養」という機能を大切にする旅館なのである。

　食事については，蔵王地域の高原野菜や三陸産の海鮮を用いた地産地消の料理が人気である。胃腸に優しい巌々温泉という性質上，料理もそれに即した内容を心がけて提供しているという。蔵王高原は，火山灰の堆積した土壌であり，根菜類の栽培に適しており，巌々温泉でも，人参，大根，ゴボウのような地域の根菜類を中心にした料理を提供している。これに加えて巌々温泉は，遠刈田温泉に「森のソーセージレストラン・ベルツ」（以下，ベルツ）という直営のレス

トランを有していた。ベルツのソーセージは，ドイツで開催された「国際コンクール」（IFFA2004）で金賞を受賞しており，その品質が高く評価されている。

　また，巍々温泉では日帰り入浴は受け付けず，宿泊客がゆったりと「理想的な湯治」を行えるように，快適な時を過ごす空間づくりに取り組んでいる。そのコンセプトは，「歩み入る人に安らぎを，去り行く人に幸せを」であり，宿泊客が安らかに滞在することを心がけている。1泊2日の正規宿泊料金は，2名1室利用で1人あたり1万5,000円から2万8,000円となっている。この宿泊料金は，価格破壊が進み低価格旅館の存在感が増しているなかでは，決して安価とは言えない。しかし，金・土・祝日前日やゴールデン・ウィークなどの繁忙期にあっても，価格上昇は2,000円程度であり，利益追求を重視する宿泊業が多いなかで，つねに良心的な姿勢で宿泊客を迎えている（巍々温泉HP）[2]。

（2）巍々温泉の歴史と経営理念
① 巍々温泉の歴史的な沿革

　竹内社長は，巍々温泉の六代目経営者として2010年に事業を承継した。同旅館の創業者は竹内時保氏という人物であり，1870年代に開拓師団の団長として北に向かう途中で，この地に温泉を発見して定住するようになった。蔵王は山形蔵王と宮城蔵王の2つの地域に分かれるが，温泉の泉質は硫黄泉であり，強い硫黄臭を漂わせることが特徴的である。そして当時の調査によると，硫黄の採掘も可能であることが判明したのである。硫黄は，火薬の原料を始めとして様々な用途があり，竹内時保氏は，調査のために団長に指名され蔵王を目指して北上してきたわけである。

　蔵王（宮城蔵王）には遠刈田温泉という大規模な温泉地があるが，当時，そこから蔵王山の頂上までは1日で辿り着くことができなかった。それゆえ，遠刈田温泉と蔵王山頂の中間地点にベース・キャンプが必要とされていた。標高約800メートルに位置する巍々温泉は，まさに両者の中間地点に位置している。温泉に関しては，ボーリングして掘り起こしたのではなく，湯が地表より自然に湧き出ていた（自然湧出）という。その湯を活用するために，巍々温泉は宿営地として開業した経緯を有している。なお1945年頃から一般客の宿泊を受

け入れ始め，1962年に蔵王エコーライン（県道12号線）が開通したことで，同旅館へのアクセスも大幅に改善することになった。

　峩々温泉の温泉に対するこだわりは上記から見て取れるが，その方向性を堅持できたのには，竹内社長の父親である建一郎氏（以下，建一郎前社長）の存在が欠かせない。1970年代中盤以降，観光業では団体旅行が流行しており，峩々温泉にも連日のように観光バスが乗り入れるほど繁忙していた。この状況に鑑みて，大型化を進める旅館が相次いで現れたが，結果的に源泉かけ流しを困難にし加水や循環が行われるようになった。これに対して峩々温泉の五代目経営者の建一郎前社長は，温泉の質を軽視して，団体旅行客の宴会に依存して利益を追求する旅館業の在り方に問題意識を有していた。そのような時期に，草津温泉の郷土史家であり，療養温泉として滞在型の湯治を定着させた中沢晃三氏とともに，療養温泉先進地のドイツへの研修旅行をしてきたのであった。そこで療養温泉としての正しい在り様を学び，峩々温泉の経営の方向性に自信を深めたからこそ，現在まで続く同旅館の経営スタイルが堅持された。

②　峩々温泉の経営理念

　峩々温泉は，遠刈田温泉からも青根温泉からも離れた一軒宿であり，「ほどよい秘湯」であることがその強みの1つである。秘湯でありながらもそこに到る道路は除雪され，通年営業が可能になっており，周囲の喧騒から完全に隔離された一軒宿なのだが，一定の利便性も兼ね備えている。

　峩々温泉では，宿泊客，つまり「歩み入る人」に秘湯で過ごす安らぎの提供を目的に「峩々時間」という独特の環境づくりをしている。宿泊客には，「峩々温泉の時間に時計を直してから，おくつろぎください」とお願いしている。宿泊客の要望にすべて対応するのではなく，彼らには峩々時間に沿った時間の利用を求めている。つまり，「カスタマー・サティスファクション」（顧客満足）という主題の下に，何においても「お客様第一主義」で対応するのではなく，峩々時間を基軸にしたくつろぎを提供することに注力している。時間を大切にする考え方は，峩々温泉の全従業員にも浸透しており宿泊客へ安らぎやくつろぎを提供する環境づくりを徹底している。宿泊客には，峩々時間という「何か」

に身を委ねる安堵感を提供することが意識されているのである。

　峩々温泉が，最も大切にしていて同時に最も自信を持っているのが温泉であり，同旅館では，「温泉」をすべての意思決定の最優先事項としている。それゆえ，蔵王地域の自然環境との相性の悪い，あるいは違和感を抱かせるサービスは一切行わないという。騒々しい行事は適さないのであり，峩々時間の提供こそが温泉と自然に適合したサービスなのである。良い環境下で温泉に入浴してもらうことが，宿泊客に対する最大のもてなしなのであり，そこには代々にわたって峩々温泉を経営する竹内家の家業としての理念が存在する。

　その理念とは，峩々温泉の源泉そのものは「蔵王からの預かりもの」ということであり，自然に湧き出る温泉を大切にすることを代々の経営者が共有し承継してきた。温泉は竹内家の私物ではなく，それを管理する役割という認識なのであり，宿泊客に温泉をより良い状態で届けることを使命としている。竹内社長によると，仮に温泉が枯渇したとしたら，峩々温泉を廃業するという。水脈までの距離が非常に浅いから自然湧出しているのであり，このような場所でボーリング掘削をしたら近隣地域に影響（青根温泉の枯渇や地盤沈下など）が及ぶと考えられる。竹内家の家訓として，祖父の直也氏から「①造成をするな，②温泉は掘るな，③温泉が止まったら出ていく」ということを伝えられてきたという。竹内家は，あくまで温泉の管理人として，自然湧出する温泉とともに生活してきたのであり，今後もこのことは不変なのである。また，①に関しても，峩々温泉ではこれまで大規模な造成を一切していない。写真5-1の通り，山の斜面に沿って建物が建てられているが，現在も全体的な構造は大きく変わっていない。このような理念が原点にあり，竹内社長がその理念に忠実に従って行動したからこそ，後述の東日本大震災，火口周辺警報，さらには地域の環境・サステナビリティへの貢献にも結実している。

（3）近年の外部環境の劇的変化にともなう峩々温泉の対応
①　東日本大震災後の取り組み
　東日本大震災では，土砂崩れと積雪によって蔵王エコーラインが通れなくなり，中腹の滝見台も大きく破損した。もちろん，峩々温泉の周囲も多くの積雪

に見舞われる状況であった。しかし，震災直後と一軒宿という条件のために除雪車の到着が大幅に遅れたことから，同旅館は完全に陸の孤島になってしまい，停電も長く続き薪ストーブで湯炊きする生活を送っていたという。

　大震災では建物も一部破損し，停電により配管もすべて凍結してしまった。結局，営業再開には40日間を要することになり，再オープンは2011年のゴールデン・ウィークの直前になった。休業していても，竹内社長は従業員の解雇や給料未払いを出さないよう努力した。また，自宅待機している従業員からは，「自宅に留まっていたくない」だとか，「何か仕事をくれ」という声が次第に上がり始めていた。竹内社長は，休業期間だからこそできることを考え，峩々温泉のサービスや取り組みについて，顧客に知ってもらう活動を開始した。実際に，取り扱っている商品をまとめた「チャリティ・ボックス」というギフトの販売を開始した。峩々温泉の食材やこだわりを十分に発信できていない状況であったため，むしろこの休業期間を機会として捉えて，その魅力を発信することに注力したのであった。その売上の10％分については，義援金として津波被災した沿岸部に届けることを決定したのである。なお，チャリティ・ボックスの中には，峩々温泉で使用している米（契約農家から購入）を商材の1つとして入れた。峩々温泉には多量の米を備蓄していたが，一軒宿ゆえに周囲に炊き出しをする対象がないため，顧客に届けることを考えたという。

　この取り組みには，峩々温泉を存続させて，従業員の給料を捻出するという目的があった。宿泊客を迎えられない以上，このような活動によって売上を上げていく必要があったのである。物流がストップしているなかで，宅配事業者の集配が再開されるまでに受注と梱包を行い，物流が再開してから即座に発送をした。チャリティ・ボックス以外のものも含むが，相当の売上高を達成して従業員の給料も捻出することができ，退職者を1人も出さずに済んだという。

　チャリティ・ボックスから得た義援金の使途については，石巻市の牡鹿半島に位置する小竹浜という小さい漁村の復興目的に活用された。その経緯には，竹内社長が小学生（川崎小学校青根分校）のときに交換会をしていた小竹小学校の存在があった。例えば夏には，竹内社長らが小竹浜に行き，泳ぎ方を教えてもらったり地引網をしたりした。震災後に青根温泉の旅館組合長（竹内社長の

小学校時代のPTA会長）の誘いを受けて，小竹浜を30年ぶりに訪問することに
なる。久々の再会にも関わらず，小竹浜の住民は竹内社長のことを憶えてくれ
ていて，そのことに感激して継続した支援を行うことを決めたのだという。チ
ャリティ・ボックスで集めた義援金は，様々な機関を通して寄付することを
ホームページやブログなどで公言していたが，小竹浜に一点集中して支援活動
を展開することになる。

　小竹小学校は校舎が解体されて体育館だけが残っていたのだが，そこでは自
衛隊や警察などが常駐するほか小竹浜住民も共同生活をしていた。竹内社長
は，この体育館へと峩々温泉の源泉を供給し始めたのである。温泉をタンクに
詰めて，現地においてドラム缶で湯を沸かし直して被災者に入浴してもらう活
動である。震災後も峩々温泉の湧出量は以前と変わらない状態であったが，停
電により配管が凍結し電動ポンプも作動しないため，湯船に湯を運べずに営業
が再開できない。源泉からは湯が溢れ，それが川に流出してしまう状況だった
という。湯が沸いているにも関わらず，宿泊客を迎え入れられないので，資源
を無駄にしないためにも，小竹浜に温泉を届ける活動を考案したのである。

　避難所の冷え込みは厳しかったため，峩々温泉の湯によって，多くの被災者
が冷えた体を温めることができた。竹内社長は，その後も月に1回から2回の
ペースで継続的に温泉を運んだのに加えて，小竹浜の被災者を元気づけるため
の活動もしてきた。例えば，落語家を招いて落語会の開催，バンドによる演奏
会の開催，峩々温泉の料理長が腕を振るった「宿の食事」提供などの活動であ
り（『河北新報朝刊』2013年3月7日），直接的な支援というよりは，被災者が喜び，
元気になるための支援活動を実施してきたという。

②　蔵王山の火口周辺警報にともなう活動

　2015年4月13日に蔵王山の火口周辺警報が発令され，火口域（御釜）から
約1.2キロメートル範囲内が警戒範囲として立ち入り禁止になった。また，蔵
王の観光名所「御釜」に到るエコーラインも立ち入り禁止になってしまった。
火口周辺警報は同年6月22日に解除され，エコーラインも開通し御釜への立
ち入りも許可されたが，蔵王地域は風評被害による観光客数の減少に直面する

ことになる。巽々温泉は，火口から約5kmの距離にあることから安全な場所に位置していた。しかし，風評被害によって，警報の発令後には巽々温泉も含めて蔵王地域の温泉旅館では宿泊予約のキャンセルが相次いだ（『河北新報朝刊』2015年5月13日）。巽々温泉では，震災後には40日間の休館のほかに，自粛ムードにより観光客数の一時的な減少に直面した。しかし，沿岸部宿泊施設の稼働停止により，「今年は海に行けないから，山に行こう」という観光客が，山間部の宿泊施設を訪れてくれたことで売上の回復につながっていった。これに対して，火口周辺警報は長期間に及んだことから，震災後を上回る影響を蔵王地域の観光業関係者に及ぼすことになる。巽々温泉は，蔵王の火口に最も近い温泉旅館として，この風評被害の矢面に立つことになってしまった。

　風評被害への行政対応としては，2015年6月9日に，村井嘉浩宮城県知事が蔵王町と川崎町関係者との意見交換会を開催し，「観光王国みやぎ旅行券発行事業」（事業費8億8,000万円）のうち，5,000万円を遠刈田温泉，青根温泉，巽々温泉向けの特別枠として設定した。その後，村井知事が，蔵王地域の観光業を応援する意味合いも込めて巽々温泉に宿泊したが（『河北新報朝刊』2015年5月10日），これは村井知事からの強い要望があって実現したのであり，知事も宿泊したことで風評被害の実態と深刻さを再認識できたようである。巽々温泉による知事の宿泊受け入れは，行政の風評被害に対する認識を強化させることになり，蔵王地域全体への支援を手厚くするのに貢献した。地域社会を優先する巽々温泉の経営理念が，このような活動にも体現されている。

　しかし，メディアで蔵王の状況を報道され続ける限り，風評被害は無くならないどころか，むしろ拡大されていくばかりである。行政による過剰な警戒態勢もそのことを助長してしまう。竹内社長によると，万が一，蔵王山が噴火することになれば，その前兆が必ず発生するという。例えば，温泉の湧出量，温度，pHが変わってくるので，それらを測定する検査機器を各温泉旅館に設置すれば，業務に支障をきたさずに噴火を警戒できる。その設置を要望したのだが，行政には受け入れられなかったという。また警報の解除以降，宮城県が観光客数の回復を目的にテレビコマーシャルを作成した。そこには，村井知事，むすび丸（宮城県観光キャラクター）と蔵王地域の観光業関係者らが登場した。

竹内社長もこのコマーシャルに登場し，観光名所や名産品を紹介する取り組み
をしている（『河北新報朝刊』2015年7月11日）。竹内社長が，蔵王地域の風評被
害の払拭のために前面に出て活動したのであった。

③ コロナ禍における戔々温泉

　2020年初頭から始まった新型コロナウィルスのパンデミックでは，観光業
は大きな打撃を受けており，とくに宿泊施設は影響の最も大きかった業種の1
つとなっている。当然ながら，戔々温泉も大きな影響を受けることになり，そ
の1つがベルツの閉店へとつながった。しかし，閉店後には，その店舗は他の
飲食事業者と賃貸借契約を結んで貸し出し，テナント収入を得るようにしてい
る。戔々温泉の経営をコンパクトにするほど，営業外の収入を得て安定的に事
業を営む必要があるからである。
　また，感染防止の観点から宿泊客数について，これまで最大で50名程度収
容していたものを25〜30名程度に抑えている。旅館の満室率を下げることで，
その代わりにサービスを充実させて客単価を上げている。収容人数を下げた結
果として，労務費の大幅な削減にもつながったという。これにともない戔々温
泉が所有する社員寮を売却することができ，売却益を運転資金に回せている。
戔々温泉では，仕事と生活が一体化しているため，これまでのようにマーケテ
ィング重視の姿勢から脱却して，まずは竹内社長が経営者として，ここで暮ら
すことを第一の経営感覚に置いている。さらに，これまでの365日24時間的
な営業形態も変更して，適宜，休館日を設定するようにしたという。従来は多
忙を極めていたため，旅館の清掃や整備などに費用をかけてきたが，現在は手
間と時間をかけるようにして自らが取り組むようにしている。
　竹内社長は，経営環境の変化は経営者としての受容力を高めることにつなが
ると述べ，コロナ禍を前向きに捉えている。つまり，利益追求主義のビジネス
の側面を全面に出すのではなく，家業としてのライフスタイルや，後世へと残
る暮らし方のノウハウを確立するとともに，宿泊客とも人間的なつきあいへと
在り様を考えるようになったという。コロナ禍は，ビジネス一辺倒であった
戔々温泉において，人間らしい生活を考え，実行する機会となっている。

（4）サステナビリティに関する取り組み

①　蔵王山の自然を守る取り組み：風力発電への実効的反対運動

　竹内社長によると，東日本大震災，火口周辺警報，コロナ禍というように激動の10年間を過ごしてきたという。何かが発生して，収まれば，また何かが発生するという状況であるが，このような時期だからこそ，峩々温泉のみの存続を考えるのではなく，地域社会，および業界全体での生き残り，あるいは持続的な発展を考えていく必要があるとも述べている。

　まず，いにしえより神格化された聖地「蔵王」という自然環境を，経済的要因に基づく破壊行動から守ることが必要である。とくに地熱発電や風力発電，さらには外資系資本による乱開発から守る必要がある。蔵王の自然を維持することが，地域全体の発展につながることを忘れてはならないのである。その近年の端的な例としては，関西電力による川崎町での風力発電事業に対する取り組みがあげられる。同社からは，川崎町の山麓を切り拓いて，最大23基の風力発電を建設する計画が2022年5月30日に突如発表された。その後，蔵王連峰の景観，騒音，生態系への影響の大きさから地元住民を中心に「計画の中止を求める会」が設立され，関連する地域の首長に対して要望が出されることになった。宮城県知事をはじめとして，川崎町長や蔵王町長などが相次いで反対意見を表明したことで，地域の反対の大きさを踏まえて，結果的に関西電力は同年7月29日に計画の断念を発表した（『河北新報朝刊』2022年7月30日）。竹内社長も，関西電力の風力発電に反対するため，いち早く行動して，その撤回を促進するための様々な行動を起こしたのであった。

②　生態系の調和の取れた発展への取り組み

　近年では，シカやイノシシなどが増えすぎてしまい，自然環境を破壊してしまう害獣被害が全国的に報告されるようになっている。蔵王地域においても，そのことは例外ではなく，生態系を維持するための重要課題の1つとなっている[3]。害獣駆除の受け皿として，注目を集めているのがジビエ[4]活用である。竹内社長自身が大日本猟友会の会員であり，害獣駆除の免許も持っていることから，このことに強い関心を持って取り組んできたし，ジビエ活用が本格的に

進展すれば生態系維持と経済的メリットの双方を満たせると考えている。

　しかし，そのような反面で，害獣をジビエ活用するには大きな問題が存在する。まず，コストが高くなってしまうことである。ファミリーレストランやファストフードなどで，海外産の安価な輸入豚肉が使用されている時点で，ジビエにはコスト競争力がなくなる。それゆえ，一部のグルメ志向の消費者に対して，ごく少量を卸すことにしか活路を見いだせていない状況である。ついで，イノシシなどは，季節によって肉質のばらつきが大きいし，同時に安定的に供給するための条件も整っていない。ジビエを供給する猟師が，害獣猟のみで生計を維持できるようにしなければならないが，現実的には難しいのである。

　そして，販売のための検査に関する課題も存在する。害獣をジビエとして活用するには放射線量検査と細菌検査を行う機器・設備が必要になる。解体と検査を効率的に行う仕組みが必要であり，実際に岐阜県ではこれら機能を一体化したプラントが建設・稼働している。しかし，その工場は，毎年，多額の損失を発生させており，維持・運営のために税金が投入されている状況である。ビジネスとして利益の出る仕組みが確立されておらず，害獣駆除とそれにともなうジビエ活用はボランティア活動の枠組みを出ていない。

　竹内社長によると，イノシシをはじめとする害獣を，将来的にはジビエ料理として提供できれば，生態系の維持と巽々温泉の宿泊客へのサービス向上にもつながる。このことから現在は難しいかもしれないが，いつでも取り組めるように準備をしているという。制度的な課題も踏まえながら，竹内社長は，生態系と経済の調和の取れた発展を目指していることを見て取れるのである。

（5）巽々温泉における社会的に責任あるリーダーシップの承継

　竹内社長は，祖父の直也氏（四代目），父親の建一郎前社長（五代目）の経営者としての姿を幼少期より見て育ってきたという。建一郎前社長は，竹内社長とは全く性格の異なるタイプであり，巽々温泉の経営というよりも秘湯を守る会の活動に専念した。当時の時代背景として，大手旅行代理店の指導のもとに，大型バス駐車場，大規模宴会場，収容客数150人以上など，同社と取引するための基準が宿泊施設に強く要請されていた。つまり，同一条件を課して競合さ

せることで，サービス向上と低価格化を推し進めていたのである。そのような大量仕入れをする卸売事業者が介在するために，宿泊業界は価格競争に突入せざるを得なくなってしまう。

　秘湯を守る会は，大手旅行代理店との取引に固執せずに，一線を画して独自路線によって集客を図ってきた。その代表的な取り組みの1つが，40年以上前から始まるスタンプカード制度であり，会員旅館のどこでも良いので一泊でスタンプ1つが押され，それが10個貯まると一泊無料招待するというものである。これが宿泊客からの好評を得ることになり，会員旅館の魅力を向上させていった。会員旅館が親戚づきあい的な関係で，1つの旅館で宿泊客を囲い込まずに，次回宿泊時には他の会員施設への宿泊を勧めるという「相互相客」の取り組みをしてきた。この考えの下に会員数が増加していき，1975年の設立時には33軒（峩々温泉も含む）だったものが，2022年時点で全国159軒まで拡大している。竹内社長は，東北ブロックの副支部長として会の運営に長年携わってきた。現在，秘湯を守る会では様々な弊害があるというが，それでも限界集落の秘湯の宿を救い，業界を活性化させた功績は大きいとも述べている。

　建一郎前社長は，秘湯を守る会の設立当初より，会の運営に対して30数年間に及んで携わってきた。業界向けに活動していたこともあり，年間100日以上出張しており，ほとんど峩々温泉にいることはなかったという。竹内社長にとっては，業界の取り組みに集中する建一郎前社長の姿を反面教師にしてきたのだが，そのおかげで峩々温泉と竹内社長が業界団体において優位性を持つことになったのも事実だという。秘湯を守る会でも東北ブロックの副支部長であるし，宮城県温泉協会では加入と同時に理事になり，さらにJR東日本の協定旅館の会においても入会後5年程度で会長に指名された。建一郎前社長の取り組みがあって，有利なポジションからスタートできているのである。

　祖父の直也氏は，社交的な性格であり，警察官友の会や地域の農協などとの強い関係を有しており，多くの個人客や団体客をトップ営業で一本釣りしてきた人物であった。事業承継に際しては，建一郎前社長が経営者に就任するときに，大河原町に本拠を構えていた地域金融機関の理事長に就任したのであった。峩々温泉に住みながらも，毎日出勤することで，建一郎前社長と意見対立

を生まない環境づくりを意識したのである。世代交代後においても，経営に対して口を出す先代経営者が多いなかで，直也氏は外部に自らのポジションを確立して身を引いただけでなく，金融機関に携わることで戔々温泉の資金調達を有利にもしたのである。もちろん，本来の目的は蔵王地域の経済的発展に向けて，地域金融機関の一員として役割を果たさんとしたことは言うまでもない。

　これに対して，建一郎前社長は「自分は親父のようなタイプではなく，地元に友人が多いわけではない。だから秘湯の会に賭けたい」という思いを強く持っていた。秘湯を守る会を盤石の体制にすることが自身の使命であり，そのことが業界全体の発展につながると考えていた。そのような使命感に駆られて，業界団体においてリーダーシップを発揮して，秘湯を守る会と，そこに所属する宿泊施設を牽引してきたのである。業界をリードする立場として，竹内社長は業界全体でCSRに関する取り組みを推進しようと考えている。秘湯を守る会に所属する旅館は，薪や温泉の熱源で暖を取ったり，水を自己管理して宿泊客に提供するなど，存在そのものがSDGsに近いからである。ごく自然な取り組みが，SDGsにつながっているのである。

　直也氏と建一郎前社長の双方とも，戔々温泉という個別旅館の枠組みに収まらず，業界全体や蔵王町・川崎町を中心として地域全体の発展を考え行動した経営者であった。この姿勢は東日本大震災後のチャリティ，火口周辺警報時の風評被害払拭，蔵王の自然を守る取り組みから，彼らのリーダーシップが竹内社長にも承継されていると言える。しかし，竹内社長は，建一郎前社長のリーダーシップが業界全体に向いていることに疑問も感じていた。それゆえ，業界全体のことばかりに集中するのではなく，業界と戔々温泉それ自体の発展を考えるようになり，さらに地域社会との循環型社会的な発展を志向するようになったという。経営者としての在り様は，建一郎前社長よりも，直也氏という祖父に近いスタイルであると自ら認識している。六代にわって継続している戔々温泉では，業界そして地域と共存することが重要なのであり，そのために社会的責任を果たすことが求められる。戔々温泉の150年に及ぶ存続は，オーナーであり管理者である竹内家が，経営者としてSRリーダーシップを発揮してきたことの成果と考えられるのである。

（6）巖々温泉の事例のまとめ

巖々温泉は，川崎町の秘湯の一軒宿の温泉旅館であり，竹内家によって150年にわたって経営されてきた。現在の六代目竹内社長からは，巖々温泉それ自体の持続可能性だけでなく，業界そして地域社会全体と共存するためのリーダーシップを発揮していることが見て取れた。巖々温泉は，大量集客に基づく利益追求型の旅館ではなく，良質の温泉と秘湯の静けさを重視した自然との調和を図る旅館である。そこには，源泉を自分のモノと考えるのではなく，「蔵王からの預かりもの」と捉えて，良い状態で届けることを使命とする同旅館の理念がある。

そのような理念と，竹内社長のリーダーシップによって様々な社会的責任を果たすことになる。東日本大震災後にはチャリティ・ボックス販売による義援金寄付や小竹浜への温泉提供，火口周辺警報後には宮城県への働きかけと風評被害を払拭するためのプロモーション活動が展開された。震災被災地や蔵王地域のために竹内社長が全面に出て取り組んできた。コロナ禍では，宿泊客数を抑制したり経営をコンパクトにすることを通して，ビジネス一辺倒ではなくより人間らしい暮らしをする機会と捉えた。そのことがSDGsを見つめ直すことにつながったという。また，蔵王地域のサステナビリティに関する取り組みも見せている。風力発電の計画中止運動や，害獣駆除とジビエ活用についてであり，生態系維持と経済的便益の両立を図っている。

巖々温泉の地域社会を重視した社会的責任行動は，まさに竹内社長のリーダーシップに依拠するものである。そこには祖父である直也氏の経営者としての価値観や姿勢が反映していると考えられる。直也氏は巖々温泉を経営しながらも，様々な地域活動に注力するとともに，それを集客にも役立てていた。また建一郎前社長への承継後には，地域金融機関の理事長として地域社会・産業の発展に尽力をした。巖々温泉それ自体よりも，業界全体の発展を意識した行動が見られており，秘湯を守る会を盛り立てることで，限界集落の旅館が生き残る手段を提供したのである。2人とも地域社会や業界全体の発展を志向した行動をしているのであり，そのような取り組みにはSRリーダーシップ行動を見て取れる。この点において竹内社長と共通する性質があるのであり，彼らの

経営者としての背中を幼少期から見てきたことで，SR リーダーシップがごく自然な形で承継していると考えられる。

3—— さいとう製菓によるかもめの玉子を通した地域復興への役割と責任

（1）さいとう製菓の概要

① 企業概要

さいとう製菓株式会社（以下，さいとう製菓）は，岩手県大船渡市（大船渡市赤崎町字宮野 5-1，代表取締役：齊藤俊満氏）に本社を擁する食品製造業（和洋菓子製造）である。1933 年 11 月に創業しており，間もなく設立 90 周年を迎える老舗企業であり，従業員数は約 200 名，売上高は 30 億円に達する東北地方を代表する企業であるとともに，大船渡市民も口をそろえる優良企業の 1 社となっている。さいとう製菓の主力製品「かもめの玉子」は，かもめの卵の形状をしているだけでなく，中身の黄身や表面の殻を模した大人気菓子である（写真 5 － 2）。黄味餡，カステラ生地，ホワイトチョコが三位一体となってかもしだされる絶妙な味が，消費者の嗜好に合うことになり，全国的な人気を得る大ヒット商品となっている。かもめの玉子の存在により，同社のみならず大船渡市の知名度を高めることになり，地域社会の発展にも大きな役割を果たしてきた。

さいとう製菓の事業所は，工場がファクトリー I・II・III，和菓子ファクト

写真5 － 2　かもめの玉子

出所：さいとう製菓 HP。

リー，テラス工房の3か所（5工場体制）となっている。また，かもめの玉子の総本店として，「かもめテラス」という大規模販売・体験施設を開設している他に，県内に直営店5店舗を設置している。かもめの玉子は全国的に認知度の高い製品であり，その販売を担う部門については，株式会社鷗の玉子という子会社を設立して同社が担当している。基本的には卸販売となり，主要駅，百貨店，およびスーパーマーケットなどでの販売活動を担っている。

② 歴史と沿革

　さいとう製菓は，初代経営者の齊藤キヌエ氏によって一関市に餅屋を開業し，大福や餅，ゆべしを製造・販売し大繁盛したが，間もなく戦時下の経済統制で材料が入手できなくなり閉店する。第二次世界大戦後の1948年には，二代目経営者の齊藤俊雄氏（以下，俊雄前社長）によって事業が再開され，大福やがんづきなどを製造販売した。そして，1952年には初代「鷗の玉子」が開発され，これが大人気商品となり売上高を拡大させることになる。しかし1960年には，チリ地震津波が東北沿岸部を直撃したことで，さいとう製菓は大規模な被害を受けた。大船渡市街も壊滅状態になっているなかで，家業を支えるべく齊藤俊明氏（現在取締役会長，以下，齊藤会長）が事業を承継したのであった。齊藤会長は1961年に本店を再建するとともに，1964年には鷗の玉子にホワイトチョコを使用して，形状も「卵の殻に見立てる」ことに成功し現在へと至っている（齊藤，2013，p.33）。

　鷗の玉子の人気を受けて，さいとう製菓は販路や製造拠点を拡大していく。1969年には大船渡市以外ではじめて，陸前高田市でも販売を開始することになる。1973年には本店工場を開設して，生産能力を大幅に増強するとともに，鷗の玉子のパッケージ・デザインも刷新した。1979年には，さいとう製菓は法人化（株式会社化）し，これを契機にして生産体制もさらに拡充していく。実際に1981年に鷗の玉子の専門工場（中井工場）が新設され，日産4万個の生産体制の確立とともに，販路を拡大するための基盤がつくられた。その結果として，1983年には宮城県にも販路を拡大することになり，1984年には「さいとう製菓株式会社」という現在の社名へと変更したのであった。

　1999 年には鴎の玉子を「かもめの玉子」という名称に変更して，現在のブランドを確立することになる。そして，社会貢献や品質管理の取り組みも実践していく。具体的には「かもめの玉子工場まつり」（以下，工場まつり）を 2004 年から開催している。子供たちを中心に地域住民に工場を開放して，かもめの玉子により親しんでもらう取り組みである。なお工場まつりは，東日本大震災の年も含めて毎年開催されている。品質管理については，かもめの玉子・紅白かもめの玉子において ISO22000 を認証取得している（2009 年）[5]。これにより食品製造の安全性が，客観的にも担保されるようになる。そして，2011 年 3 月には東日本大震災が発生して，大船渡市は壊滅的な被害を受けるとともに，さいとう製菓自体も大規模被災することになる。詳細は後述するところだが，さいとう製菓は，かもめの玉子を被災者へ無償配布しつつ，早期に事業を再開し地域経済の再建にも着手した。さらに復興に向けて，新工場や総本店を開業するなど，積極的な「攻め」の経営も展開している。なお，食料品加工業の振興や食品衛生に関する長年の功労が認められ，2021 年には齊藤会長は旭日中綬章を受章することになる。もちろん，ここには大船渡市の復興と地域活性化に関する貢献も含んでいると考えて良いであろう（図表 5 - 2）。

　かもめの玉子は，現在では，「全国から取り寄せの注文が入る銘菓」となっているが，多くの菓子品評会における受賞が，その知名度と評価を高めることにつながった（齊藤，2013，p.34）。1965 年の第 16 回全国菓子大博覧会での金賞受賞を皮切りに，1977 年の第 19 回博覧会では大臣賞を，さらに 1990 年から 1992 年にかけてはモンドセレクションで 3 年連続金賞を受賞することになった。このように様々な受賞を契機にして，かもめの玉子は名実ともに岩手県，東北地方を代表する銘菓の 1 つになっていった（図表 5 - 3）。

（2）東日本大震災によるさいとう製菓，大船渡市の被害概要

　さいとう製菓は，チリ地震津波と東日本大震災という大規模災害を 2 回経験している。大震災から 11 年以上が経過して，大船渡市，ならびにさいとう製菓の復旧・復興はほぼ完成しているが，両者ともに今後の持続的な発展を考えるうえでは課題も少なくない。以下では，大震災下でのさいとう製菓の企業行

| 図表 5 − 2 | さいとう製菓の沿革 |

1933 年	「齊藤餅屋」の屋号で創業（初代：齊藤キヌエ氏）
1948 年	二代目：齊藤俊雄氏によって事業再開
1952 年	鴎の玉子，沖のかもめ，五葉松などの新商品を販売開始
1960 年	チリ地震津波により大規模被害，三代目：齊藤俊明氏が就任
1964 年	鴎の玉子にホワイトチョコを使用開始
1969 年	陸前高田市へ販路拡大
1973 年	本店工場開設，鴎の玉子のパッケージ・デザイン刷新
1979 年	さいとう製菓法人化（株式会社さいとう）
1981 年	鴎の玉子専門工場の新設（中井工場：日産 4 万個）
1983 年	宮城県主要地域へ販路拡大
1984 年	さいとう製菓株式会社に社名変更
1999 年	「鴎の玉子」を現在の名称「かもめの玉子」に名称変更
2004 年	第 1 回かもめの玉子工場まつり開催（以降，毎年開催）※ 1
2009 年	かもめの玉子・紅白かもめの玉子で ISO22000 を認証取得
2011 年	東日本大震災による大規模被災と早期再建・営業再開
2012 年	齊藤俊明氏が毎日経済人賞特別賞を受賞
2015 年	四代目：齊藤俊満氏就任，齊藤俊明氏は取締役会長へ
2017 年	第三工場開設，総本店かもめテラス開業
2021 年	齊藤俊明氏が旭日中綬章を受章

※ 1：かもめの玉子工場まつりについては，2020 年，2021 年，2022 年は
　　　コロナ禍のため中止となっている。
出所：さいとう製菓 HP，および同社からの情報提供に基づいて筆者作成。

| 図表 5 − 3 | かもめの玉子の受賞歴 |

1965 年	第 16 回全国菓子大博覧会：金賞受賞
1974 年	第 4 回岩手産業まつり観光みやげ食品コンクール：銀賞受賞
1977 年	第 19 回全国菓子大博覧会：大臣賞受賞
1984 年	第 20 回全国菓子大博覧会：名誉無鑑査賞
1990 年	第 29 回モンドセレクション：金メダル受賞
1991 年	第 30 回モンドセレクション：金メダル受賞
1992 年	第 31 回モンドセレクション：3 年連続金メダル受賞
1994 年	第 22 回全国菓子大博覧会：名誉総裁賞受賞
2019 年	おもてなしセレクション 2019：金賞受賞

出所：さいとう製菓 HP。

動を中心に見ながら，同社が地域社会に対して，いかに社会的責任を果たして
きたのか検討していく[6]。そのような CSR 行動は，当時の経営者（代表取締役
社長）の齊藤会長のリーダーシップに基づくものである。また，齊藤会長の地
域社会に対する理念や考えにおいては，俊雄前社長の思考や行動も含めたリー
ダーシップが承継されていることも分かるであろう。

① さいとう製菓の被害状況

　東日本大震災下では，齊藤会長は「すべてが終わった」と感じ，さらに震災
直後の日々は，ただ目先の課題を一つひとつ乗り越えていくことで精一杯だっ
たという。大船渡市の被害は，死者・行方不明者が 419 名，建物損壊が 5,539
世帯という状況であり，さいとう製菓も本社屋が完全に津波に飲み込まれ，社
内は「瓦礫の山」状態になってしまった。災害による損失としては，さいと
う製菓本体が 2 億 8,000 万円，販売部門の鴎の玉子が 3,000 万円となり，合計
約 3 億 1,000 万円にも達した。本社のほかに，和菓子工場，5 つの販売店舗が
津波により壊滅的な被害を受けたからである。また，従業員の犠牲者は皆無で
あったが，そこには日常からの避難訓練の成果が反映されたという。津波襲来
のときには，誰が何を持ち，どこへ避難するかが明確に決められており，訓練
が徹底されていたのである[7]。なお，従業員全員の生命は無事であったが，47
名が被災することになった。家屋流出が 13 名，全壊が 6 名，家族を亡くした

| 写真５－３　大震災翌日の さいとう製菓本社 | 写真５－４　津波被害を受けた 和菓子工場 |

出所：さいとう製菓提供資料，2022。　　　出所：さいとう製菓提供資料，2022。

従業員が11名おり，極めて大きな被害を受けたと言える。

　震災直後の大船渡市では，多くの人々が学校の体育館や公民館などの公共施設に避難していた。被災者にとっては，明確な避難所が無かったことから，広くて高いところを目指して，着の身着のままで避難していたのである。食料を含めて何もかも不十分ななかで，これら避難所での避難生活が4・5日に渡って続いていた。最終的に大船渡市では約8,300人，近隣自治体の陸前高田市では約1万人に及ぶ避難者が発生することになった。各避難所では，停電が長く続いていたこともあり，被災者全員が不安な状況のなかで肩を寄せ合いながら共同生活を送っていた。

　2011年3月11日には，齊藤会長自身は，叔父を見舞うために，夫人と盛岡市を訪れているところだった。震災発生時間帯には，川徳デパートの5階にいて，そこで大地震に遭遇した。この地震の大きさから「絶対に津波が来る」と感じて，急いで大船渡市に自家用車で帰ろうとしたが，それさえも簡単なことではなかった。盛岡市全域が停電しているため，交差点では信号がつかずに渋滞してしまうし，裏道を抜けて高速道路へ入ろうとしても入口が封鎖されて通行できない状況だったからである。それでも何とか大船渡市に戻ることができたが，約3時間30分の時間を要してしまい，到着した頃には18：00を過ぎていた。なお齊藤会長の自宅は津波被害を受け，家屋が全壊状態になってしまった。それでも自宅付近に着いた際に，偶然にも友人と会うことができ，さいとう製菓の全従業員と同氏の家族が無事であることの報告を受け安堵したという。

②　さいとう製菓による大震災直後の取り組み

　さいとう製菓の震災直後の特筆すべき取り組みは，約30万個に及ぶかもめの玉子を各避難所に配布して回ったことである。齊藤会長は，3月14日にさいとう製菓の主力工場の状況を調査しに来た。なお，かもめの玉子を製造する主力工場は，高台に位置していたため津波被害を免れていた。同日には，鴎の玉子（販社）の営業部長とも工場で会うことができたほか，数名の従業員が自主的に出社してきており，最終的に6人が集まることになった。その際に，主力工場の配送センターには，30万個に及ぶかもめの玉子の配送が準備されている状態にな

| 写真5－5 | 配布されたかもめの玉子（1） | 写真5－6 | 配布されたかもめの玉子（2） |

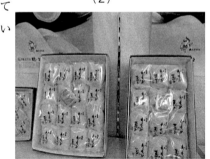

出所：さいとう製菓提供資料，2022。 　　　出所：さいとう製菓提供資料，2022。

た。大震災直後で，それらの出荷はすべてキャンセルになるはずなので，齊藤会長は，避難所で生活している被災者の方々に対して，かもめの玉子全部の配布を急遽決定したのである。避難所では食べ物がほとんどなく，被災者は不安とともに空腹に耐えて暮らしている状況であり，齊藤会長は，少しでも彼らの置かれている状況を改善したいと考えたのであった。

　かもめの玉子の配布にあたっては，2トントラックに満載して，大船渡市から陸前高田市までの避難所（主として小中学校の体育館・講堂）をめぐって配布した。30万個に及ぶ膨大な量であったため，1回では配布しきれず3回に分けて配布された。被災者からは「お腹が空いていたから，地獄で仏様に会ったようだ」と大変喜ばれ，かもめの玉子が大いに役に立った。また，かもめの玉子の配布にあたっては，取り出す余裕がなかったので段ボールに入ったまま配ったが，床に敷いたり，隣人間の間仕切りに使用したりと，それ自体も被災者の生活に役立ったとの報告を多数受けた。さらに，かもめの玉子のパッケージや包装材でさえ，避難生活では役に立ったという。避難所には，容器類がほとんど無かったため，それらが，差し入れや炊き出しを入れる皿代わりにも使用できたのである。さいとう製菓の製品のすべてが，避難所生活に役立つことになり，被災者から大いに感謝されたという[8]。

　3月23日には，今後の方針について伝える必要があったため，約200名の全従業員に対して工場に集まるよう指示を出した。連絡が取れなかった従業員

もいたことから，当日，出社できたのは全体の60％ほどであったものの，齊藤会長は，かもめの玉子製造の主力工場再開に着手することを伝えたのである。主力工場では，津波被害はないものの，天井落下，壁のひび割れ，機械の位置ずれのほかにも，停電による液体ホワイトチョコの凝固が最も大きな損害であった。チョコ溶解タンクでは，ヒーターと攪拌機を常時作動させて液状を維持していたのだが，機能停止のために温度が低下してしまった。その結果，タンク内だけでなく，配管パイプのなかに溜まったチョコまですべて凝固してしまったのである。一旦固まってしまうと，それを溶かすには大きな労力を要することになる。チョコを再び溶解させるのに時間はかかったものの，最終的に解決することができた。また工場整備を行うと同時に，家族を亡くした従業員に対しては「お悔やみ」（慶弔金）を出すことで哀悼の意を示した。

　かもめの玉子の製造再開については，大震災から1か月以上が経過した4月18日までずれ込むことになった。本来，3月中には整備が終わり再開可能な状況であったのだが，原材料の調達の関係で遅れてしまったのである。とくに鶏卵の調達が不足していた。かもめの玉子の製造には生卵が必要不可欠だが，卵については，震災以前よりイセ食品（宮城県）という養鶏企業から購入しており，4月5日には同社から優先納入されることになっていた。供給業者との日頃からの信頼関係が，卵という最重要食品の優先確保につながったという。しかし，主力工場で生産を再開したのは，東京・関東圏で中心的に販売する「ごまたまご」であり，かもめの玉子自体の製造再開は上記日程になってしまった。

　その理由には，卵の納入に関する特有の事情があった。商品によっては黄身・白身ともに卵を使用するので問題はないが，かもめの玉子では黄身しか使用しない。かもめの玉子の「黄身」の部分については，黄味餡を使用するため卵黄のみが必要なのである。イセ食品をはじめとする養鶏場からは，卵黄だけの納入は困難であると告げられた。なぜなら，同養鶏場の取引先である仙台市や名取市の笹かま工場が生産停止していて，卵白を必要としない状況が続いていたからである。笹かま工場が再開されて，卵白需要が発生すると，さいとう製菓への卵黄納入が可能になる。鶏卵製造業の視点に立てば，笹かま工場とさいとう製菓の同時再開が必要になっていた。笹かま工場，またはかもめの玉子

のどちらか一方の再開では，養鶏場にとって多くの廃棄部分を発生させてしまうのである。

　しかし4月18日に事業を再開しても，さいとう製菓の商品の売れ行きは不調であった。同社の得意先の1割程度が被災していたことに加えて，新幹線を始めとする県を越えた移動に制限が生じていたからである。つまり，ヒト・モノ・カネが移動しないために，土産品としての需要が極端に落ち込んでしまったのである[9]。東北新幹線が4月29日に再開して，ヒトの移動が活発化した結果，急速に売上高が伸びて「V字回復」を達成することになる。なお売れ行き不調な時期には，工場勤務の従業員25名に対する一時退職を実施せざるを得なかったが，V字回復を遂げたので，1か月も経たないうちに職場復帰を指示したのであった。また販社の鴎の玉子の従業員については，給料を支給継続しつつ休職という対応を取った。大震災後の止むを得ない対応だったのであるが，その責任を取って役員や幹部の報酬も削減した。齊藤会長（当時の社長）は40％カット，専務は30％，部長は20％，課長は10％，係長5％という形で段階を設けて削減した。期間については，役員は9か月，部長以下の幹部は5か月間に及んで行われたという。

　大船渡市では約1,600社が被災し，ほとんどの経営者は「すべてが終わった」と感じ，再開できるとは誰も考えていなかった。どこを見ても，ビジネスを行えるような状況ではなかったからである。また，齊藤会長が，いち早く事業を再開しなければならないと考えたきっかけは，個人顧客から1日30〜50通ほどの見舞いと激励の便りが届いたことにある。なかには見舞金や支援物資が送られてくることもあり，大きな心配と励ましを受けたのであった。齊藤会長としては，多くの顧客に支えられて事業をしていることを強く感じ，彼らの期待に応えるためにも営業の再開を固く決意したという。さいとう製菓が早期に再開したことで，他の地域企業も同社に追随しようという気概が生まれた。さいとう製菓は，大船渡市における被災地企業再開の先導役も果たしたのである。

　また，被災地復興の先導役としては，さいとう製菓はマスコミの取材も積極的に受けたのであった。震災後には，報道各社による取材申し込みが殺到していたが，本来なら，自社の復旧・再建作業に忙殺されているなかで取材を受け

ている余裕など全くない。それにも関わらず，さいとう製菓は，まず NHK の取材を優先的に受けた後に，TBS，フジテレビ，テレビ朝日などの主要民放各社，さらに新聞各社からの取材を受け入れたのである。このような活動は同社の広報活動にもなるが，それ以上に，大船渡市の惨状を全国に知らしめられると齊藤会長は考えたのである。そして，実際に大船渡市地域の注目度を高めて支援を厚くすることにも，一部ではあるが貢献できたのだという。

③　復旧・復興過程における取り組み

　さいとう製菓は，地域社会の復旧・復興にも積極的に取り組むことになる。例えば，9月第4土日の2日間で工場まつりを開催してきたが，これは例年4,000 から 5,000 名ほどの地域住民が参加する一大イベントとなっていた。大震災が発生した 2011 年においても，齊藤会長は工場まつりの開催を決定したのであった。「自粛すべき」という意見もあったが，齊藤会長としては，このような「暗い時期」だからこそ，絶対にやるべきだと考えて，10 月 15 日と 16 日に第8回目の工場まつりの開催に至った。学校の校庭や公園には仮設住宅が建設されているため，地域の子供たちは外での運動や遊ぶことができずにストレスを溜めており，そのことを齊藤会長は不憫に感じていたのであった。工場まつりの開催によって，多くの子供たちがまつりを楽しみ，笑顔を取り戻したようであり，保護者からも同社に対する感謝の言葉が数多く寄せられたという。

　そのほかに，さいとう製菓は，震災前から岩手県の少年団サッカー大会の開催を支援してきた。2011 年には同大会も再開（岩手県内 93 チーム）することになり，開催費用に 350 万円を要したのだが，復興特需もあり同社で費用を全額負担したのであった。さらに震災後に開始した取り組みとして，大船渡市の小学校高学年生徒が参加する「平泉子供探検隊」については，毎年継続して生徒全員を中尊寺金色堂に招待しているほか，近年では，岩手県出身の詩人柴田トヨの「『くじけないで』展」を同社主催で開催した。震災後には，このようなイベントの開催・協賛を通して，地域社会の復旧・復興や活性化にも貢献している。

　また齊藤会長は，「大船渡・海を愛する会」（以下，愛する会）という団体で

長年にわたってボランティア活動をしてきた。1986 年に設立されてから，大船渡市と自然保護を主題としてボランティア活動を実施しており，震災後には地域社会全体の盛り上げに向けて復興イベントなどを企画・実行した。その最も大きなイベントが，2012 年 8 月 2 日に豪華客船「飛鳥Ⅱ」の大船渡市への来航にともない，歓迎の意味も兼ねて開催された復興芸能大会であった。しかし愛する会の構成メンバーのほとんどが被災しており，また大船渡市における多数の犠牲者を考慮すると，祭りのような「浮かれた」取り組みをすべきではないとする意見も多数生じていた。それでも齊藤会長にしてみると，地域社会を元気にする取り組みが必要であり，開催できるイベントを再開・実行することが，被災者へ勇気と元気を与えることになると考えたのである。

　齊藤会長は，この祭りを再開したことで，地域の被災者の人びとに元気を与えられたと考えている。震災前から開催していた取り組みの復活を通して，地域住民が「大船渡はまだ大丈夫だ」という気持ちになってくれたと感じている。メンバー各自が，悲しみを乗り越えて大船渡のために取り組んだのである。愛する会の参加メンバーは，単純にボランティア活動に従事するだけでなく，会費という形で資金を拠出する必要もある。また，活動に際しての「知恵」も出すと同時に，その知恵を実現するために汗もかかなければならない。「カネを出す，知恵を出す，汗をかく」という三拍子揃った「スーパー・ボランティア」なのである。愛する会は，設立 36 周年（2022 年時点）を迎えるが，一般的に労力奉仕の関係からボランティア活動は 10 年が限界であるとされている。それにも関わらず，メンバー全員の大船渡市に対する思いと責任意識の強さが，長期的な活動を可能にしている。

　なお，齊藤会長に対しては，かもめの玉子約 30 万個の無料配布の取り組みを中心に，大船渡市への復興活動が高く評価されることになる。実際に岩手日報社から表彰されたほかにも，毎日新聞社から「毎日経済人賞特別賞」を受賞した。毎日経済人賞は，「優れた経営手腕で経済界に新風を吹き込み，社会的，文化的な活動を通じて国民生活の発展に貢献した経営者をたたえるもの」であり，大手企業の経営者を中心に毎年受賞者が選定されている（毎日新聞社 HP）。特別賞は極めて高い実績を上げた経済人を表彰するものであり，過去の受賞者

は本田宗一郎（本田技研工業）と鳥井信治郎（サントリー）のみであり，齊藤会長が 3 人目となっている。震災後のさいとう製菓，齊藤会長の取り組みは，大船渡市の復興に大きく貢献する特筆すべき活動だったと考えられるのである。

（3）齊藤会長のリーダーシップと先代経営者からの事業承継

　このようにさいとう製菓は，東日本大震災以降には，大船渡市の復旧・復興に対して向き合い多大な貢献をしてきた。これらの取り組みは，齊藤会長が強いリーダーシップを発揮して，企業を率いてきたことの成果である。さいとう製菓が CSR を果たすことができたのには，齊藤会長による地域社会への理念に基づくリーダーシップ（SR リーダーシップ）の発揮に求められよう。つまり，地域社会を思い，従業員や地域社会のために行動する特性が見られたのであり，そのようなリーダーシップには同氏の父親である俊雄前社長の理念や姿勢が反映されていると考えられる。以下では，当時の逸話を引き合いに出しながら，齊藤会長において，先代経営者の SR リーダーシップが引き継がれていることを見ていく。

　俊雄前社長は，菓子職人ではなく本職は溶接職人であったが，戦後に家業の菓子屋を立て直すためにさいとう製菓の経営を承継した。ちなみに，勤務していた鉄工所の社長からは「あなたの父親の溶接技術は日本一」とさえ言われるほどであり，職人としての技術は高かったという。チリ地震津波の際には，さいとう製菓の経営者でもある一方で，行政連絡員や商店街会長の役割を担い大船渡市の復旧・復興に懸命に取り組んだ。例えば，全国からの見舞金を受けつけて各商店に配布するなど，さいとう製菓それ自体よりも地域全体の復旧・復興に尽力したのである。その反面，肝心のさいとう製菓それ自体の再建は全く手つかずのままであったという。俊雄前社長は，それほどまでに地域社会のことを優先させる姿勢を有していたのである。

　当時，齊藤会長は，中学校を卒業して警察官になることを志し盛岡市の警察学校に入学していた。チリ地震津波による被害の報告を受け，5 月に一時帰宅したところ，家業の復旧・復興がまったくの未着手状態であることを目の当たりにして愕然としたという。それゆえ，7 月まで滞在（2 か月以上）して全壊し

た菓子店と自宅の片づけや再建に取り組んだのであった。齊藤会長が２か月以上に及んで大船渡市に帰宅している間に，実は盛岡市の警察学校から教官が２回も迎えに来たのだという。その時に偶然にも対応したのは，俊雄前社長であり，後に聞いたところでは，教官に対して「息子を警察官にさせない」と言って門前払いにして，彼らを盛岡市へと帰したそうだった。

　齊藤会長としても，当時のさいとう製菓は零細な菓子店に過ぎず，自身が力を発揮しなければ再建は困難だと考え，盛岡市の警察学校には帰れないと思ったのだという。結果として，家業を承継することになるが，中学生の頃に大福づくりをしたことがある程度で菓子づくり経験がほとんどなく，また商売の「いろは」も分からなかった。それゆえ，菓子づくりについて学ぶことを必死になって取り組んだという。また製菓業として，資金力も技術力も不十分であったが，俊雄前社長の機械技術によってその弱みを補うことができた。工場におけるベルトコンベアを始めとして，あらゆるものを手作りで製作したからである。このこともあり大船渡市の地域企業のなかでも，さいとう製菓では機械化が最も進展した。当時は工作機械メーカーとの取引関係も少なかったことから，自前で造らざるを得なかったのであり，それを製作できたことが，さいとう製菓の強みの１つになっていた。

　齊藤会長は，父親の意思を受け継ぎ，企業を守ることに積極的に取り組んだ。承継した初期においては，岩手県の碁石海岸にある漁港の漁船船主や漁師を対象として，菓子を販売することに成功した。しかも，彼らは現金払いで商品購入してくれたことから，販路の重要性，すなわち「販売無くして企業の存在なし」を実感したのだという。齊藤会長にとって，菓子製造業は良いビジネスだと感じている。人間は，いつでも美味しいものを食べたい欲求があり，それを事業で満たせることは大きなやりがいにつながるからである。

　かもめの玉子は，暗中模索のなかで誕生した「あんこが命」の製品であり，卵，コンデンスミルク，豆が三位一体になって生まれる味なのである。現在のかもめの玉子の味を目指して，試行錯誤を経てできた配分が，一升枡の容量に黄身３つ，そこにコンデンスミルクと豆を入れる配合であった。このような配合により絶妙な味わいを出して以降，かもめの玉子は消費者から受け入れられ

る人気商品となった。さらにホワイトチョコを採用したところ，その人気は爆発的に広がった。「美味しい商品」をつくれば，消費者は自然と購入してくれるのだと実感したという。しかし，当初はすべて手作りであったため，顧客に対して十分な量が供給できずにいた。上記の通り，これについては俊雄前社長の自作によって機械化が進み，不足する部分についてはメーカーから購入することで対処して，生産量を増加させて顧客の需要に対応したのであった。

　生産能力が向上したことから，大船渡市だけでなく，宮古，釜石，高田，気仙沼，仙台といった各市に販路を拡大させていった。各地域でチラシを配りながら，あるいは盛岡市や仙台市では川徳や旧丸光などの百貨店において試食宣伝即売会を行った。かもめの玉子の名前と味を，消費者に認知されなければ売れないわけだが，このような取り組みによって知名度も急速に高まっていった。齊藤会長の懸念としては，かもめの玉子のライフサイクルに関するものであり，いつかはピークを過ぎて衰退期や消滅期を迎えることになる。現状では，「さいとう製菓＝かもめの玉子」という構図のため，かもめの玉子の衰退が，さいとう製菓それ自体の存続に大きく影響する可能性がある。それゆえ，かもめの玉子のライフサイクルを伸ばすために，異なるサイズをつくったり，さらに近年では「四季のかもめの玉子」シリーズを発売している。春はいちご，夏はブルーベリー，秋はくり，冬はみかんという設定であり，その人気は年を追うごとに高まっているという。工場の生産性を低下させずに，新たな派生商品を生産して，定番商品の売上を高めることに取り組んでいるのである。

　また，2020 年以降のコロナ禍における需要開拓も重要になってくる。巣篭り需要が高まるなかで，個人消費に対応する必要性が生じている。通常，かもめの玉子は 12 個入りだが，現在では，2 個入り，あるいは 3 個入りの商品を開発して個人向けに提供している。現在のさいとう製菓の経営陣は，環境変化に適応できる能力を有しているので，齊藤会長にとっては胸を撫で下ろすことができるという。ちなみに，2015 年に長男の俊満氏へと経営者交代をして事業承継が行われている。齊藤会長は，その人間性について「性格は温厚であり，人間的には真面目だし，整理整頓もできるし，非の打ちどころがない」と述べて評価している。しかし同時に企業経営では，部下に自身の話を聞かせて，実

行させる能力が求められることになる。ある意味では，部下に対しても「厳しさ」が必要になるのであり，俊満氏がそのような能力を身に付けることを期待しているという。

（4）さいとう製菓の事例のまとめ

　さいとう製菓は大船渡市の地域企業として発展し，その過程において地域社会に対して社会的責任を積極的に果たしてきた。平時では，2004年開始の工場まつり，海を愛する会などのボランティア活動から，地域活性化に対して積極的な取り組みが見られている。そして，東日本大震災下では，さいとう製菓はより特筆すべき社会的な役割を果たすことになる。

　大震災直後のさいとう製菓の特筆すべき取り組みは，かもめの玉子約30万個を避難所に配布したことに象徴される。この取り組みによって，被災者の肉体的・精神的な健康を支えることに貢献したのであった。また，早期の事業再開を通して，大船渡市の地域産業の復興への旗振り役になったことも見て取れたし，事業所の再建で多忙を極めるなかでも，報道各社からの取材に応じることで地域の惨状を知らしめる取り組みも行われた。さらに，震災後には大船渡市民の「心」の復興にも取り組むことになる。その活動の一環が，2011年秋の工場まつりの開催，そして2012年の愛する会による復興芸能大会の開催であった。なお齊藤会長の震災後の地域貢献に対する取り組みは，毎日経済人賞特別賞を受賞するほどの特筆すべき取り組みであった。その後，さいとう製菓では，生産体制を拡充して同社商品の拡販に取り組んできたのであり，これの達成によって，地域社会における雇用維持・拡大を通して復興と地域活性化を図らんとしている。

　このようなさいとう製菓のCSR活動は，まさに齊藤会長の地域社会に対する理念とリーダーシップを強く反映するものであった。同氏は，自身の父親である俊雄前社長の仕事に対する姿勢や取り組みを見てきたのである。チリ地震津波被害の時の対応にも見られたように，その根本には，自社よりも地域社会の復興を優先させる利他的な姿勢があり，齊藤会長の取り組みもまさにそのような特徴を有している。俊雄前社長は職人として技術に精通し，また地域社会

の再建の旗振り役を担う優れた経営者であり，青年期の齊藤会長にとって，そのことが目に焼き付いていたことであろう。そのような意味から，俊雄前社長におけるSRリーダーシップが，極めて自然に齊藤会長へと承継されたと考えられるのである。現在，俊満氏へと経営者交代が行われたが，様々な舵取りが容易ではない世の中で，新たなさいとう製菓としての展開が，地域社会に対する社会的責任を果たし続けていくだろう。

4── 本章のまとめ

　本章では，巓々温泉とさいとう製菓のCSRに対する取り組み事例について検討してきた。巓々温泉は川崎町における秘湯の一軒宿でありながらも，地域社会や宿泊業界の維持・発展のために様々な取り組みをしてきた。大震災では直接的な被害を受けなかったが，小竹浜という被災地への温泉提供をしたり，宿泊客が来ないなかで従業員の雇用維持にも取り組んだ。火口周辺警報の際には，宮城県知事に働きかけるとともに，竹内社長が全面に出て蔵王地域の風評被害の払拭に尽力し，また近年では，蔵王の自然を守るサステナビリティの実現に向けた活動が見られる。巓々温泉は，中小規模の旅館ゆえに竹内社長の意思決定や行動，すなわちそのリーダーシップに強く依存することになる。また，彼のリーダーシップには，直也氏や建一郎前社長といった先々代，先代経営者の価値観が反映されていることを見て取れた。ここでのポイントは，竹内社長が全面的に彼らの価値観を受け入れるのではなく，良い点と悪い点を取捨選択しながら，現在の巓々温泉，そして地域社会，温泉業界などを考慮して取り入れていることにある。しかし，同社における歴代の経営者間での共通点は，地域と業界が良くならなければ旅館自体も改善されないというものである。そのことが根底にあって，竹内社長が地域社会の維持・発展を重視するSRリーダーシップを発揮できているのである。

　ついで，さいとう製菓はかもめの玉子の製造・販売を主要事業とする地域企業であり，同商品は東北地方の代表的な土産品の1つになっている。同社は大船渡市を代表する企業の1つであり，大震災下では，大船渡市や陸前高田市な

どを中心に，避難所にかもめの玉子を30万個無償配布したことで知られている。その後も，工場まつりを含めた地域活性化について取り組むほかに，大船渡市地域の企業再建の旗振り役として多額の投資をして，工場修復・建設やかもめテラス開設などの再建に取り組んできた。そして，このような取り組みの背景には，俊雄前社長による地域社会への使命感が存在した。俊雄前社長は，チリ地震津波の際には自社の復旧よりも大船渡市の商工業復興を優先させたり，菓子づくりの機械化を進めるなど地域社会と産業の先導役をつねに担ってきた。それほどまでに，さいとう製菓それ自体と地域社会の発展を両立（とくに後者を重視）して考える思考を持ち，行動していたのである。大震災後の齊藤会長の取り組みは，子細な点は異なるかもしれないが，根本はこの原理に基づいて行動していた。すなわち，俊雄前社長から齊藤会長へとSRリーダーシップが承継されたことで，同社が社会的責任を果たし続けられているのである。

　このように本章では，前章に引き続いて地域企業のCSRとSRリーダーシップの承継に関する事例として，峩々温泉とさいとう製菓を検討してきた。両社ともに，有事と平時とを問わず暗黙的CSRに基づく社会的責任を積極的に果たしている。そのCSRは事業との関連性が高いものであり，そこには企業と地域社会が共生・共存関係にあることが見て取れる。峩々温泉やさいとう製菓では，先代経営者は地域社会や業界を当該企業よりも重視する姿勢，むしろ自社をないがしろにしてまでも地域ステークホルダーを重視する姿勢が見られた。これに対して，竹内社長や齊藤会長は地域社会を重視しつつも，当該企業の利害と発展も大切にする姿勢で取り組んでおり，先代と若干の差異はあるものの，SRリーダーシップを発揮していることが分かる。根源的には地域課題を解決しようとするSRリーダーシップが，先代から現経営者へと承継されているのである。

【注】
1）峩々温泉の概要，東日本大震災および蔵王山火口周辺警報下の企業行動については，矢口・折橋（2017b）のうちで，矢口執筆担当分を大幅に加筆修正している。また，それ以外の項目や事業承継などに関して，とくに注記がない場合には，峩々温泉代表取締役の竹内宏之氏へのヒアリング調査に基づいている（実施日：2022

年 9 月 29 日）。

2 ）宿泊業では，金・土・祝日前日や大型連休時に宿泊料金が大幅に上昇することは一般的に知られている。筆者の知り得る限り，平日と混雑時の価格差を定量的に明らかにした調査・研究は存在しないが，大型連休のような混雑時には，通常時の 1.5 倍以上の価格を設定する宿泊施設が多いことは周知の通りである。

3 ）竹内社長によると，豚熱（豚コレラ）が 2020 年頃から流行し始めており，蔵王地域ではイノシシの数が激減しているという。それでも一時的な可能性が高く，今後，豚熱が沈静化すれば再び頭数が増加に転じると考えられるという。

4 ）ジビエとは「狩猟で得た天然の野生鳥獣の食肉を意味する言葉（フランス語）」であり，ヨーロッパでは，貴族の伝統料理から発展した食文化として知られている（日本ジビエ振興協会 HP）。

5 ）ISO 22000 は，食品安全マネジメント・システムの国際規格である。その概要は，HACCP の食品衛生管理手法の内容をすべて含み，それに基づいて食品安全のリスクを低減し，安全なフード・サプライチェーン展開の実現を目的としている（日本品質保証協会 HP）。なお，HACCP（Hazard Analysis and Critical Control Point,ハサップ）とは，食品製造企業が，食中毒や異物混入などの「危害要因（ハザード）」を把握して，原材料の仕入れ，製造，出荷に至るすべての工程において，危害要因を除去または低減させる工程管理のことを指している（厚生労働省 HP）。

6 ）以下では，とくに注記がない場合には，主として齊藤俊明会長へのヒアリング（実施日：2022 年 4 月 11 日）に基づいている。

7 ）それでも未曽有の大地震に直面して，従業員全員が動揺し，右往左往して必要物品を持ち出せず，着の身着のままで避難するのが精一杯であったという。

8 ）このような菓子を配布する取り組みについては，宮城県でも株式会社菓匠三全が，同社の銘菓「萩の月」約 20 万個を無償配布したことで知られている。しかし，さいとう製菓とは異なり，菓匠三全は津波被害をほとんど受けておらず，またこのような配布も経営者主導というよりは，現場担当者からの発案によって行われている点で質的な違いが見られる（代表取締役会長の田中裕人氏による 2022 年度 TG 地塩会交流会での講演に基づいている（開催日：2022 年 10 月 25 日））。

9 ）新型コロナウィルスのパンデミックにおいても，数度にわたって緊急事態宣言が発出された。その時も人々の移動が制限されることになり，かもめの玉子の売上高が大きく落ち込んだ。つまり，さいとう製菓では，震災後とコロナ禍という売れ行き不調を 2 回経験している。

第6章 地域企業の社会的責任（3）

—サイト工業の事例と，SR リーダーシップに基づく各社の事例考察のまとめ—

【第6章の要約】

　本章では，地域企業の CSR と SR リーダーシップ承継として，サイト工業の事例を最後に検討することで，5社の事例に基づいて，その特徴をまとめるとともに，第3章で示した枠組みの修正・精緻化を試みた。まず，サイト工業は，地域の建設業として，主として大手ゼネコンとの信頼関係に基づき事業を実施してきた。東日本大震災後には，公共施設やインフラ復旧だけでなく，津波被災地の瓦礫撤去に取り組んだことに加えて，コロナ禍では NPO と連携して CSR を果たしてきた。その企業行動には，齋藤社長のリーダーシップが強く見て取れたが，そこには富衛元社長や元前社長の影響を端的に見ることができた。

　その後，これまで見てきた5社の CSR 行動の特質について，経営環境（有事・平時），CSR 行動，事業関連性，CSR の特質，経営者のリーダーシップの観点から整理をした。平時の CSR では事業関連性が低くなるのに対して，有事では高くなる傾向が見られた。それは地域社会との共生に根差す行為（暗黙的 CSR）として実践され，そこには経営者のリーダーシップが存在していた。ついで，各企業の経営者の価値観や SR リーダーシップを見ることで，その承継の状況について確認した。現経営者には，先々代や先代経営者から理念や価値観が，程度の違いこそあれ承継されている。全面承継，一部承継，先々代・先代の折衷承継といった複数のパターンが見られたことを踏まえて，第3章で示された承継の試論に修正を加えて，枠組みの精緻化を図った。

1 —— 本章の目的

　第4章と第5章では，阿部長商店，イシイ，戔々温泉，さいとう製菓という地域企業の CSR と経営者のリーダーシップ，および SR リーダーシップの承継について検討してきた。本章では，最後にサイト工業という仙台市の地域建設業の CSR への取り組みを見たうえで，これら5社の社会的責任行動と経営者リーダーシップに関して，その特徴をまとめる。サイト工業については，これまでの阿部長商店やイシイなどと同様のアプローチで検討していき，同社の CSR と SR リーダーシップの承継に焦点を当てる。サイト工業においても，各社と同様の特徴が見受けられるであろう。

　そして，これら5社の事例を踏まえて具体的な考察へと進める。そこでは，まず各社の CSR の特徴について，有事と平時の差異，事業関連性の有無，CSR の特徴（明示的か，または暗黙的か），経営者リーダーシップの存在の観点から分類していく。このように整理することで，地域企業の CSR 特性が一目瞭然に示され，共通点や差異といった特質を浮き彫りにすることが可能になる。ここから地域企業の CSR は，暗黙的 CSR に根差した事業関連性の高い活動であり，経営者の関与（リーダーシップ）が存在していることを見て取れるであろう。その後，各企業の経営者の価値観や SR リーダーシップの世代間の特性を見ることで，それがどのように現経営者に承継されているかをまとめる。各世代の経営者の特徴について，理念・価値観として企業永続，従業員，地域社会，CSR それ自体の認識という4つの視点から整理して，比較することで，現経営者への承継の状況を確認する。結論の先取りになるが，現経営者の SR リーダーシップは先代経営者のそれを全面的に承継すると考えていたが，そのパターンには複数の形態の存在を確認することができる。先々代・先代経営者の価値観を現経営者は取り入れつつ発展させているのであり，「発展的承継」ともいえる事象を見て取れよう。

　このことを踏まえて，第3章で示された SR リーダーシップの承継に関する試論を修正・精緻化していく。また中小企業への社会的正当性の付与について

は，地域ステークホルダーをして，その暗黙的 CSR への認識・評価の把握が課題になることを提示する。このような考察を通して，中小企業，CSR，事業承継，経営者リーダーシップとの関係性から，5 社を検討した意味が明確に示されるであろう。

2── 地域建設業としてのサイト工業の役割と社会的責任

（1）サイト工業の概要[1]

　サイト工業株式会社（以下，サイト工業，本社：仙台市若林区卸町 2-6-11，代表取締役：齋藤法幸氏，以下，齋藤社長）は，宮城県仙台市に根差して事業展開をする地域の総合建設企業である（写真 6 - 1）。その企業名の「サイト」は"SiGHT"（先見）に由来しており，"S" は "Sun"（輝く太陽のように燃え），"i" は "Intelligence"（知性を高め），"G" は "Green"（自然），"H" は "Human"（人間を大切にする），最後に "T" は "Technology"（高度な技術集団を目指す）をそれぞれ意味する。つまり，輝く太陽のように燃え，そして知性を高め，人間と自然を大切にする高度な技術集団になることを目指しているのである。従業員数は 53 名（2021 年 3 月時点），資本金 1 億円，売上高は 24 億 5,000 万円（2020 年度）であるため，同社は仙台市の中小建設業ということになる。本社のほかに，福島市の福島支社，2 か所の機材センター（仙台市青葉区芋沢，福島市荒井）があるほかに，関連会社として不動産仲介業の太陽地所株式会社を擁している。

　サイト工業の歴史は企業設立の 1967 年に遡る（図表 6 - 1）。同年に，創業者

写真6－1　サイト工業本社

写真6－2　はぐくみの木の家

出所：サイト工業より提供（以下，すべて）。

1967 年	創業者齋藤富衞氏が角田組として個人創業
1972 年	法人化して株式会社角田組を設立
1975 年	福島営業所設立（1994 年に福島支店へ改称）
1976 年	仙台市宮城野区小田原に本社屋建設
1991 年	齋藤元氏が 2 代目社長に就任
1993 年	サイト工業株式会社に社名変更
2004 年	特定建設業として国土交通大臣の許可取得
2014 年	仙台市若林区卸町に本社移転
2017 年	齋藤法幸氏が 3 代目社長に就任
2021 年	法人設立 50 周年

図表6-1 サイト工業の歴史年表

出所：サイト工業提供資料，2021, p.44 を加筆修正。

の齋藤富衞氏（以下，富衞元社長）が角田組として個人企業を創業し，1972 年に法人化して株式会社角田組を設立する。1975 年には福島営業所（1994 年に福島支店に改称）を設立し事業エリアを拡大するとともに，1976 年には本社屋を仙台市宮城野区小田原に建設することになった。1991 年には齋藤元氏（元前社長）が代表取締役に就任して，経営者の世代交代が行われた。その後，2004 年には特定建設業として国土交通大臣からの許可を得ることができている。つまり零細建設業ではなく，請負工事を完成まで手掛ける総合建設業へと規模と業容を拡大したのであった。そして，東日本大震災を経た 2014 年には本社屋を仙台市若林区卸町に移転し，2017 年には 3 代目となる齋藤社長が代表取締役に就任することになる。2021 年には創業から 55 周年（法人設立から 50 年）を迎えることになり，同社は地域の建設業として，仙台市を中心に新規建設やメンテナンス作業などで大きな役割を担っている。

　サイト工業の営業内容は，大きく躯体工事，建築工事，土木工事の 3 つに分けられる。まず，躯体とは建物の構造体のことであり，躯体工事には仮設足場，土工事，コンクリート工事や鉄筋・型枠工事がそれぞれ該当してくる。つまり建物や施設をつくる際の基盤・土台を構築する事業である。ついで，建築工事では，公共施設をはじめ，病院，住宅など様々な施設を建築してきた実績を有している。とくに住宅については「はぐくみの木の家」ブランドを展開し，木

材を基調とした住宅建築と販売という B to C 事業も展開している（写真6‐2）。最後に，土木工事では，道路工事，公園整備工事，墓園整備工事，河川工事など多岐にわたっている。

（2）サイト工業の事業特性

①　サイト工業の強み

　サイト工業の経営的特徴について「強み」という視点から見ていこう。同社では，キャリアパスを明確にした人材育成の仕組みをつくっている。とくに技術職では，入社後に社外研修が行われた後に OJT による現場研修が3〜4か月程度行われる。そして，現場経験と自己学習を通して，従業員は，3年から5年を目途に一級土木施工管理技士や一級建築施工管理技士などの資格取得を目指すことになる。さらに5年から20年の現場経験を積んで，工事長（現場代理人）という現場責任者を経て，管理ゼネラリストとして事業部（課）長，または技術スペシャリストとして工事部（課）長へとキャリアを進めることになる。同社は中小企業ながらも，従業員が成長することのできるキャリアパスを設定して，長期的な観点から人材育成を図っている。

　その他としては，まず，創業55年の実績があるからこそ，確固たる信頼関係を構築している取引先が数多くあることをあげられる。それゆえ，災害を始めとする有事の局面においても，取引先との強固な協力関係に基づいて事業を円滑に展開できる。このステークホルダーとの関係性によって，顧客や地域社会に対する責任を果たすことが可能になる。ついで，同社には，有資格者や直営技能工を数多く擁しているゆえの施工能力の高さがある。53名の従業員のなかで代表的な国家資格を保有する人数は，一級建築施工管理技士11名，一級土木施工管理技士8名，一級造園施工管理技士1名，二級建築士4名となっており，多くの高水準の技術者が所属している[2]。そして，サイト工業では，安全に対する考えが確立しているために，建設に際しての事故・災害の発生件数が減少傾向にある。ISO9001 という品質管理の国際規格を2001年3月に認証取得したことで，工事の品質管理活動も展開しており，顧客への信頼感や安心感の醸成を図っている。

　建設業界全体として担い手不足が大きな課題の1つになっているが，サイト工業は，そのために従業員の資格取得とスキルアップをサポートする人事管理体制の構築によって人材確保と人材育成に取り組んでいる。例えば，入社1年目の従業員のOJT（職務を通した訓練・育成）では，年齢の近い先輩と現場をともにさせることで，社内の人間関係形成が円滑に進むよう支援している。また資格取得者に対しては，資格手当（例えば，一級建築・土木施工管理技士に対して18,000円）を支給することで待遇面の改善も図っている。担い手が不足しているなかで，良好な人間関係の構築や，努力への対価を惜しみなく提供することで労働環境を改善・向上させている。

　また全国的に建築物やインフラの老朽化が進んでいるが，その進行を単に待つのではなく，定期的な建物調査の実施によってメンテナンス工事を施主に提案している。老朽化が深刻化して，事故や過大コストが発生するまえに事前提案を行い，事故防止とコスト最小化の観点から顧客利益の最大化を図っているのである。インフラに関しては，自治体と連携し，道路維持管理に関する工事の実施のほかに震災復旧や老朽化による道路修繕などにも対応している。建設業界をめぐる課題に対して，同社は果敢に対応してその役割と責任を果たしてきた。

②　サイト工業の事業特性について[3]

　サイト工業は，その事業の特性（営業内容）に基づいて，躯体事業部，建築事業部，土木事業部，住宅事業部という4つの事業部を設置している。まず，躯体事業部は，同社の主力部門であり，上記の通り建築物の躯体（基礎，柱，梁（はり）など）という根幹を担う重要な部門であり，1970年代より大手ゼネコンから直接に仕事を受注する一次下請として活動するようになっていた。元請企業からの困難な要望に対して，経営者自らが現場で指揮を執り，事業を納期遅れなく完成させてきた経緯があり，とくに間組（現在の安藤・ハザマ）からの信頼が厚く，同社の協力会でもサイト工業が会長職も含めて重要なポジションを占めている。

　ついで建築事業部であるが，これは元請けとして顧客から直接仕事を請け負

い，建物を完成させて納入する部門である。サイト工業の得意分野は鉄筋コンクリート造（以下，RC 造）であるが，同社の躯体工事が RC 造を中心としていたことから，そのノウハウに基づいて展開されていった。民間顧客や公共工事のほかにも，東北電力関連企業との取引関係の強さも特徴的である。電力関連企業は，電力の安定供給と安全性を第一にしているため，施工企業に対してもそのことを最優先事項として要求する。電力会社からの発注は，選抜された施工企業のみが対応できる仕事なのであり，サイト工業は東北電力からも認められる技術力と信用を有している。齋藤社長によると，躯体事業部にせよ，建築事業部にせよ，つねに「お客様からの信頼に応え」ることを使命として取り組んできたという。そして土木事業部も元請けを主とする事業部門であり，その初期（1970 年代後半）には仙台駅東口の道路側側溝工事や宮城県沖地震のインフラ復旧工事などを手がけてきた。近年では，大手ゼネコンとジョイント・ベンチャー（共同企業体）を形成して，頻発する集中豪雨や台風などの際に洪水を避けるための「大型の雨水幹線」の新設工事を手掛けている。自然災害の多発による治水対策，インフラの老朽化にともなう更新も必要になっており，当該事業部の存在感が社会的にも大きくなっている。

　上記の 3 事業部が，会社設立時，あるいは 1970 から 80 年代という初期の段階から展開しているのに対して，住宅事業部は東日本大震災後の 2012 年に設立された。それがはぐくみの木の家であり，東京都の相羽建設との技術提携に基づく木材使用の自然感覚を重視した特徴になっている。事業コンセプトは，①純無垢の国産木材使用，②パッシブデザイン[4] の採用による環境負荷の少ない自然調和型である。このコンセプトを体現し，モデルルームも兼ねているのがサイト工業本社屋であり，野沢正光建築工房が設計を担当して建設され，林野庁が実施する「ウッドデザイン賞」において「2015 ソーシャルデザイン部門」を受賞している（写真 6 - 3）。

　環境負荷の低減に向けて，はぐくみの木の家では，空気集熱式ソーラーシステム（OM ソーラー）による空調方式を採用していることも特徴的である。これは勾配屋根に太陽光集熱パネルを設置し，太陽光という再生可能エネルギーを利用するものである。そのパネルで集めた熱を床下に送り込むことで，床全

写真6－3 サイト工業本社の屋内風景

出所：野沢正光建築工房 HP。

図表6－2 OM ソーラーのイメージ図

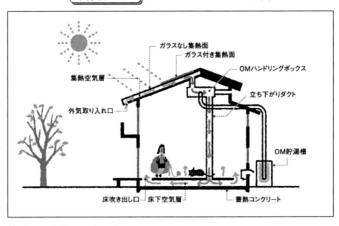

出所：はぐくみの木の家 HP。

体から室内を暖める装置であり，これによって省エネを実現するだけでなく，自然で快適な空間も提供することができている（OM ソーラー，2018，p.4）（図表6－2）。OM ソーラーの導入によって，従来の省エネ住宅に比べて大きく消費電力量を抑えられる。一般的な省エネ基準住宅の年間エネルギー使用量を電力換算すると75.5GJ であるのに対して，OM ソーラーを導入することで，とくに暖房と給湯を中心に28.1GJ を削減できる[5]。はぐくみの木の家では，デザイン性

に加えて環境性能と居住性能を高めた住宅づくりがなされている。

（3）サイト工業の社会貢献・CSR に関する取り組み

① 経営理念と CSR に対する基本姿勢

　サイト工業の経営理念は，「建設業を通じ，お客様に夢と感動を与える経営
に努め，志高い社員の幸福を実現し，そして取引先の益々の発展を願い，地域
社会に貢献する」というものである。同社の存在意義は，建設業という本業を
通して，まずは何よりも顧客の夢や要望に応える。そのうえで，従業員の幸福
を物質・精神的の両側面から実現すること，つまり「ディーセント・ワーク」
（Decent Work）を確立していくことである[6]。また，同社では企業使命（ミッ
ション）について，「『未来につながる希望ある社会の実現』という人々の願い
に，研ぎ澄まされた技術力を以て応え」ると定めている。ミッションは経営理
念と同一内容で扱われることもあるが，同社では別個に示しており，企業とし
て果たすべき社会的責任に関する基本姿勢を示している。ここから，経営理念
の実現に向けて，建設業として技術力を核にして取り組もうとしており，日々
の社会的責任は建設業としてのコア・コンピタンス（中核能力）を確立するこ
とにある。なお齋藤社長によると，普段から「お世話になっている取引先，従
業員，地域の方々に感謝し，貢献すること」こそが重要なのだという。

　このように顧客や従業員などを含む「社会」への責任を端的に見て取れるが，
サイト工業は環境問題へも積極的に取り組んでいる。同社では，「みちのく環
境管理規格」という環境マネジメント・システム（Environment Management
System，以下，EMS）を認証取得している。EMS 規格としては ISO14001 が最
も影響力の大きいものであるが，手続きの煩雑さやコスト負担から，中小企
業の場合にはその認証取得が難しい。みちのく環境管理規格は，ISO14001 の
EMS を基本にしつつ「費用や人的・時間的負担の少ない，平易で取り組みや
すいシステム」ながらも，客観的な審査や評価体制が行われ，その認証には高
い信頼性がある。同規格を認証すると，宮城県の建設工事入札でも加点される
ことになり，建設業としては環境課題解決と入札の有利化を同時に達成できる
（宮城県 HP）。なお同社は，環境基本理念を「地球環境問題を人類永遠の課題と

捉え，全社員一丸となり，環境負荷の低減，環境保全の実現」と設定し，具体
的な方針として，①省資源，②省エネルギー，③廃棄物の削減及びリサイクル
の推進，④グリーン購入推進の４つをあげている（サイト工業 HP）。地域の中
小企業として，EMS に基づいて環境問題に取り組んでいるのである。

② CSR の実践状況

　サイト工業は，地域企業として積極的に社会的責任，とくに社会貢献を果た
してきた。同社の事業非関連型 CSR としては，本社近くの卸町地区と広瀬川
の清掃活動の定期的実施や献血活動への協力などがある。また，近年では齋藤
社長が課外授業（キャリアセミナー）の担当者として鹿島台商業高校，石巻高校，
仙台東高校などの生徒を対象にして，「教科書の無い人生のなかで所得をいか
に得ていくのか」という内容で，キャリアや建設業の役割などに関する講義を
行っている。齋藤社長によると，この取り組みは予想以上に評価が高く，若い
生徒との価値観を共有できるほか，学校との関係構築にも有利であると考えて
継続しているという。

　有事に際してもサイト工業は社会的責任を果たしてきた。東日本大震災の発
生時には，齋藤社長は社内で業務に従事しており，揺れが収まってから従業員
とともに屋外に避難した。その後，従業員の安否確認に奔走し，ショートメー
ルを用いて確認作業が行われた。一時的に，亘理町から通勤する従業員との連
絡が取れなかったが，最終的には従業員全員の無事を確認できたという。また
大震災直後の復旧活動では，同社は応急修繕担当班と給油担当班に分かれて対
応を行った。前者は市内を調査して被災規模の大きい住宅や建物に対して優先
的に応急処置を行い，後者は応急修繕活動を可能にするための燃料確保に取り
組んだ。

　公共工事関連では，仙台市宮城野区役所から応援要請があり公共施設やイン
フラの応急処置に取り組んだ。そのほかサイト工業の民間顧客からも，「電気
温水器が倒れた」だとか，「ALC（軽量気泡コンクリート建材）パネル外壁が損
傷したことで，アスベスト飛散が懸念される」などの声が寄せられ，その応急
処置活動に追われることになった。民間顧客については，同時に全員の要望に

応じるのが困難だったので，緊急度の観点から優先順位を設けて対応した。すべての顧客を一軒ずつ巡回しながら写真で損傷具合を記録し，その場で応急処置できない顧客には，損傷個所をブルーシートで覆った後に，「必ず戻ってきて対応をするから大丈夫」と告げて彼らの不安感を払拭することに努めた。その一方で，従業員は家族を心配して自宅に戻りたい気持ちが強いと考え，大震災翌日を休業日に設定して，自宅の修繕・片づけなどに振り向けてもらうことにした。なお，3月12日に出勤が可能な従業員に対しては，休日出勤扱いにして対応することを告げ，彼らとともに引き続き緊急時対応に取り組んだ。この取り組みの結果として，大震災発生から2か月後には同社顧客の建物の復旧をほぼ完成させることができたという。

　しかし，被災沿岸地区では瓦礫撤去が全く進んでいなかったことから，仙台市建設業協会が中心となり，同協会に加盟する約80社で範囲を割り当てて，その撤去活動を行うことになった。瓦礫撤去にあたっては，被災者の遺体，遺品，写真などが残っている可能性が高く，また実際にそのような場面にも遭遇したことから，作業は困難を極めたという。サイト工業としては，地域社会のために逃げない姿勢で瓦礫撤去作業に向き合った。結果として，担当範囲の撤去作業を完遂させることができ，また近隣地域住民からも感謝されたという（サイト工業提供資料，2012）。

　サイト工業は，コロナ禍でもCSRを実践してきた。その顕著な例がNPO法人ケアブレンドと連携した取り組みである。ケアブレンドは，「ケアブレンドカフェ」（以下，カフェ）という，地域住民が自由に参加できる支え合いの場を運営している。しかし，コロナ禍で場所の確保が困難となりカフェを開催できずにおり，NPOの活動ができないでいた[7]。その情報を知った齋藤社長は，本社ショールームを提供する申し出を行ったのである。実際に，2021年5月23日と9月19日の両日において，同社を開催場所としてカフェが開催され，9月19日には地域住民約30名が参加し，第1部：健康講話，第2部：企業講話，第3部：多世代・多職種・多国籍交流が行われた。第1部ではスポーツ・インストラクターが健康体操指導を行い，第2部では齋藤社長が災害時の建設業の役割に関する講話を行った。第3部では，参加者が名刺交換やゲームなどで交

写真6－4 カフェの様子（1）

出所：ケアブレンドHP。

写真6－5 カフェの様子（2）

出所：ケアブレンドHP。

流して親睦を深めることができた（ケアブレンドHP）。このような地域住民間での交流を通して，彼らの抱える課題を解決する活動が行われており，サイト工業はカフェの取り組みを支援することで地域社会の維持・発展に貢献している（写真6－4・6－5）。また，2021年の七夕前夜祭の花火大会では，実行委員会が寄付を募っていたことから，同社も寄付を行った。その仕組みは，実行委員会が販売する消毒液を購入し，購入金額を花火大会へ，消毒液を学校へと寄贈する流れとなっており，同社購入の消毒液は実行委員会を通して大和町小学校に送られることになった。

　なおコロナ禍において，建物内部の換気性能を向上させる技術開発が進んでいる。エアコンは室内の空気を冷媒によって冷却・加温するが，換気には全くなっていないため，エアコンに換気性能を加えたものが全熱交換器という機器である。全熱交換器は高価格であり，一般の家庭には導入がなかなか進んでいない。それゆえサイト工業では，施工費用を圧縮して低価格で顧客に提供するために，メーカーと協議しながらその導入を推進している。全熱交換器の導入が進めば，顧客は安心してコロナ禍でも住宅建築・生活をできるようになり，企業と顧客の双方にとって"win-win"関係を構築できる。これは本業を通した社会貢献であり，企業と顧客の利益を同時に達成するCSV活動に位置づけられる。

③　歴代経営者の理念・価値観とその承継
　サイト工業のCSR実践においては，齋藤社長という経営者の果たす役割が大きい。そのリーダーシップには，サイト工業の先々代や先代経営者が発揮し

たリーダーシップが大きく影響していると考えられる。このことを踏まえて，サイト工業においても，事業承継を通してCSR，ならびにSRリーダーシップがどのように受け継がれてきたのかを検討する。

　初代経営者の富衛元社長は，第2次世界大戦に従軍した後に大手建設業の向井組で下請負ではあったが現場親方を勤めていた[8]。終戦当時には米軍駐留キャンプが仙台市に設置されており，富衛元社長はベースキャンプ設置工事に従事して，片言ながらも英語を用いて米軍から多くの工事受注を受けていたという。彼は焼野原状態であった仙台市の戦災復興に貢献できると考え行動し，実際に建設事業を通して大きな貢献をした。また富衛元社長は豪快な性格であったことに加えて，ダンプを運転し現場で職人とともに汗を流したり，自ら率先して働く姿を示し従業員からも慕われていたという。

　起業してからは，安藤・ハザマの仕事を一筋で請け負い，同社と他のステークホルダーからの信頼も厚かったようである。これに加えて，彼は第2次世界大戦で命の危険に遭遇した経験から，現実を直視して逃げない姿勢を持ち，また従業員のことを戦友・家族と認識して守り続ける姿勢を持っていた（サイト工業，2017，p.11）。当時は治安が悪かったこともあり，暴力団のような反社会的組織が，自宅に押しかけてきて「誰に断って仕事をしているのか」と脅迫されることも度々あったそうだが，富衛元社長はこれに対して身を挺して企業と従業員を守ってきた。自分自身のことよりも，従業員の安全と企業の継続を最優先に考えて行動したのだという。

　元前社長は，富衛元社長とともに大手建設会社の下請けを継続しながらも，顧客と直接取引する元請けを開始し，高度経済成長とも重なりサイト工業を成長軌道に乗せてきた。また元前社長が承継してからは，バブル崩壊やリーマンショックという経済的に厳しい時代を経験しており，そのような状況下で雇用の維持と苦境の打破を通して，企業を存続させてきた（サイト工業，2017，p.15-p.16）。上記ではサイト工業の経営理念を見たが，これは元前社長が1990年代後半に策定したものであり，とくに地域社会に貢献することを全面に盛り込むことになった。実際に同社は，公共事業，すなわち税金から収入を得ており，地域社会のために行動することが責任として求められる。それゆえ，地域

社会における同社の役割を明確化するために経営理念が策定されたのである。

　齋藤社長は，「前例を踏襲するのではなく，創意工夫を積み重ねて，地域に貢献できることを考えるべき」と述べている。震災直後には，齋藤社長は自身と家族よりも，顧客対応と宮城野区からの要望を優先させて取り組んできた。災害時に地域社会を優先させるか，それとも自己の利害を優先させるかは経営者本人の性格を如実に反映する。例えば，大震災後において，地域に貢献する企業がある一方で，便乗値上げをする企業も散見された。顧客に支払いを求めるのは当然の行為だが，有事にも関わらず値上げをする企業のことを心苦しく見ていた。齋藤社長は，大震災下で日本全体が沈没するのではないかという不安の中で，誰よりも積極的に行動して「地域社会と企業の復興」に貢献しようと取り組んだのである。また，彼はその活動を定着させる努力をしており，地域企業として一貫した取り組みを実現させている。一過性ではなく，継続して実行することが大切だと認識している。さらに他者からの評価を目的にしてCSRに取り組むのではなく，地域企業として，地域社会によって生かされているからこそ，果たすべき当然の行為であるとも主張している。

　このようにサイト工業は，地域の建設業として，当該企業のみならず地域社会の発展を重視する経営姿勢を有している。そこには，地域社会との共生意識や価値観に基づく齋藤社長のリーダーシップが顕著に見られる。また，そのような当該企業の持続可能性と地域社会の発展という同時遂行の思考は，先々代の富衛元社長，先代の元前社長の経営姿勢なのであるが，企業を維持し続けるとともに，地域の発展にも尽力してきた富衛元社長の考え方がとくに強く反映されているという。いずれにせよ，齋藤社長は，先々代・先代の経営者の背中（リーダーシップ）を見て育っており，SRリーダーシップが承継されていると考えられるのである。

（4）サイト工業の事例のまとめ

　サイト工業は，仙台市の総合建設業であり地域に根差して事業を展開しており，一次下請け業務を担うだけでなく，元請けとして完成・納入までを手掛けている。さらに近年ではB to C部門として，はぐくみの木の家ブランドで住

宅部門にも進出している。建築・土木分野においては，品質を徹底することで，インフラ産業への役割や災害時の復旧・復興にも大きく貢献している。また，住宅部門では，太陽光の活用による省エネを可能とする環境性能向上への取り組みも見られる。

　同社は，経営理念に基づいて CSR を積極的に果たしている。従業員，取引先，地域社会の発展を重視したうえで，それらに対して本業を通して貢献することが，その基本的な考え方であった。環境問題についても，中小企業向け EMS を認証取得することで体制がつくられていた。CSR 実践では，平時における環境保全や学校教育などの活動が見られたが，有事においてこそ，サイト工業は社会的責任を顕著に発揮している。東日本大震災では，民間顧客への応急処置を行い，インフラの復旧に貢献しつつ，沿岸部被災地での瓦礫撤去などの活動を展開してきた。また，コロナ禍においても，換気性能を向上させた建築物・技術の普及に努めるだけでなく，NPO と協働してカフェを開催して地域住民のコミュニケーション促進への取り組みも行われた。

　このようなサイト工業の CSR は，齋藤社長のリーダーシップによって導かれるものであった。そこには富衛元社長，元前社長という先々代・先代経営者の社会的責任に対する姿勢，そしてリーダーシップが強く反映されている。とくに前者の影響をより強く受けている。富衛元社長は，仙台市の戦後復興に尽力して地域社会の発展を目指すとともに，企業それ自体，そして従業員を守り抜く強い信念を持った人物である。そのような地域社会，従業員，そして企業それ自体を守る姿勢を齋藤社長は受け継いでいる。すなわち，企業として社会的責任行動を生起する SR リーダーシップが承継されていると見なされるのである。

3── CSR と SR リーダーシップに焦点を当てた 地域企業事例の整理・分析

（1）各社の CSR 行動の特質

　以下では，第4章から本章において取り上げた主要事例5社について，CSR と SR リーダーシップに焦点を当てて，その特徴を整理しつつ分析をしていく。

このことを通して，地域企業の CSR 行動特性を浮き彫りにするとともに，世代間における SR リーダーシップの承継についても，そのパターンを明らかにできる。図表 6 - 3 は，地域企業の CSR の特質に関して，以下の 5 つの項目を設けて各社の比較を行っている。その項目とは，経営環境の状況（有事／平時），実際の CSR 行動，事業関連性の高低，CSR の特徴（暗黙的／明示的），最後に経営者のリーダーシップの存在である。

　まず，阿部長商店から見ていこう。東日本大震災という有事において，同社は雇用維持，被災者受け入れ，漁港都市衰退回避，地域活性化への取り組み，またコロナ禍では集団接種会場の開設への試みを行ってきた。平時では，サーモンバレー構想という地域水産業の維持・発展に向けて取り組んでいる。このような CSR 行動の事業関連性については，地域活性化活動のうち，南三陸てん店マップやワクチン集団接種のように事業との直接的な関係が低い取り組みも一部含まれているが，その多くが事業それ自体を通して行われるものであり，高い関連性を有している。これらの活動は，阿部長商店として制度化された戦略的な取り組みではなく，直接的・短期的な見返りを求める行為でもない。企業として当然かつ自明の行為なのであり，暗黙的 CSR としての特徴を見て取れる。そして，これら CSR 活動のすべてにおいて阿部社長のリーダーシップが存在している。経営者の価値観やリーダーシップに影響されることは，暗黙的 CSR の特徴とも整合的である。

　ついで，イシイについて見ていくと，東日本大震災時には，3 月 12 日よりダブルストーンの営業継続，従業員に対する生活支援（金銭・物資），さらにはコットン・プロジェクトなどの重要かつ多様な取り組みが見られた。コロナ禍においても，ステリ PRO によって，感染拡大の防止に貢献するだけでなく，イシイの業績を支え経済的責任を果たすことにもなる。このような有事と比較して平時では，有切商品やレンタル・ユニフォームの展開のほかに，ピンクシャツデー仙台を開催していじめ撲滅にも取り組んでいる。コットン・プロジェクトのように，一部，事業との関連性を有さないものもあるが，基本的に同社の CSR は事業それ自体を通した活動であり，事業関連性も高くなっている。このような CSR は，イシイにおいても制度化された行為ではなく，石井社長

図表6-3 各社の CSR 行動とその特質

企業名	経営環境		CSR 行動	事業関連性	CSR の特徴	経営者リーダーシップ
阿部長商店	有事	東日本大震災	雇用維持	高	暗黙的 CSR	有り
			被災者受け入れ	高		有り
			漁港都市衰退回避	高		有り
			地域活性化（南三陸キラキラ丼，語り部バス，南三陸てん店マップ）	低～高		有り
		コロナ禍	集団接種会場の試み	低		有り
	平時		サーモンバレー構想	高		有り
イシイ	有事	東日本大震災	WS 営業継続	高	暗黙的 CSR	有り
			従業員の生活支援	高		有り
			コットン・プロジェクト	低		不明
		コロナ禍	ステリ PRO	高		有り
	平時		有切商品	高		有り
			レンタル・ユニフォーム	高		有り
			ピンクシャツデー仙台	低		有り
峩々温泉	有事	東日本大震災	チャリティ・ボックス販売	高	暗黙的 CSR	有り
			小竹浜への復興支援	高		有り
		火口周辺警報	風評被害払拭	中		有り
		コロナ禍				
	平時		蔵王山の自然・景観保全	中	暗黙的 CSR	有り
			生態系の維持	中		有り
さいとう製菓	有事	東日本大震災	かもめの玉子無償配布	高	暗黙的 CSR	有り
			従業員の生活支援	高		有り
			メディア取材の受け入れ	低		有り
			地域活性化（工場まつり，スポーツ支援，復興芸能大会）	低		有り
		コロナ禍				
	平時		地域活性化（工場まつり，海を愛する会）	低	暗黙的 CSR	有り
サイト工業	有事	東日本大震災	公共施設・インフラ復旧	高	暗黙的 CSR	有り
			瓦礫撤去	高		有り
		コロナ禍	ケアブレンドとの連携	低		有り
			全熱交換器の推進	高		有り
			花火大会への寄付	低		有り
	平時		キャリアセミナー	低		有り
			献血・清掃活動	低		有り

出所：筆者作成。

の理念とリーダーシップに牽引される暗黙的CSRの特徴を如実に示している。

　爰々温泉では，大震災下の取り組みとして，チャリティ・ボックス販売や小竹浜への支援活動が行われた。爰々温泉の場合には蔵王山の火口周辺警報という有事に遭遇しており，同社では，これによって生じた風評被害の払拭を目的とする取り組みが展開された。コロナ禍においては，CSRというよりは，コンパクトな経営を目指しながら事業承継していくことが示された。さらに平時では，蔵王山の自然・景観保全のために風力発電の計画中止に向けて実効的な活動をするとともに，害獣駆除とジビエ活用など生態系の維持に向けた取り組みも行っている。事業関連性については，大震災下の活動は爰々温泉の事業を通した社会貢献であり，事業関連性が高いのに対して，風評被害払拭や自然・景観保全や生態系維持は，事業特性を直接的に反映するものではない。しかし，これらの課題解決が間接的に同社にも正の影響を及ぼすため，事業関連性を中に設定した。このようなCSR活動も暗黙的CSRとしての特徴を有しており，そのすべてにおいて竹内社長のリーダーシップが見て取れる。

　さいとう製菓は，東日本大震災下では，かもめの玉子30万個の無償配布，従業員の生活支援（見舞金支払い），メディア取材，地域活性化に関する取り組みを行い地域社会の復旧・再生に尽力した。また，平時では工場まつりや海を愛する会を通したイベント活動によって地域交流を促進してきた。かもめの玉子配布や従業員の生活支援は，さいとう製菓の事業活動を通して行われており事業関連性の高い行為となっている。また取材受け入れや，地域活性化に関する様々な取り組みは，基本的に事業との関連性の低いものである。もちろん，工場まつりのように同社施設を使用する取り組み（事業関連性一定程度あり）もあるが，基本的にフィランソロピー的な活動に位置づけられる。平時における取り組みも，地域活性化に資する活動が主体であり，事業関連性は低いものとなっている。上記3社と同様にさいとう製菓のCSRは，暗黙的CSRによって特徴づけられる非制度的・非戦略的な行為であることが見て取れ，また，そのすべてが齊藤会長のリーダーシップの下で実践されてきたのであった。

　最後にサイト工業に関しては，東日本大震災時には公共施設やインフラ復旧への取り組みのほか，津波被災地での瓦礫撤去といった活動が主として行われ

た。コロナ禍では，ケアブレンドとの連携によるカフェ開催，換気性能の優れた全熱交換器の推進，七夕前夜祭の花火大会への寄付などの取り組みが見られた。平時においては，齋藤社長によるキャリアセミナー実施や献血・清掃活動などが日常的に行われている。有事，とくに大震災時の取り組みは，サイト工業の事業それ自体に基づいており事業関連性が高いのに対して，コロナ禍では，全熱交換器推進を除くと，フィランソロピー活動に近くなり事業関連性は低い。また，平時のCSRも同様にフィランソロピーであるため，事業関連性は低くなる。なおサイト工業のCSRの特徴は，上記4社と同様に暗黙的CSRであり，そこには戦略性や見返り追求の姿勢が見られず，そのすべてが齋藤社長のリーダーシップに基づいて行われている。

　このように5社の事例からは，平時のCSRは事業関連性の低い項目が多くなるのに対して（高事業関連性割合（事業関連性高項目／CSR活動全体）は，3／9＝33.3%），有事では事業関連性の高いものになるようである（13／21＝61.9%）。いずれにせよ，中小企業のCSRについては，有事の際により活発な取り組みが展開されている。そして，そのすべてが，地域企業として地域社会との共生関係に基づくものなのであり，暗黙的CSRとして実践されてきた。また，そのような行為のほぼすべてが，株式所有者でもあるオーナー経営者のリーダーシップによって牽引されている。つまり，CSRを果たすためには，経営者のSRリーダーシップが極めて大きな役割を担っているのである。

（2）各社におけるSRリーダーシップの承継

　上記では，本書の中心事例5社のCSRを見たことで，そこには経営者のリーダーシップ，すなわちSRリーダーシップが強く反映されていることを見て取れた。以下では，このように社会的責任を果たしてきた5社について，先代（先々代を含む）経営者の理念や価値観，それに基づくSRリーダーシップが，現経営者にどのように反映されているのかを見ていく。ここでは，先々代，先代，そして現経営者に関して，①企業永続の根拠，②従業員に対する姿勢，③地域社会との関係性，④CSRへの認識という理念と価値観を設定し各世代の比較をしている。先々代までの話を詳しく聞くことができたのは，巽々温泉と

サイト工業であり，それら以外は先代経営者との関係に焦点を絞っている（図表 6 - 4）。

① 阿部長商店

　まず，阿部長商店から見ていこう。①企業永続の根拠については，先代の泰兒前会長は，個別企業利害よりも地域の水産業の全体の発展を優先する姿勢を持っており，また地域ステークホルダーからの信頼があってこそ，企業経営が成り立つと考えていた。つまり，地域産業の発展と，ステークホルダーからの信頼に企業永続の根拠を求めていたのである。②従業員に対する姿勢としては，カリスマ経営者と認識されており，従業員は従って付いていけば，生活が維持できることを実感していたという。当然ながら，泰兒前会長も従業員を率いる責任を強く自覚していた。地域社会に対しては，自身と阿部長商店という企業を犠牲にできる自己犠牲の精神の下で，地域を率いるリーダーとして自他ともに認識されていたようである。また，CSR への認識について，以下のことを確認しておく必要がある。つまり，5 社の先々代・先代経営者は CSR という言葉や概念自体を認識しているわけではない。それでも，企業として社会的責任を負うことの自覚の有無については判断できるので，このことに基づいて判断していく。泰兒前会長は，地域社会に対する責任の意識が強いため，彼が経営者としてリーダーシップを発揮する際には，企業の社会的役割を踏まえたうえでの意思決定と行動がなされてきた。それゆえ，④CSR に対する認識は強いと考えられるのである。

　現経営者の阿部社長は，①については，事業再編・再建による自社の競争力強化の必要性を述べている。しかし，この行動は当該企業の利益追求のためではなく，受け入れ拠点として漁港都市を支えるための活動であり，企業と地域産業の共存に企業永続の根拠を求めている。②従業員については，東日本大震災で大規模被災した後でも，全員の雇用を維持したことから従業員を守る姿勢が顕著に見て取れる。③地域社会に対しては，震災の風化阻止や地域活性化に関する様々な役割と主導権を発揮する地域のリーダーとして行動している。阿部社長も，地域社会や産業，そして従業員に対して，企業の役割と責任を自覚

図表6－4　各企業の経営者の価値観や SR リーダーシップ

企業名	理念・価値観	先々代経営者	先代経営者	現経営者	リーダーシップの承継
阿部長商店	①企業永続の根拠		個別企業利害よりも地域産業の利益優先，信頼に企業の永続の根拠	事業再編・再建による競争力強化，地域漁業の受け入れ先としての役割	共通点：①地域産業の存続・発展，②従業員への責任，③地域のリーダー ↓ 先代経営者模範型の全面承継
	②従業員に対する姿勢		守る意識が強い（カリスマ経営者として）	守る意識への責任が強い（震災時雇用維持）	
	③地域社会との関係性		自己犠牲精神，地域社会のリーダー	震災風化阻止，地域活性化への取り組み，地域のリーダー	
	④CSRの認識		強い		
イシイ	①企業永続の根拠		他者への義理を優先，顧客・取引先との信頼を企業永続の根拠	個別企業利益よりも地域社会の維持・発展重視，環境と社会の健全な発展を重視	共通点：①信頼関係と地域の健全な発展，②従業員への責任，③地域のリーダー ↓ 先代経営者模範型の全面承継
	②従業員に対する姿勢		守る意識が強い	守る意識が強い（震災時雇用維持，生活支援）	
	③地域社会との関係性		地域経済の発展に資する地域のリーダー	繊維業界の発展，地域社会の健全性に貢献する地域のリーダー	
	④CSRの認識		強い	強い	
巣々温泉	①企業永続の根拠	温泉との共存，地域ステークホルダーとのつながりに基づく顧客獲得に基礎	企業利害を考慮せず，秘湯を守る会の存在を企業永続の根拠	自然環境と地域社会との共存を企業永続の根拠，SDGs に基づく経営	共通点：①地域との信頼構築，秘湯を守る会，③地域のリーダーと業界のリーダー ↓ 先々代・先代経営者の折衷型承継
	②従業員に対する姿勢			守る意識が強い（震災時の雇用維持）	
	③地域社会との関係性	地域経済の発展に対する貢献，地域のリーダー	地域社会との関係が弱く，業界団体での活動を重視	地域社会・業界の課題解決に動く地域のリーダー	
	④CSRの認識	強い	中程度	強い	
さいとう製菓	①企業永続の根拠		個別企業利害よりも地域社会の利益優先，齊藤会長に承継することを企業の永続の根拠	地域社会の維持・発展に尽力，共生することに企業永続の根拠	共通点：①地域社会に対する強い意識，③復興へ尽力する地域のリーダー ↓ 先代経営者を一部模範とする発展型承継
	②従業員に対する姿勢			守る意識が強い（震災時雇用維持，生活支援）	
	③地域社会との関係性		地域商店の会長・役員として，地域産業の発展に尽力する地域のリーダー	地域社会の活性化への取り組み，地域産業復興の旗振り役として地域のリーダー	
	④CSRの認識		中程度	強い	
サイト工業	①企業永続の根拠	取引先を始めとするステークホルダーとの信頼関係，企業を守り抜くことを永続の根拠	経営理念を策定し，ステークホルダーとの関係で同社の役割を明示化	地域ステークホルダーの維持・発展に対して一過性ではなく，継続した貢献に永続の根拠	共通点：①地域ステークホルダーとの関係性，②従業員への責任，③地域の発展に対する使命 ↓ 先々代・先代経営者の折衷型承継
	②従業員に対する姿勢	守る意識・家族意識が強い	守る姿勢は強いが，苦境下で柔軟な姿勢	守る意識が強い（震災時雇用維持）	
	③地域社会との関係性	仙台市の戦災復興を自らの使命として行動	地域社会に貢献することを明示的に策定	社会福祉法人や NPO などとの連携した地域貢献，地域のリーダーを目指す	
	④CSRの認識	強い	中程度	強い	

出所：筆者作成。

しており，④CSRへの認識が強く，泰兒前会長から①地域産業の存続・発展，②従業員を守る姿勢（従業員への責任），③地域社会のリーダーという3つの特徴を受け継いでいると考えられる。このことから，阿部長商店におけるSRリーダーシップの承継については，先代経営者を全面的な模範とする「先代経営者模範型の全面承継」に分類することができる。

② イシイ

　つづいて，イシイの事例について確認していく。先代経営者である次雄前社長の①企業永続の根拠となる理念・価値観は，自らの利益よりも他者への義理を優先する姿勢であり，また，そのことが取引先や顧客からの信頼を得ることになる。つまり，ステークホルダーとの義理と信頼関係を企業永続の根拠としている。②従業員については，毎年迎える新入社員を家族が増えるような感覚で心から喜んでいたことから，彼らを守ろうとする意識は当然ながら強い。③地域社会については，新幹線の敷設推進を通して地域経済の発展に資してきたし，地域住民を説得する活動は地域のリーダーとしての役割を端的に表している。④CSRでは，地域社会のために貢献することが企業の責任だと捉えており，次雄前社長の認識は強いと判断できる。

　現経営者の石井社長については，①では，東日本大震災下におけるダブルストーンの営業継続に代表されるように，個別企業の利害よりも地域社会の維持・発展を重視し，さらに環境問題に対しても果敢に取り組んでいる。つまり，地域を含めた社会全般が持続的に発展することに企業永続の根拠を求めている。大震災時の雇用維持のほかに，従業員の生活を支援するための見舞金や食料の支給などからも分かるように，②従業員に対しても守る意識が強い。③地域社会との関係においては，繊維業界や同社の位置する卸町地区の発展に尽力している。環境や社会の側面から地域の健全な発展に取り組んでおり，地域のリーダーとしての姿勢が強くみられる。このことから，④石井社長のCSRに対する認識が強いことは言うまでもない。

　先代と現経営者の共通点を見ていくと，次雄前社長は他者への義理・信頼，石井社長は地域社会の維持・発展を重視する。①石井社長においても地域のた

めに行動することは，まさにステークホルダーからの信頼を重視することにつながる。ともに社会と環境が健全であるから，企業が永続できるというものである。②従業員についても，守る意識を石井社長も強く思っているほかに，③地域社会に対しても経済的か社会的を問わず，望ましい発展を目指したことで共通している。このことから，阿部長商店と同様に，イシイでは次雄前社長から石井社長に対して「先代経営者模範型の全面承継」の形でSRリーダーシップが承継されていると考えられる。

③　峩々温泉

　第3に峩々温泉の経営者リーダーシップについて見ていこう。同社については，先々代，先代，そして現経営者の三代にわたる特徴を見ることにする。まず先々代の直也氏は，①企業永続に関して，温泉との共存，そして地域ステークホルダーとのつながりを永続の根拠と認識していた。②従業員に関する意見は聞かれなかったが，③地域社会に対しては，現役時代からそれとのつながりを重視した結果として，地域金融機関の理事長にも就任して貢献し，地域を牽引するリーダーとしても活躍したのであった。地域社会のなかの意義と役割を理解するリーダーであり，企業と地域社会の永続を考慮する点において，④直也氏のCSRに対する認識は強いと考えられる。これに対して，先代の建一郎前社長は，①では，企業利害を考慮せず秘湯を守る会の活動に専念することに峩々温泉の永続の根拠を見出していた。直也氏と同様に，②従業員に対する姿勢は不明であったが，③地域社会に対しては，むしろ関係が希薄であり全国的な業界団体の活動を重視していた。建一郎前社長による業界の発展に尽力する姿勢については，その社会的意義は大きいと考えられるが，企業利害が全く考慮されない（経済的責任が軽視）ことに加えて，地域社会との関係も希薄であったため，④CSRの認識は「中程度」に位置づけることにする。

　現経営者の竹内社長は，①に関しては，自然環境と地域社会との共存を峩々温泉の企業永続の根拠として認識しており，暗黙的かつ日常的にSDGs経営を実践している。②従業員に対しては，大震災時には雇用維持や従業員の要望を受け入れるなど彼らを守る意識が強い。そして，③地域社会に対しては，火口

周辺警報や自然環境保全に向けて積極的に活動して，地域社会を牽引してきたし，秘湯を守る会を始めとする業界団体でも中心的な役割を担っている。地域のリーダーとして認識されるのである。④もちろん，竹内社長のCSRに対する認識は強い。箕々温泉と地域・環境との存続を両立させる思考を持っており，地域社会の発展を主導する役割を果たしているからである。

　竹内社長は，①先々代の直也氏の地域社会の発展を重視する姿勢と，建一郎前社長の業界団体を牽引する役割を受け継いでいる。また，このことに加えて，竹内社長は従業員を守る意識を持ちつつ，③同社と地域社会・自然環境の調和ある発展，さらには業界全体の発展も考慮するリーダーとしての役割を果たしている。このことから先々代と先代経営者の双方の良い点を承継しているが，どちらかというと先々代の影響を強く受けていると竹内社長本人が自覚している。それゆえ，「先々代・先代経営者の折衷型承継」としての特徴を有しており，さらに彼自身の価値観や姿勢に基づく取り組みも付加されている。

④　さいとう製菓

　さいとう製菓では，先代経営者の俊雄前社長は，①チリ地震津波の際の地域復旧への取り組みにも見られたように，地域社会の利害を最優先する姿勢を有していた。また，齊藤会長に経営者の地位を承継させることに全力を傾けていた。つまり，地域社会を優先させることと，事業を承継することに企業永続の根拠を求めていたのである。②従業員については，その事情をヒアリングするまでには至らなかったが，③俊雄前社長は，地域を守り・支えるリーダーであり，当該企業のことを顧みずに地域社会の維持・発展に尽力してきた。しかし，④CSRの認識については，地域社会のみを優先する志向が強すぎて，企業のことが顧みられていない。それゆえ持続可能性を考慮すると，企業と社会・環境の調和の取れた発展というよりも，一方に偏重している印象を受けてしまう。それゆえ，社会的責任を実践しているのであるが，CSRに対する認識としては中程度に位置づけられよう。

　俊雄前社長の後継者である齊藤会長は，①については，地域社会の維持・発展にともなう形で，企業と社会が共生することに企業永続の根拠を見出してい

る。②従業員についても，大震災時には，可能な限り雇用を維持するだけでなく，見舞金のような生活支援を行っており彼らを守る意識が強い。③地域社会については，地域産業という経済的側面を主導する立場であるだけでなく，地域住民を鼓舞することで震災復興に対する精神的な支柱も担ってきたことから，地域のリーダーであることに疑いの余地はない。また，齊藤会長による企業と地域社会の発展をともに考える姿勢は，CSRそのものであり，④CSRに対する認識も強いと見なされる。

　従業員に関する視点は比較できないが，俊雄前社長と齊藤会長に共通する点は，①地域社会と産業の発展を重視すること，さらには②地域の復興へ向けたリーダーであるということである。俊雄前社長が地域の利害のみを重視する思考を，企業と地域の双方の発展という形へと，齊藤会長が大きく進展させたように思われる。その取り組みが，東日本大震災下での支援だけでなく，工場まつりや海を愛する会などの地域との共生関係を構築する活動へと結実している。また，地域の復興だけでなく，さいとう製菓それ自体の創造的な再建を目指すべく様々な投資が行われてきた。このように企業の競争力強化の視点を踏まえて，先代経営者の良いところを発展的に取り入れている「先代経営者を一部模範とする発展型承継」と見ることができる。

⑤　サイト工業

　最後にサイト工業であり，同社においても三代にわたる経営者の特徴を見ることができる。まず先々代の富衛元社長は，①については，取引先を中心とするステークホルダーとの信頼関係と，企業を守り抜く姿勢に企業永続の根拠を見出している。②従業員についても，家族同然と見なして彼らを守る意識が極めて強かった。そして，③地域社会については，仙台市の震災復興に対して尽力する使命感を持って行動してきた。地域社会と企業の発展をともに考える姿勢が見て取れることから，④CSRに対する認識も強いことが分かる。ついで，先代経営者の元前社長については，①では，経営理念を策定し，ステークホルダー関係から同社の役割を明示化しており，彼らとの関係構築に企業永続の根拠を見出している。②従業員については，守る姿勢が見られるものの，苦境下

においては柔軟な姿勢も見て取れる。③地域社会については，それへの貢献を定めてはいるものの，地域全体における具体的なリーダーシップは見られなかった。経営理念の策定こそ見られるものの，具体的な社会的責任行動については不明瞭であるため，④CSR の認識については，ここでは中程度と位置づけることにする。

　現経営者の齋藤社長では，①については，地域ステークホルダーとの一過性ではない信頼関係を構築するために，継続した貢献を行うことを企業永続の根拠としている。②従業員についても守る意識が強く，震災時の雇用維持や安全などへの取り組みが徹底されている。③では，大震災時における地域社会を維持するための様々な活動のほかに，社会福祉法人や NPO などと連携した地域貢献も行っており，地域のリーダーを目指す姿勢が顕著に見て取れる。齋藤社長の姿勢は，地域ステークホルダーとの関係性を重視しながら，企業も永続させていくものであり，④CSR への認識が強いと判断できる。

　齋藤社長と先々代・先代経営者間における共通点としては，①富衛元社長によるステークホルダーとの暗黙的な信頼関係，そして元前社長による信頼関係の明示化を通して，現在における継続的貢献活動へとつながっている。また，②従業員を徹底して守る姿勢については，元前社長というよりは，富衛元社長の経営姿勢が反映されている。③地域社会に対する実行力やリーダーとしての姿勢も，より具体的な行動を起こして地域社会に貢献した富衛元社長のリーダーシップを引き継いでいるように思われる。このようなことから，齋藤社長の SR リーダーシップは，先々代経営者の富衛元社長の理念・価値観を色濃く反映した「先々代・先代経営者の折衷型承継」に該当すると考えられる。

（3）SR リーダーシップの承継に関する試論の修正・精緻化

　このように阿部長商店，イシイ，巽々温泉，さいとう製菓，サイト工業の事例からは，現経営者において，先代経営者の社会的責任に関する理念や価値観が，程度や質的な違いこそあれども，世代間で承継されていることが分かった。つまり，SR リーダーシップが承継されているのである。しかし，その承継については，複数のパターンがあることも見て取れた。まず，先代経営者と現経

営者との関係性に焦点を当てた3社の事例からは，偉大で社会的責任意識の強い先代経営者を完全に見倣う「先代経営者模範型の全面承継」（阿部長商店とイシイ）と，先代経営者に一部不足している項目を，現経営者が補いながら承継する「先代経営者を一部模範とする発展型承継」（さいとう製菓）を見ることができた。

　先々代，先代，そして現経営者へと三代にわたる承継では，先々代および先代経営者のそれぞれの良い点を取り入れる「先々代・先代経営者の折衷型承継」が2社（峩々温泉，サイト工業）の事例から見受けられた。ここでの特徴としては，現経営者は，先代経営者よりも先々代経営者の理念や価値観といった経営姿勢をより強く模範とする傾向があることである。そこには先代経営者という現実的で身近な存在よりも，祖父と孫という関係性から先々代経営者は相対的に遠い存在として，理想化されている可能性も否定できない。いずれにせよ，地域企業として顕著な社会的責任を果たしている5社からは，世代を超えてSRリーダーシップが承継されていることを見て取れたであろう。

　このことを踏まえて，第3章で示された中小企業のCSR持続可能性（SRリーダーシップの承継）についての試論（図表3-5）を修正していく。ここでは，先々代，先代から現経営者は直線的に経営者としての姿勢を承継することを想定していた。しかし，これら5社の事例を検討した結果として，SRリーダーシップの承継は必ずしも直線的なものではなかった。このことに基づいて，中小企業のCSRと持続可能性に関する試論を修正すると図表6-5のようになる。基本的に中小企業では，SRリーダーシップが承継されていくことで，代々にわたって，そのCSR行動が担保されるのはこれまでと同様である。しかし，まず先代経営者と現経営者との関係に限定すれば，SRリーダーシップの承継について，先代経営者の理念・価値観とそれに基づく経営姿勢を，現経営者は全面的に承継するか，それともその一部を発展的に承継するかのどちらかに分類される。また，先々代経営者との関係性も含めて考えると，先代経営者からSRリーダーシップを受け継ぐというよりは，先々代・先代経営者の理念と価値観を折衷する形で受け継いでいることが一般的に見受けられる。しかも，先代よりも先々代経営者のそれをより強く承継している印象がある。

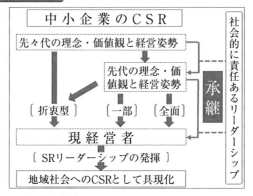

図表6－5 中小企業CSRの持続性試論に関する修正

出所：筆者作成。

　このようにして，SRリーダーシップを全面的あるいは部分的にでも承継することで，現経営者はCSRの認識・実践やステークホルダーに対する価値観を育める。そして，企業行動を導くリーダーシップの発揮へとつながる。これによって地域企業（中小企業）は，地域社会に対するCSRを持続的に実践することができるのである。第3章の枠組みについて部分的に修正をしたものの，中小企業においてはSRリーダーシップの承継が，そのCSRを牽引する決定的な役割を担うことに相違はない。

　第3章では，中小企業が事業承継をして，ゴーイング・コンサーンとして事業活動をしていくためには，法的正当性だけではなく，地域ステークホルダーから社会的正当性を付与される必要があることを述べた。このことは理論的には正しいと考えられるが，それを実証することは困難であるように思われる。CSRが明示化されている大企業であれば，株主，消費者，NPOなどのステークホルダーが，開示された情報に基づいて当該企業のCSRを評価することができる。その結果として，投資対象として相応しいか，社会・環境にとって望ましい商品を生み出しているか，社会的な活動に関与し貢献しているかなどが問われる。このような企業については，売上高や企業評価の側面に加えて，ステークホルダーからの評価と合わせて見ることで，一定程度ではあるが，社会的正当性が付与されているか否かを判断することができるであろう。

　これに対して，中小企業の場合には，CSR それ自体が暗黙的であり，情報開示も行われない。それゆえ，ステークホルダーとしても明示的に中小企業の CSR を認識・評価して，社会的正当性を付与するというプロセスが適用できないのである。地域企業の社会的正当を評価するには，地域ステークホルダー1 人ひとりに調査を実施して，住民間での「評判」（噂を含む）や「感覚」的な主観に基づく評価状況を調べていくしかないであろう。それと同時に，地域に根差して存続・発展し続けている中小企業を調べることも有益かもしれない。短期間ではなく長期間にわたって発展していることは，地域社会に対して何らかの便益をもたらしており，地域ステークホルダーからも，その存続が望ましいと見なされている。すなわち，彼らから社会的正当性が付与されていると考えられるからである。

　本書で考察した 5 社は，そのすべてが創業から 50 年以上にわたって存続しているだけでなく，しかも発展している企業である[9]。このことは，直接的には各社の提供する製品・サービスが顧客に受け入れられてきたことを要因とするが，長期的には地域ステークホルダーから当該企業の存在の有用性が認められたことの証左でもあると考えられる。あくまで仮説に過ぎないため，地域ステークホルダーから社会的正当性を得ることが，事業承継を通した中小企業の永続に必要になることを実証的に明らかにする必要がある。

4 —— 本章のまとめ

　本章では，地域企業の CSR における SR リーダーシップと承継に関して 5 社目の事例（サイト工業）を検討した。サイト工業は，地域の建設業として，主として大手ゼネコンとの信頼関係に基づき事業を実施してきた。また，近年では B to C 領域にも進出しているだけでなく，環境保全と両立する建物の建築に尽力している。同社の社会的責任については，まず東日本大震災下では，公共施設やインフラ復旧だけでなく，津波被災地の瓦礫撤去に対する取り組みが見られた。またコロナ禍では，住宅の換気性能向上に加えて，NPO との連携や寄付といったフィランソロピー活動を行っている。サイト工業単独または

共同で，地域社会に対して CSR が実践されているのである。このような社会的責任行動は，齋藤社長の理念と価値観に基づく SR リーダーシップによって率いられている。そこには，地域社会と企業の発展を重視する先々代の富衛元社長や，先代の元前社長の影響を見ることができる。

　そして，第 4 章から本章において詳細に検討した 5 社の CSR とリーダーシップに関する事例を踏まえて，その特徴を整理するとともに定性的な観点から分析を行った。まず 5 社の CSR 行動の特質について，経営環境（有事・平時），実際の CSR 行動，事業関連性の有無，CSR の特質，経営者リーダーシップの観点から整理した。平時の CSR は事業関連性が低いのに対して，有事では関連性は高くなる傾向にあった。また，その CSR すべてが地域社会との共生に基づく暗黙的 CSR として実践され，それらは経営者のリーダーシップによって牽引されていた。

　このことを踏まえて，各社の経営者の SR リーダーシップについて，先々代から先代，そして現経営者間における特徴を比較した。その視点として，各世代の経営者の理念・価値観として，①企業永続の根拠，②従業員，③地域社会，そして④ CSR への認識という 4 つの分析視覚を設定した。その結果，現経営者では，先々代および先代経営者の理念や価値観が程度の違いこそあれ承継されており，また，そのような SR リーダーシップの承継では複数のパターンが存在していることも明らかになった。先代経営者との関係に限定すると，先代経営者を完全に見倣う先代経営者模範型の全面承継と，先代経営者に一部不足している点を補いながら承継する先代経営者を一部模範とする発展型承継の 2 パターンが見られた。また三世代にわたる承継では，先々代と先代の良い点を取り入れる先々代・先代経営者の折衷型承継の特徴が見て取れた。地域社会に対して顕著な社会的責任を果たしてきた地域企業 5 社の事例からは，世代間を超えて経営者へと SR リーダーシップが承継されているのである。

　このことを踏まえて，本章では第 3 章の図表 3 − 5「中小企業の CSR の持続性に関する試論」を修正した。先々代と先代から現経営者へと SR リーダーシップが直接的に受け継がれるのではなく，様々なパターンが存在することを加筆した。このことを通して，本書における中小企業 CSR と SR リーダーシ

ップ承継の関係性がより精緻化されたと考えている。最後に社会的正当性に関して
は，中小企業・地域企業の場合には暗黙的 CSR となってしまうがゆえに，
地域ステークホルダーから当該企業に対する評価を把握することが困難であ
る。この課題を解決するには，彼らに対して個別に調査を行って，その主観的
な評価を積み上げて，客観的な視点へと近づけていく必要がある。

【注】

1）　以降，とくに注記がない場合には，齋藤法幸氏（サイト工業代表取締役）へのヒア
　　リング調査（実施日：2021 年 9 月 14 日）と，同社提供資料「建設業とサイト工業
　　の取り組みについて」（2021）に基づいて作成されていることに留意されたい。ま
　　た，サイト工業の CSR に関する記述は，矢口（2022）を大幅に加筆修正している
　　ことも述べておく。
2）　建築施工管理技士とは，全ての建設工事（建築一式工事，大工工事，左官工事など
　　16 種類）の施工管理が可能な資格であり，これら工事を管理する「高度な知識を
　　有する技術者で，施工技術の指導を行う立場」にある（久留米工業大学 HP）。土
　　木施工管理技士は，道路・橋やトンネルなど土木工事における施工計画を作成し，
　　現場での多様な作業工程，安全や品質，コストの管理に対する職務を担う（建設転
　　職ナビ HP）。また，造園施工管理技士とは，造園に関する工事責任者として，「施
　　工計画から現場管理までを行う，いわば造園分野におけるスペシャリスト」である
　　（ConMaga HP）。
3）　同社の事業特性については，主としてサイト工業提供資料（2022）に基づいている。
4）　パッシブデザインとは，機械的な手法ではなく，建築を通して「自然エネルギーを
　　コントロールすることで，建物の温熱環境を整え」る手法やデザインのことを指し
　　ている（環境創機 HP）。
5）　GJ（ギガジュール）とは電気の単位であり，1GJ を kWh（キロワットアワー）換
　　算すると約 277.8kw に相当する。
6）　ディーセント・ワークとは，「働きがいのある人間らしい仕事」のことであり，
　　1999 年の第 87 回 ILO（国際労働機関）総会で初めて用いられた概念である。近年
　　では，SDGs を達成するうえでも重要な要素の 1 つになっている。
7）　ケアブレンド代表理事の中山浩知氏との談話に基づいている（2021 年 8 月 31 日）。
8）　当時は元請と下請の区別が曖昧だった。
9）　企業の「平均寿命」という考え方がある。通説として，「30 年」が企業の平均寿命，
　　いわば，設立から成長，そして成熟・衰退へと辿るサイクルとして認識されている。
　　しかし，この通説は「都市伝説」的なものであり，それを立証することは難しい。
　　そのことを検証している 1 つの例として，東京商工リサーチによる「倒産企業の平
　　均寿命」調査がある。これによると，倒産企業の平均寿命は，2021 年には 23.8 年

となっていることが示されている（東京商工リサーチ HP）。ただし，これはあく
まで倒産した企業の平均寿命であり，正確な数値を示すには，倒産していない企業
の「年齢」も含めた膨大な集計が必要になるであろう。

第 7 章 ネガティブ・インパクト
―特定状況下の地域企業の不正行為―

【第 7 章の要約】

　本章では，東日本大震災下における被災地企業の不祥事について考察した。具体的には，緊急・救援期，復旧期，復興期という時期区分，さらには不正請求・受給，無許可操業，偽装行為，独占受注・詐欺行為という 4 項目の不正行為分類に基づく検討を行った。緊急・救援期の不祥事は，自己資産保全型と震災便乗型として特徴づけられる。そして，復旧期では 42 件，復興期では 58 件（7 件が復旧期と重複）の合計 93 件に及ぶ被災地企業の不祥事が少なくとも見られた。その結果，①震災復旧・復興を利用する震災関連型不祥事の多発，②業界では建設とサービス，時期では混乱度合の高い復旧期での不祥事集中，③軽微被災企業による不祥事の多発，④コスト削減志向から利益追求志向への不祥事の質的変容，⑤オーナー経営者の直接的な関与の他に，⑥業績との関係では純利益伸び率の高い建設を中心に不祥事が多発しており，復興特需で被災地経済が活況を呈するなかで発生していたのであった。

1 ── 本章の目的[1]

　これまでの各章では，地域企業が果敢に社会的責任を果たして，地域社会を支え，発展するための CSR 活動を見てきた。企業（株式会社）という営利主体が，平時と有事とを問わず，地域社会のサステナビリティに貢献していることが見て取れた。阿部長商店，イシイ，羮々温泉，さいとう製菓，サイト工業の事例からは，そのことを端的に見ることができたであろう。地域企業にとっては，地域社会はまさに事業存続の基盤そのものであるため，一時的には利害をまったく無視してまでも，地域の維持・発展に尽力してきた。また，ほとんどの地域企業が，同族経営的な性質を有する中小企業であることから，オーナー経営者の権威とリーダーシップが企業行動に強く影響していた。すなわち，地域社会との共生意識を有する経営者が，SR リーダーシップを発揮することで，当該企業をして CSR 実践を可能にしているのであった。

　このような企業活動は地域社会にプラスの影響を及ぼすものであるのに対して，マイナスの影響をステークホルダーに対して及ぼす場合もある。第 1 章では，CSR ピラミッドについて触れたが，その法律的責任に関する説明からは，2000 年代以降の日本においても，法令違反をともなう企業不正が相次いで発生・発覚し続けていることを見て取れる。しかも，そこで紹介された事例の多くは，日本を代表する大企業ばかりであり，そのような「有名な」企業においても不祥事がなくならない現状にある。そして，このような企業による不正行為は，その度合いを正確に把握することは困難であるが，ステークホルダーに対して多大な負の影響を及ぼすことになる。

　例えば，雪印乳業の大量食中毒（2000 年）では，1 万 4,780 名に及ぶ消費者が直接的に健康被害を受けたことに加えて，2001 年 3 月期決算において同社が 529 億円の最終赤字を計上したことで，株主に対しても多大なる損失を与えた。雪印乳業は，最終的に倒産することになるが，これによって従業員の雇用も喪失させることになった。このように企業不祥事は，ステークホルダーに対して多大なる負の影響を及ぼす場合も少なくないのである。企業不祥事につい

ては，ミートホープ[2)]のような例外はあるものの，一般的に報道されるのは大企業の事例が多い。もちろん，それはステークホルダーへの社会的な影響力の大きさに起因するためと考えられる。大企業になるほど，関係を有するステークホルダーの数も飛躍的に増えていくからである。このような大企業の不祥事・不正行為については，経営学だけでなく法律学の観点からも事例紹介や学術的な考察が行われてきた。既存のCSR研究が大企業を中心に行われてきたのと同様に，大企業の不祥事に対しても研究が進展してきたようである。

　大企業の不祥事に対する注目とは異なり，中小企業のそれは，ステークホルダーへの影響も相対的に少ないため大きな関心を集めることは少ない。しかし，企業不祥事は，企業規模の如何を問わない課題事項であり，中小企業の不正行為についても目を向けていく必要がある。本書では，地域企業という中小企業が果たす社会的役割にフォーカスして考察してきた。つまり，これまでは「光」の部分に対して目を向けてきたが，客観的な立場から，その役割を考察するには「影」の部分という不祥事も合わせて評価すべきである。そして，とりわけ本章では，東日本大震災の発生後の復旧・復興過程における地域企業の不祥事に焦点を当てる。大震災下の地域企業の不祥事に焦点を当てる理由は，その活動が顕在化・明示化され，不祥事についても一般的に認識し観察されやすい状況が醸成されたことにある。

　多くの地域企業は，東日本大震災後には地域社会の維持・再生，そして発展に大きな役割を果たしてきたにも関わらず，その混乱した状況を助長させて，復旧・復興を阻害する活動も一部の企業において見られた。被災地の混乱を利用して，当該企業の利益の最大化をもくろみ行動する企業が複数存在したのである。筆者は，本来は，被災地に根差す被災地企業の一部が，地域社会の危機的な状況下でなぜ不祥事を発生させてしまったのかという点に問題意識を有している。このことを踏まえ本章では，大震災後の復旧・復興期の被災地企業不祥事について，岩手・宮城・福島県という大震災の大規模被災地を対象として，不正類型，発生時期，経営者関与，業績などとの関係から特徴とともにその全体像を明らかにしていく。被災地企業（中小企業）行動のネガティブな側面に注目することで，震災時のCSRと企業不祥事という2つの研究領域の不

足を補えると考えている。そして，企業不祥事が復興を妨げる要因という認識から，今後の災害復興に対する示唆を述べる。

　以下では，まず，企業不祥事について，その定義と類型を整理しつつ，企業不祥事に関する従来の研究をレビューすることで，本章における考察の意義を示す。ついで，大震災後の非被災地企業の不祥事概要を見た後に，被災地企業という地域企業の不祥事について，緊急・救援期，復旧期，復興期の順に整理することで，不正類型，事業関連性の有無，経営者関与などとの関係からその特徴を浮き彫りにする。最後に，被災地企業の震災下の不祥事について全体像を提示していく。

2 —— 企業不祥事をめぐる概念整理と既存研究のレビュー

（1）企業不祥事とは

　不祥事とは「関係者にとって不都合な事件・事柄」であり，不正とは「他人を欺くための仕組まれた意図的な作為または不作為」と定義される（杉本，2015a，pp.39-40）。両者ともステークホルダーに負の影響を及ぼすものだが，決定的な違いは，そこに潜む加害者の意図の有無にある。不正は当事者の意図的な行為であるのに対して，不祥事はミスや誤謬も含む不都合な事柄の総体なのである。つまり，不正と不祥事ともに不都合な事実が含まれるが，悪意をもって法令違反をしたり，ステークホルダーを欺いたりするのが不正であり悪質な行為と捉えられる。もちろん，当初は意図せずミスとして発生した事項が，隠蔽により不正行為に変化することもある。しかし，そこには不祥事という不都合な事実を隠蔽しようとする「意図」が含まれるのである。ともあれ，本章における企業不祥事とは実質的には企業の不正行為を指している。

　KPMG（2010）によると，企業不正は①横領（現金・資産横領，不正受給・支出），②粉飾（資産・売上過大計上，負債・費用の過小計上），③汚職（談合，贈収賄），④その他の不正（隠蔽・偽装，データ改竄・捏造など）に分類される[3]。横領とは，現金や資産を不正な方法で得たり他者へ流出させる行為であり，特定個人による場合もあれば，企業（経営者）が政府や自治体から補助金や助成金を横領す

ることもある。粉飾とは，一般的に「粉飾決算」(window-dressing) のことであり，損益計算書上の損益や貸借対照表上の資産・負債をごまかす行為である。粉飾決算では，利益や資産を過大に見せることで，株主や金融機関をはじめとするステークホルダーから高い信頼を得ようとする行為があったり，あるいは損失や負債を過大に見せることで，当該企業に課される税金を減額させようとする脱税行為がある。

　汚職については，談合が一般的に知られている。公共工事を中心とする入札において，入札企業が互いに話し合いをすることで，落札価格を上げて過大な利益を得られるようにする取り組みである。また贈収賄については，政治家や行政機関（官僚）に対して，資金を提供することで，企業に対して何らかの見返りを求める行為が見られる。例えば 2022 年には，紳士服製造・販売の AOKI が東京 2020 オリンピックにおけるパートナー選定のために，オリンピック委員会の元理事に対して金銭を授与して，当該企業のパートナー選定に便宜を図ってもらったことが指摘されている（『日本経済新聞朝刊』2022 年 8 月 23日）。その他については，不都合な情報を隠蔽したり，商品の賞味期限や産地などを偽装する行為が該当してくる。本章でも，KPMG の分類に基づいて不正を捉えていく。しかし，①現金や資産の横領において，しばしば散見されるのが，従業員による個人的な企業資産の横領事件である。これについては，企業全体の不祥事というよりは，従業員の個人的事情に基づく行為であり，かつ各企業の内部事情として処理されるために本章では企業不祥事に含めないことにする。これに対して，経営者の横領行為はその金額も大規模になり，ステークホルダーに多大な影響を及ぼす組織全体の問題であることから不正行為に含めることにする[4]。

　このような不正分類を踏まえて，本章では震災下の企業不祥事を「法令・条例違反に加えて，売り惜しみや便乗値上げなど，ステークホルダーからの期待に背く非倫理的な行為であり，地域社会の維持・発展を阻害する企業行動」と定義する。ここでいう「非倫理的な行為」とは，法令違反に留まらない，社会通念や価値観と照らし合わせて正しくない企業行動のことである。KPMG の分類は，あくまで法令違反という法制度的な側面からの逸脱行為であるのに対

して，この定義では被災地の地域ステークホルダーに対して，マイナスの影響を及ぼす企業行動の全体を指している。ステークホルダーに深刻な影響を及ぼす要因であり，まさに「社会的損失」を発生させる行為なのである[5]。

　本章では，この定義に基づき被災地企業の不祥事を考察していくが，①B to B（Business to Business）取引における下請法違反と，②福島第1原発関連の不祥事については考察対象から除外している。①については，いわゆる「下請いじめ」であり，全国的に多発している不祥事であるが，実態把握が困難なことに加えて企業間の取引関係で発生するため，ステークホルダー全体への影響は限定的と考えられるからである。②では，被災地企業と非被災地企業間の複雑な利害関係の下で，炉心冷却・廃炉作業をめぐる違法派遣や不適切除染などが常態化しており不祥事の発生源を特定できないからである。

　また震災後には時間の経過とともに経営環境が変化してくるため，被災地企業の不祥事を考察するうえで時期区分を設定することが有益であろう。この区分については，Calonger（2011）に依拠する。まず，震災発生直後の「緊急・救援期」であり，この段階では被災者の捜索・救助，避難所の設置，緊急支援物資提供のような緊急対応が行われる。ついで「復旧期」であり，ここでは仮設住宅の建設や生活インフラの再建が進み，震災後の混沌とした状態に比べて安定した生活が可能になる。それでも，被災地の大部分では破壊された状態は継続している。そして，「復興期」であり，ここでは地域社会の状況や住民のQOLについて，震災前の水準を回復，あるいはそれを超える状況を達成する段階である。被災者の集団移転・復興住宅の整備，住民コミュニティの再建，道路網を含むインフラの完全な再建などが達成される。これに基づいて東日本大震災後の時系列を整理すると，2011年3月から5月頃までが緊急・救援期，2011年6月頃から2012年までが復旧期，そして2013年から現在までが復興期におおよそ該当する[6]。なお不祥事情報については，被災3県の地方紙を中心に自治体提供資料や聞き取りに基づき収集している。新聞記事を主要情報源とする場合には，誤報道や誇張報道など情報の公正性や客観性が課題となる。それゆえ本章では，当事者一方の主張や嫌疑に留まるような記事を除外し，法令・条例違反行為が明確に見て取れたり，行政処分や刑事罰が課されるなど確

実に企業不祥事と判断できる情報のみ取り上げている[7]。

（2）企業不祥事をめぐる既存研究のレビュー

　繰り返しになるが，本章は，震災復旧・復興という特定状況下における被災地企業（中小・同族企業）の企業不祥事を考察していく。本章の内容は，①震災時の CSR と②企業不祥事といった研究領域との関連性を有する。これまで東日本大震災を含めて，災害時における企業の役割については，義援金送付や物資支援などのフィランソロピー的な活動に関する考察（Thomas and Fritz, 2006；奥村・塚本・重信，2011；高浦，2013），緊急・救援期や復旧過程における各企業や業界によるインフラ再建や被災者生活支援の取り組みに関する考察（Avina, 2013；久保，2015）などがある。さらには被災地企業の役割を考察する研究も見られた。例えば，被災者の受け入れ，復興支援拠点としての宿泊業の役割の考察（東北学院大学おもてなし研究チーム編著，2013）や，事業継続と供給責任が震災下の被災地企業の CSR それ自体であることを明らかにした研究（矢口，2014a）がある。このことから，既存の震災と CSR 研究（災害 CSR 研究）では，震災の緊急・救援期と復旧期を対象にして，企業の果たしたポジティブな側面のみに注目されてきた。不祥事に見られるネガティブ・インパクトを考察してこなかったのである。

　既存の企業不祥事に関する研究は，その多くがエンロン社（Enron）や BCCI 社（Bank of Credit and Commerce International, 国際商業信用銀行）などの英米の大企業の事例を中心にして行われてきた。エンロン社は，2001 年に倒産したアメリカのエネルギー企業である。電力取引において金融工学を用いて利益を上げているように見せかけておきながら，その実態では不正経理（粉飾決算）を続けていた。また，経営者が粉飾決算の発覚前に保有株式を売り抜け，従業員には株式を保有し続けるよう勧めていたため，多くの従業員の資産が喪失してしまったことでも知られている。これを契機にして，アメリカでは企業不祥事に対する責任を厳格化する企業改革法（サーベンス・オクスリー法）が制定されることになった。また，BCCI 社は 1991 年に破綻した金融機関（本社所在地：ルクセンブルク）である。同行は，麻薬資金のマネーロンダリングやテロリス

トの口座開設など，銀行としてあるまじき行為を行ってきた。それゆえ「犯罪銀行」とさえ呼称されることもある。

このような大規模不正を受けて，企業不祥事に関する研究も進展していく。例えば，不祥事に対する早期警鐘システムとしてメディアの役割とその限界・課題を問う研究（Clem and Walton, 1999），組織内でのコミュニケーション不全が，健全なガバナンスや企業目的などの形成を阻害して企業不祥事を発生させると指摘する研究（Kuhn and Ashcraft, 2003）がある。また，組織文化形成，厳格な行動規範やコーポレート・ガバナンスの適用などを通して大規模な企業不祥事の発生を抑制するための施策を提示する研究（Fombrun and Christopher, 2004 ; Thomas, 2006）もある。これら以外には，未上場の同族企業を対象とする研究も若干ながら存在する。アジアに存在する同族企業グループである「財閥」を対象として，政府との贈収賄や汚職などの癒着問題にフォーカスされている。特定企業（経営者）と政府との密接な関係に基づくビジネス慣行，いわゆる「縁故資本主義」（crony capitalism）体制が不正を生じる土壌であることを指摘する研究（Ip, 2008 ; Rama, 2012）がある。

そして，日本の同族企業の不祥事に関するものでは，筆者の知る限り，内田・山本（2014）の研究がある程度である。パロマ，ミートホープ，東横イン，赤福など全国的にも知名度の高い同族企業について，上場企業の不祥事との対比から，その特性を明らかにしている。その考察では，一部には中小企業も含みつつも，規模の側面からは大企業に属する企業を考察対象としている。内田・山本によると，上場企業では，証券市場を意識した架空の売上・利益計上といった粉飾決算が多いのに対して，同族企業では，商品偽装，賞味期限改ざん，安全対策の忌避などの不正なコスト削減が主たるものとなっている。そして，その不祥事には同族企業ゆえにオーナー経営者の強い関与が見られることも指摘している。後述するところであるが，この指摘は，被災地企業という同族企業的性質を有する企業不祥事に対する本章の考察においても重要な示唆を提示している。

これに対して，中小企業を対象とする企業不祥事研究はほとんど存在しない。理論的示唆，不祥事行動の枠組み，共通課題を導き出すような学術的な研

究は存在せず，かろうじて見られるのは，実務家やコンサルタントなどから不
祥事発生の予防と対応について実務的な指針を提示するものに限定されてい
る。コンプライアンス体制，コーポレート・ガバナンス，内部通報制度などの
確立に加えて，それらを PDCA サイクルに基づいて改善するよう提言するも
のであり（坂口，2011；河合，2012；杉本，2015[8]），中小企業の不祥事そのもの
の性質や発生因について考察されていない。

　このように企業不祥事に関する既存の研究を要約すると，震災と CSR に関
する研究では，被災地企業の行動・役割，および企業行動のネガティブな側面
が考察されていない。企業不祥事研究では，大企業を対象とした経営学・組
織論的な分析が行われてきたり，アジアや日本を対象に同族企業（財閥系企業）
の経営者関与について問う研究が見られた。これに対して，中小企業の不祥事
それ自体は研究対象として看過されてきたようである（図表 7 - 1）。本章では，
震災復旧・復興状況下の被災地企業（中小・同族企業）の不祥事というテーマを
設定することで，中小企業・地域企業の不祥事特性について明らかにする。

図表 7 - 1　企業不祥事に関する既存研究

①大企業を対象とした研究

　a．エンロンや BCCI などの事例に基づく経営学的分析
　　企業不祥事とメディアの関係性（Clem and Walton, 1999），組織コミュニケーショ
　　ン（Kuhn and Ashcraft, 2003），制度化と組織文化（Fombrun and Christopeher,
　　2004；Thomas ed., 2006），証券市場からのアプローチ（Gray et al., 2005）

　b．ファミリー・ビジネスを対象とした研究
　　アジアの財閥による企業不祥事（Ip, 2008; Rama, 2012），日本の有名企業を対象と
　　した経営者関与（内田・山本，2014）

②中小企業を対象とした研究

　　不祥事の発生予防と対応についての実務的指針（坂口，2011；河合，2012；杉本，
　　2015）

出所：筆者作成。

3 —— 東日本大震災下の企業不祥事

（1）非被災地企業による企業不祥事

　それでは，震災下の企業不祥事の検討へと進んでいくが，被災地企業の考察のまえに，まずは非被災地企業の不祥事について見ておこう（図表7－2）。緊急・救援期には，震災に便乗した形で商品の値上げや派遣切りなどが行われたほかに，福島県から避難してくる被災者の受け入れを拒否するホテルや旅館などが存在した。後述の被災地企業のそれと同様だが，緊急・救援期という災害直後の混乱した状況下で，正しい情報を得ることは困難であるが，一定の割合で非倫理的な不正行為が発生していたことは確実であろう。

　復旧期になると，明確な不正行為として震災下の不祥事が表れてくる。震災下で悪化した企業や経済状況を救済するための様々な助成制度を，不正に受給する取り組みが見られるようになる。失業率の上昇を懸念した緊急雇用創出事業や被災地へのツアーを行う際の助成金などを不正に受給するような行為である。また，NIPPOや前田建設など高速道路も含めたインフラ復旧に際しての入札談合という不正も見られた。さらに復興期を迎えると，不正受給や公共事業の不正入札（談合や賄賂）が相次ぎ発覚してきたことに加えて，産業廃棄物の不法投棄などの無許可操業も見られるようになる。

　なお，非被災地企業による不祥事では，企業規模として中小企業によるものだけでなく，とくに建設や土木を中心に大企業による不正行為が散見される。全般的に企業規模に関係なく，非被災地企業では不祥事が発生していたと見て良いであろう。いずれにせよ，非被災地に主要事業所を擁し，震災による被害規模の小さい被災地企業にあっては，震災下の制度を悪用する利益追求行為が複数見受けられたのである。

（2）被災地企業の不祥事概要：緊急・救援期の被災地企業の不祥事

　平時においてさえも，企業不祥事はステークホルダーに負の影響を及ぼすが，地域社会が弱体化している有事の際の不祥事は，それに拍車をかけること

図表7-2　非被災地企業の不祥事[9]

	企業名・業種	発生時期	企業規模	不祥事の内容	発生場所	不正額
緊急・救援期	小売事業者		中小	震災便乗：値上げ	被災地	特定できず
	非被災地のホテル・旅館		不明	震災便乗：値上げ，福島県からの宿泊者受け入れ拒否	非被災地	特定できず
	非被災地の製造業被災地所在娯楽施設		大	震災便乗：派遣切り・非正規切り	被災地・非被災地	特定できず
復旧期	ディオジャパン：サービス	2011年6月～2015年1月	大	緊急雇用創出事業費の不正受給	被災地	4億554万円
	東京さくらツーリスト：サービス	2011年7月～2015年3月	不明	被災地ツアー助成金の不正受給	非被災地	236万円
	NIPPO，前田道路など：建設	2011年9月～2012年12月	大	高速道路復旧工事の際の入札談合	被災地	28億1,000万円
復興期	CKU：製造	2012年12月～2014年9月	不明	設備購入虚偽記載によるふくしま産業復興企業立地補助金の不正受給	被災地	2億5,410万円
	ビジービー：サービス	2013年2月	中小	中小企業緊急雇用安定助成金の不正受給	非被災地	2億9,000億円
	開成工業：建設	2014年11月	中小	大震災復旧工事受注のための東北農政局職員への贈賄	被災地	特定できず
	ルキオ：製造	2014年12月	不明	設備品の水増し請求によるふくしま産業復興企業立地補助金の不正受給	被災地	5億7,000万円
	磐城無線研究所：製造	2015年8月	不明	現状復旧を超える設備導入によるグループ化補助金の不正受給	被災地	5,881万円
	フジタ：建設	2015年度	大	東北農政局発注復旧工事をめぐる不正情報入手と取引妨害	被災地	特定できず
	日本紙パルプ商事：卸売	2016年6月～2018年2月	大	岩手県子会社が産業廃棄物を不正処理して地盤改良材を販売	被災地	特定できず
	ヤンマー，井関農機，大仙イチオアグリなど：製造	特定できず	大	宮城・福島両県など発注の大型園芸ハウスをめぐる度重なる談合	被災地	5億9,000万円
	ビータム・製造，エイチアールエー企画設計：建設	2017年6月	不明	仙台ハイランド跡地への産業廃棄物の不法投棄	被災地	特定できず
	グランパファーム：製造	2017年11月	不明	大船渡市の震災離職者の雇用における最低賃金法違反行為	被災地	215万円
	鹿島：建設	2017年～2018年	大	被災地所長が下請企業からの過剰接待・資金提供	被災地	2億2,000万円

※1：若干ではあるが，非被災地企業の不祥事に限っては除染関連の不祥事も取り上げている。
※2：ディオジャパン，東京さくらツーリストの不祥事は，復興期にも及んでいる。
出所：〔注9〕の資料に基づいて筆者作成。

　　　　　図表7－3　被災地企業の緊急・救援期における不祥事[10]

企業名・業種	不祥事の内容
仙台市アーケード商店街店舗	自己資産保全：買物客の保護・誘導放棄
仙台市中心部ホテル・旅館	自己資産保全：宿泊客の強制退去，受入拒否
解体事業者	震災便乗：廃棄物の廃棄
運送事業者・不動産管理事業者など	震災便乗：従業員の解雇
ガソリンスタンド事業者など	震災便乗：値上げ

出所：〔注10〕の資料に基づいて筆者作成。

　になる。非被災地企業とは異なり，被災地を事業存続の基盤とする被災地企業
は，事業を継続していくために，被災地（地域社会）に対して社会的責任を果
たして，本来は，社会的正当性を獲得する必要がある。それにも関わらず，当
該企業の事業存続の基盤である地域社会とステークホルダーの利害や持続可能
性を毀損するような行為，すなわち不祥事を発生させた被災地企業が相次いだ
のであった。

　緊急・救援期の被災地企業の不祥事は，自己資産保全型と便乗型に分類され
る（図表7－3）。前者は自己資産保全を優先した結果，買物客の保護・誘導の
放棄や，宿泊客としての被災者の受け入れ拒否・強制退去などの行為であり，
震災が発生した地域の企業として，ステークホルダーに対して果たすべき役割
と責任を放棄するものである。後者は便乗解雇や値上げなどの混乱に便乗する
行為であり，有事の状況を利用して利益を追求する不正行為である[11]。便乗
型については，非被災地企業における震災下の不祥事においても多数見受けら
れた。これらの不祥事は震災との関連で発生した震災関連型の不祥事である
が，震災発生直後で極めて混乱した状況ゆえに，正確な実態把握はさることな
がら，被災地の復旧・復興への影響を分析することも困難である。それゆえ本
章では，緊急・救援期の被災地企業の不祥事については，参考程度の認識に留
めて本格的な考察対象とはしない。

（3）被災地企業の不祥事概要：復旧期の被災地企業の不祥事

　震災被災地において，被災地企業の不祥事が多発してくるのが復旧期であ

る。図表7－4では，企業名，所在地，業種，津波被災の有無，不祥事の内容，震災関連性の有無，経営者関与の有無，さらに不正額の観点から被災地企業不祥事を分類している。以下では，その分類方法を説明したのち被災地企業の復旧期不祥事の概要について見ていく。

　第1に，新聞記事や収集した情報では，企業名がしばしば開示されないこともあるため，そのように不明な場合にはA社やB社という仮称で示す。なお，各社の本社所在地と業種についても表記している。第2に，津波被災については企業の所在地に津波が襲来したかどうかを確認し，本社または主要事業所が被害を受けた場合を「有」としている。なお被災地企業の多くが何らかの津波被害を受けているが，当該企業の事業に支障を及ぼさない被害規模については，軽微な影響として捉え，津波被害を「無」と位置づけた。第3に，不祥事の内容については①不正請求・受給，②無許可操業，③偽装行為，④独占受注・詐欺行為の4項目に分類している。上記のKPMGの不正分類に照らし合わせて考えると，①は横領，③と④は汚職とその他の不正に対応するのに対して，②はその分類にはないが，復旧・復興期に多く見られた不祥事であるため，新たな不正項目として設定をしている。なお企業業績の粉飾に該当する不祥事も見られたが，少数（2社）であるため便宜的に④に含めることにした。

　第4に，震災関連性とは，大震災の復旧・復興過程のなかで，震災があったからこそ発生してしまった不祥事のことを指す。震災との固有の関係性の下で発生した不祥事であり，震災復旧・復興との直接的な関係を有する不祥事を「大」，震災関連性の高い不祥事と低いものが混在するケースを「中」，震災関連性が（極めて）低い，あるいは無い不祥事を「無」としている。大・中に位置づけられる不祥事を震災関連型不祥事，それ以外を震災非関連型不祥事と位置づける。第5に経営者関与については「直接的」と「間接的」に分類している。前者では，経営者が直接指示したり，関与度合いも大きく逮捕・起訴されるような行為であり，後者では，経営者が不正を認知しながらも放置する行為が含まれる。これら両者について，経営者関与が有ったものと認識する。経営者関与が不明な場合を「不明」とし，従業員の独断行為であることが確認できる場合を「無」としている[12]。最後に，「不正額」についてであり，この金額

図表7－4 被災地企業の復旧期における不祥事[13]

	企業名	所在地	業種	津波被災	不祥事の内容	震災関連性	経営者関与	不正額
1	ホテル白萩	仙台市	サービス	無	〔偽装行為〕食品・食材の偽装表示	無	不明	特定できず
2	エコライフ	仙台市	サービス	無	〔不正請求・受給〕障害者就労施設訓練補助金と災害復旧補助金の不正受給	大	直接的	4億3,049万円
3	川又町商工会	川又町	サービス	無	〔不正請求・受給〕自治体補助金と震災復興事業受注の過大請求・不正受給	中	直接的	2,875万円
4	ウィンズ	郡山市	製造	無	〔不正請求・受給〕中小企業緊急用安定助成金の不正受給	中	不明	539万円
5	フォーリーブスクローバー	仙台市	サービス	無	〔不正請求・受給〕中小企業緊急用安定助成金の不正受給	中	不明	1,820万円
6	共新精版印刷	仙台市	サービス	無	〔不正請求・受給〕中小企業緊急用安定助成金の不正受給	大	不明	1,430万円
7	村山商店	福島市	製造	無	〔偽装行為〕食品・食材の偽装表示	無	不明	特定できず
8	REジャパン	仙台市	サービス	無	〔不正請求・受給〕中小企業緊急用安定助成金の不正受給	大	直接的	824万円
9	福島乳業	福島市	製造	無	〔不正請求・受給〕中小企業緊急用安定助成金の不正受給	大	不明	2,222万円
10	リョウエイ	石巻市	建設	無	〔詐欺行為〕復興特需利益の過少申告	大	直接的	4,910万円
11	高梨組建設運輸	石巻市	運輸・通信	無	〔詐欺行為〕復興特需利益の過少申告	大	直接的	4,730万円
12	エイテック	福島市	卸売・商社	無	〔不正請求・受給〕中小企業緊急用安定助成金の不正受給	中	不明	2,001万円
13	A社	丸森町	運輸・通信	無	〔無許可操業〕がれき処理における外国人の不法就労助長	大	直接的	特定できず
14	安全物流	塩竈市	運輸・通信	不明	〔不正請求・受給〕中小企業緊急用安定助成金の不正受給	大	直接的	2,983万円
15	仙南タクシー	仙台市	運輸・通信	不明	〔無許可操業〕タクシーの無車検運行	無	不明	特定できず
16	創造ファクトリー	奥州市	製造	無	〔不正請求・受給〕中小企業緊急用安定助成金の不正受給	大	不明	592万円
17	塩竈市災害復旧連絡協議会所属5社	塩竈市	建設	無	〔独占受注〕塩竈市発注の災害復旧関連工事の独占的な不正受注	大	不明	12億3,500万円
18	藤久建設	石巻市	建設	無	〔不正請求・受給〕石巻市発注がれき処理業務の水増し請求	大	不明	5,752万円
19	シュアサポート	仙台市	サービス	無	〔不正請求・受給〕中小企業緊急用安定助成金の不正受給	大	不明	94万円
20	宮城野交通	仙台市	運輸・通信	無	〔無許可操業〕無許可運賃の設定による不当廉売	無	不明	特定できず
21	芦牧ホテル	会津若松市	サービス	無	〔不正請求・受給〕中小企業緊急用安定助成金の不正受給	大	不明	368万円
22	B社	七ヶ浜町	建設	無	〔無許可操業〕自治体発注の震災被災家屋解体工事での解体金属の換金・着服	大	無	特定できず
23	C社	福島県：不明	建設	無	〔無許可操業〕伊達市の畑の土砂違法採取	大	不明	特定できず
24	藤崎百貨店	仙台市	小売	無	〔偽装行為〕食品・食材の偽装表示	無	不明	特定できず
25	D社	三春町	小売	無	〔偽装行為〕福島産ネギの産地偽装	無	直接的	2万450円
26	E社	仙台市	不動産	無	〔詐欺行為〕復興作業員向け宿舎建設出資金の詐取	大	直接的	8億4,000万円
27	佐川商店	矢祭町	卸売・商社	無	〔偽装行為〕食品・食材の偽装表示	無	直接的	特定できず

図表7−4　つづき

	企業名	所在地	業種	津波被災	不祥事の内容	震災関連性	経営者関与	不正額
28	F社	仙台市	不動産	無	〔詐欺行為〕半壊情報を隠蔽した中古住宅の販売	大	不明	3,250万円
29	昭仙	大崎市	建設	無	〔不正請求・受給〕未払い賃金立て替え制度の不正請求	無	無	100万円
30	シンコー	石巻市	製造	有	〔不正請求・受給〕グループ化補助金の不正受給	大	直接的	6億2,851万円
31	ヒット仙台	亘理町	卸売・商社	無	〔偽装行為〕水産食品の賞味期限および表記の偽装・改竄	無	直接的	特定できず
32	ひのきや	仙台市	サービス	無	〔不正請求・受給〕介護報酬の不正受給	無	直接的	190万円
33	G社	仙台市	建設	無	〔偽装行為〕震災被害建物解体工事における警備員の偽装	大	不明	特定できず
34	H社	岩沼市	建設	無	〔無許可操業〕岩沼市の農地での土砂違法採取	大	不明	特定できず
35	三浦食品工業	二戸市	製造	無	〔偽装行為〕食品原材料の産地偽装	無	直接的	特定できず
36	さくら野百貨店※	仙台市	小売	無	〔偽装行為〕食品・食材の偽装表示	無	不明	特定できず
37	花巻温泉※	花巻市	サービス	無	〔偽装行為〕食品・食材の偽装表示	無	不明	特定できず
38	石巻グランドホテル※	石巻市	サービス	有	〔偽装行為〕食品・食材の偽装表示	無	不明	特定できず
39	うすい百貨店※	郡山市	小売	無	〔偽装行為〕食品・食材の偽装表示	無	不明	特定できず
40	鮮味・PCプラス	郡山市	製造	無	〔不正請求・受注〕工場修繕・設備更新の虚偽申請によるグループ化補助金の不正受給	無	直接的	8,400万円
41	アイビー※	福島市	サービス	無	〔独占受注〕医師への贈収賄による診療器具の独占的受注	無	直接的	特定できず
42	大印※	会津若松市	製造	無	〔不正請求・受注〕福島県緊急雇用創出基金事業における虚偽申請による受給補助金の水増し	無	直接的	5,000万円

※1：復旧期の企業不祥事だが，明確な発生期間は不明。
出所：〔注13〕の資料に基づいて筆者作成。

は，当該企業不祥事によって，どれだけの金額が不正に取得されたかを示すものである。ただし，これについても報道時点での数字や概算であったりするため，あくまで参考程度にすることが望ましい。

　このことを踏まえて，復旧期の被災地企業不祥事の概要を見ていく（図表7−4）。ここから復旧期の被災3県では，被災地企業による不祥事の発生件数が，少なくとも42件に及んでいることが分かる。震災関連型では，中小企業緊急雇用安定助成金（以下，緊急助成金）やグループ化補助金など国からの助成金に対する不正請求・受給が最も多い（14件）。ついで，土砂違法採取や家屋解体などについて，国・自治体の許可を得ずに無許可で行う無許可操業（4件），震災被災建物の解体に関する警備費用の不正削減という偽装行為（1件），その他

に震災関連工事を不公正に割当て受注する独占受注（1件），取引先・顧客からの資金詐取や会計上の利益過少申告などの詐欺行為（4件）が見られた。とくに被災地企業では，大規模被災によって企業業績が悪化し，失業率の上昇が想定されたことから，雇用維持に関する助成金の創設や支給要件の緩和などの措置が実施されたが，その制度変更を狙った不正行為が相次ぎ発生したのであった。また震災非関連型の企業不祥事では，ホテルや百貨店での食材偽装（6件）の他に，製造業や卸売業などでも商品や製造物について偽装行為が発覚した（5件）。その他には，介護費や未払い賃金立替の不正受給（4件）と無許可操業（2件），独占受注1件が発生した。このように復旧期には，震災関連型（24件）と非関連型（18件）の不祥事が混然一体となって発生していたのである。

（4）被災地企業の不祥事概要：復興期の被災地企業の不祥事

　ついで復興期における被災地企業の不祥事について見ていく。図表7－5と図表7－6は，復旧期と同様基準でまとめた復興期の被災地企業の不祥事概要である。1から7までは復旧期においても見られたものであるが，復興期にまたがる不祥事であるため，ここでも含めている。復興期の被災3県では，復旧期に対して，その期間が長くなることから多くの不祥事が発生していることが見て取れる。その件数は，少なくとも58件（復興期のみは51件）に及んでいる。復興期においても，商品の偽装行為，土砂違法採取・森林無許可伐採，グループ化補助金の不正受給，会計粉飾行為など多様な不祥事が発生している。

　震災関連型では，土砂違法採取や不法投棄などの無許可操業が最も多く（10件），ついで雇用助成金，グループ化補助金，見なし仮設の不正利用などの不正請求・受給（6件）となっている。その他に，利益過少申告（脱税行為）や不当販売といった詐欺行為（4件），不適切人材派遣や復興事業遅延の隠蔽といった偽装行為（4件），落札事業者への契約辞退の強要や受注企業間の仕事分担調整といった独占受注（2件）が発生している。震災関連型の不祥事合計は，26件となっている。また震災非関連型では，建設業を中心とする土砂違法採取や廃棄物の不法投棄などの無許可操業（10件）が最も多く見られる。その他には，製造業や卸売業などにおける食材産地の偽装を中心とする偽装行為（6件），介

図表7-5　被災地企業の復興期における不祥事（1）[14]

	企業名	所在地	業種	津波被災	不祥事の内容	震災関連性	経営者関与	不正額
1	村山商店※	福島市	製造	無	〔偽装行為〕食品・食材の偽装表示	無	不明	特定できず
2	リョウエイ※	石巻市	建設	無	〔詐欺行為〕復興特需利益の過少申告	大	直接的	4,910万円
3	高梨組建設運輸※	石巻市	運輸・通信	無	〔詐欺行為〕復興特需利益の過少申告	大	直接的	4,730万円
4	C社※	福島県：不明	建設	無	〔無許可操業〕伊達市の畑の土砂違法採取	大	不明	特定できず
5	佐川商店※	矢祭町	卸売・商社	無	〔偽装行為〕食品・食材の偽装表示	無	直接的	特定できず
6	ヒット仙台※	亘理町	卸売・商社	無	〔偽装行為〕水産食品の賞味期限および表記の偽装・改竄	無	直接的	特定できず
7	ひのきや※	仙台市	サービス	無	〔不正請求・受給〕介護報酬の不正受給	無	直接的	190万円
8	I社	田村市	建設	無	〔無許可操業〕田村市の山林の土砂違法採取	大	不明	特定できず
9	渋谷商事・J社	名取市	不動産・建設	無	〔無許可操業〕名取市と山元町の山林・雑木林3か所での土砂違法採取	大	直接的	5億840万円
10	K社	仙台市	建設	無	〔無許可操業〕仙台市の緑地環境保全地域での違法伐採・土砂違法採取	大	直接的	特定できず
11	L社	久慈市	建設	無	〔無許可操業〕普代村の山林の土砂違法採取	大	不明	特定できず
12	M社	洋野町	建設	無	〔無許可操業〕洋野町の山林の土砂違法採取	大	不明	特定できず
13	ダイワコスミックスバリュー	大和町	運輸・通信	無	〔無許可操業〕震災がれき処理焼却灰の不法投棄	大	不明	特定できず
14	小野新建設	岩泉町	建設	無	〔偽装行為〕下請からの不適切な人材派遣と受け入れ	大	不明	特定できず
15	N社	大崎市	建設	無	〔不正請求・受給〕見なし仮設住宅の不正利用	大	直接的	100万円
16	若松魚類	会津若松市	卸売・商社	無	〔偽装行為〕水産食品の賞味期限および表記の偽装・改竄	無	間接的	特定できず
17	たんぽぽ	東松島市	サービス	無	〔不正請求・受給〕介護給付費の不正請求・受給	無	直接的	特定できず
18	丸長建設工業	いわき市	建設	無	〔独占受注〕いわき市発注の震災復興工事落札事業への契約辞退要求	大	直接的	特定できず
19	ウィング	福島市	小売	無	〔偽装行為〕食品・食材の偽装表示	無	直接的	特定できず
20	阿部春建設八木工務店	岩沼市	建設	無	〔独占受注〕亘理町荒浜地区排水路復旧工事の確定入札のやり直し、他企業への便宜計らい	大	直接的	520万円
21	ベリテ	盛岡市	サービス	無	〔詐欺行為〕先物取引を呼びかけて資金を詐取（投資詐欺）	無	直接的	特定できず
22	ゼニス	仙台市	サービス	無	〔詐欺行為〕法人税過少申告・所得税不納付	無	直接的	1億6,000万円
23	蔵王グリーンファーム	白石市	製造	無	〔不正請求・受給〕被災農家参加を要件とする交付金事業の不正受給	大	直接的	1億円
24	桃浦かき生産者合同会社	石巻市	製造	無	〔偽装行為〕他地区の牡蠣を、「桃浦かき」として販売	無	直接的	特定できず
25	FOR SMILING	仙台市	サービス	無	〔不正請求・受給〕障害児通所給付費の不正受給（従業員数の不足を隠蔽）	無	直接的	180万円
26	水機商事	塩竈市	建設	無	〔独占受注〕岩手中部水道企業団発注の公共事業における談合入札	無	不明	90万円
27	アルファー建設	気仙沼市	建設	無	〔無許可操業〕復興造成工事において契約の基準を超える岩を埋めたことで撤去費用発生	大	不明	9,250万円
28	アスリード	気仙沼市	建設	有	〔偽装行為〕現場責任者を配置せず震災の海岸復旧工事を実施	大	不明	特定できず
29	仙台国際ホテル	仙台市	サービス	無	〔その他〕障害者従業員への暴力行為	無	不明	特定できず
30	宮城グレーダ	登米市	建設	無	〔無許可操業〕気仙沼市県道での杜撰な測量行為	無	不明	特定できず

図表７－６ 被災地企業の復興期における不祥事（２）

	企業名	所在地	業種	津波被災	不祥事の内容	震災関連性	経営者関与	不正額
31	JET	石巻市	サービス	無	〔偽装行為〕石巻市発注被災者支援システム構築業における契約違反（納期不遵守）	大	不明	特定できず
32	O社	いわき市	建設	無	〔不正請求・受給〕補助対象外の費用を上乗せして工場補助金の不正受給	大	不明	1,150円
33	P社	仙台市	サービス	無	〔無許可操業〕無許可で外国人留学生をバスで輸送	無	直接的	特定できず
34	笠宏商事	登米市	サービス	無	〔無許可操業〕登米市内に大量の廃棄物を不法投棄	無	直接的	特定できず
35	東友エンジニアリング	仙台市	建設	無	〔無許可操業〕県発注丸森町地質調査を無許可で別企業に請負	無	不明	特定できず
36	Q社	気仙沼市	建設	無	〔詐欺行為〕がれき撤去収益の隠蔽・脱税	大	直接的	4,600万円
37	大春	仙台市	サービス	無	〔無許可操業〕風俗営業禁止地域におけるテナント契約の黙認	無	不明	特定できず
38	オリエンタル	福島市	運輸・通信	無	〔無許可操業〕組織的な無免許者による大型バス運転	無	不明	特定できず
39	営洋	いわき市	製造	有	〔無許可操業〕食肉製造許可を得ないまま豚肉加工品を製造	無	直接的	特定できず
40	米倉設備工業・丸安建設	栗原市	建設	無	〔独占受注〕栗原市発注公共事業に対する談合による受注	無	直接的	特定できず
41	R社	亘理町	建設	無	〔不正請求・受給〕中央職業能力開発機構提供による震災被災若年者の雇用促進補助金の不正受給	無	直接的	120万円
42	古川測量設計事務所・栄和技術コンサルタントなど	大崎市・栗原市	建設	無	〔独占受注〕宮城県・大崎市発注の測量関連業務の入札における受注調整（談合）	無	不明	特定できず
43	S社	相馬市	製造	無	〔不正請求・受給〕グループ化補助金の不正受給	大	直接的	4,600万円
44	T社	福島県：不明	建設	無	〔無許可操業〕震災被災家屋解体廃棄物の不法投棄	大	不明	特定できず
45	高橋商店	相馬市	製造	有	〔不正請求・受給〕グループ化補助金の不正受給	大	直接的	1,500万円
46	リサイクルセンター東北	仙台市	サービス	無	〔無許可操業〕象牙の不正登録とインターネット転売	無	直接的	特定できず
47	U社	宮古市	建設	無	〔詐欺行為〕復興工事の架空発注による作業報酬の詐取	大	直接的	900万円
48	共栄ファイナンス	仙台市	サービス	無	〔詐欺行為〕法定上限を超える超高率金利での貸付	無	直接的	2億6,500万円
49	佐々忠	大船渡市	建設	有	〔独占受注〕大船渡市発注の業務委託請負における贈賄	無	直接的	特定できず
50	熱海建設	仙台市	建設	無	〔無許可操業〕塩竈市における復興建設廃棄物の不法廃棄・焼却	大	不明	特定できず
51	カルヤード	石巻市	建設	無	〔偽装行為〕石巻市雄勝町の防潮堤工事の大幅遅延	大	間接的	特定できず
52	共立・セルコホーム	登米市・利府町	建設	無	〔独占受注〕登米市発注公共事業における贈収賄・不正入札	無	直接的	特定できず
53	真大フーズ	栗原市	製造	無	〔無許可操業〕工場廃棄汚水の下水道への廃棄	無	直接的	特定できず
54	翔ジャパン	塩竈市	製造	無	〔詐欺行為〕宮城県漁協の冷凍ギンザケを不当販売	無	直接的	3億1,400万円
55	佐藤建設	蔵王町	建設	無	〔無許可操業〕特定建設業の非認可にも関わらず建築業法以上の金額で契約	無	不明	特定できず
56	アート	仙台市	サービス	無	〔不正請求・受給〕貴金属売買における架空取引による消費税の不正還付	無	直接的	1,800万円
57	カガク興商	石巻市	サービス	有	〔無許可操業〕産業廃棄物（廃油）の無許可収集・運搬	無	不明	特定できず
58	スプリント	名取市	サービス	無	〔不正請求・受給〕障害者就労移行支援事業について職員数水増しによる補助金不正受給	無	不明	4,500万円

※１：「※」が付された企業による不祥事は，復旧期と復興期の両方にまたがるものである。
出所：〔注14〕の資料に基づいて筆者作成。

護報酬や従業員の給与などに関する補助金の不正請求・受給（5件），公共事業における受注調整・談合といった独占受注（5件），そして，脱税や暴力・ハラスメント事件などの詐欺行為とその他（5件）となっている。結果的に震災非関連型の不祥事が，合計で32件となっている。復興期においても，震災関連型（26件）と非関連型（32件）の不祥事が混然一体となって発生しているが，復旧期に比べて震災非関連型の割合が大きくなっている。次第に平時に戻りつつあるなかで，依然として，震災の混乱に乗じた不祥事が発生し続けているものの，震災と直接の関連を有さない「平時の不祥事」へとその特性がシフトしている。

4── 被災地企業の復旧・復興期における 不祥事特性の考察

（1）被災地企業の不祥事に関する集計

　ここでは，図表 7 - 4 ～ 7 - 6 で得られた被災地企業の不祥事を集計することによって，具体的な考察のための準備を行う。まず図表 7 - 7 は，被災地企業の不祥事の類型を，震災関連性との有無を踏まえて，各業界についてその発生件数を分類した集計表となっている。業界ごとに震災関連性の有無が区別され，それらが不正請求・受給，無許可操業，偽装行為，独占受注・詐欺行為に分類されている。ついで，図表 7 - 8 は，被災 3 県における復旧期と復興期の

図表 7 - 7　企業不祥事の類型と各業界の関係

	総数		建設		製造		運輸・通信		卸売・商社		小売		不動産		サービス	
震災関連性	有	無	有	無	有	無	有	無	有	無	有	無	有	無	有	無
不正請求・受給	20	7	4	1	7	1	1	—	1	—	—	—	—	—	7	5
無許可操業	13	13	10	4	—	—	2	3	—	—	—	1	1	—	—	5
偽装行為	5	15	4	1	—	—	—	—	—	3	—	5	—	—	1	3
独占受注・詐欺行為	9	11	6	5	—	—	1	1	1	—	—	—	2	—	—	5
関与企業合計	47	46	24	11	7	6	4	3	3	3	0	5	3	0	8	18

※1：仙台国際ホテルにおける暴力行為は，独占受注・詐欺行為に便宜的に位置づけている。
出所：著者作成。

図表7−8 被災３県における企業不祥事の発生状況

	震災関連性	復旧期	復興期
岩手県	有	1	4
	無	2	2
宮城県	有	17	15
	無	9	24
福島県	有	6	7
	無	7	6
計	有	24	26
	無	18	32

※１：復旧期と復興期に及ぶ不祥事については，両者に
　　　１ずつ加算している。
出所：著者作成。

図表7−9 被災地企業不祥事における経営者関与

考察対象企業	93 社		
経営者関与状況	有	無	不明
	47	2	44
経営者関与不祥事発生割合	95.9%（47／49×100）		

出所：筆者作成。

企業不祥事の発生状況をまとめている。そして，図表7−9は不祥事における
経営者の関与の割合を示している。最後に図表7−10は，被災地企業の業績
推移について，震災前の状況，ならびに震災後の復旧期（復興期を一部含む）を
中心に示したものである。業界ごとに被災地の有力企業の業績（売上高と純利
益額）を集計して，震災前と比較した震災後の業績伸び率を示している[15]。こ
のようにして得られた集計に基づいて，以下では，震災後の被災地企業不祥事
の発生の背景や要因などについて考察を行っていく。

（2）被災地企業の不祥事の考察：震災後の不祥事発生状況とその背景

　震災後には被災地企業で93件の不祥事が発生したが，そのうち47件が震

図表7-10　復旧期を中心とする企業業績の推移

		2009年度	2010年度	2011年度	2012年度	2013年度	不祥事発生件数 / 震災後業績伸び率
建設・土木・管工事など	売上高合計 純利益合計	935,927 3,704 n=1,037	922,849 3,096 n=1,037	1,267,533 39,730 n=1,100	1,455,952 43,405 n=1,149	1,687,385 57,521 n=1,149	35
	売上高伸び率 純利益伸び率	1 1	0.99 0.84	1.28 10.09	1.40 10.55	1.62 13.97	1.43 11.54
製造	売上高合計 純利益合計	920,515 8,703 n=562	942,331 1,598 n=562	910,276 21,537 n=583	1,081,320 27,491 n=618	1,140,659 33,779 n=618	13
	売上高伸び率 純利益伸び率	1 1	1.02 0.18	0.95 2.39	1.06 2.79	1.12 3.43	1.04 2.87
運輸・通信	売上高合計 純利益合計	238,014 3,394 n=200	248,551 -1,449 n=200	275,394 8,141 n=208	303,240 7,494 n=226	317,737 9,846 n=226	7
	売上高伸び率 純利益伸び率	1 1	1.04 -0.43	1.12 2.35	1.10 1.97	1.15 2.60	1.12 2.31
卸売・商社	売上高合計 純利益合計	2,043,190 12,024 n=784	2,067,434 5,509 n=784	2,125,839 17,429 n=764	2,398,074 26,697 n=802	2,546,656 30,253 n=802	4
	売上高伸び率 純利益伸び率	1 1	1.01 0.46	1.07 1.50	1.15 2.18	1.22 2.47	1.15 2.05
小売	売上高合計 純利益合計	864,602 4,799 n=240	879,370 4,053 n=240	875,768 17,255 n=251	920,288 14,298 n=264	946,461 13,865 n=264	5
	売上高伸び率 純利益伸び率	1 1	1.02 0.85	0.96 3.40	0.96 2.64	0.99 2.61	0.97 2.88
不動産	売上高合計 純利益合計	107,129 2,285 n=94	101,378 1,898 n=94	109,315 4,309 n=103	121,632 4,634 n=109	143,960 7,072 n=109	3
	売上高伸び率 純利益伸び率	1 1	0.95 0.83	0.94 1.71	0.99 1.71	1.17 2.62	1.03 2.01
サービス（外食，IT，リースなど）	売上高合計 純利益合計	1,047,890 8,688 n=328	1,025,963 5,199 n=328	1,110,173 18,334 n=335	1,178,953 23,048 n=376	1,180,585 19,491 n=376	26
	売上高伸び率 純利益伸び率	1 1	0.98 0.60	1.02 2.01	0.97 2.25	0.97 1.88	0.99 2.04

※1：単位は100万円。
出所：『帝国データバンク会社年鑑2013』，p.2639-p.2832, p.2983-p.3070；『帝国データバンク会社年鑑2016』，p.2669-p.2867, p.3023-p.3114 に基づいて著者作成。

災関連型，46件が震災非関連型となっており，前者の全体に占める割合は
50.5％となっている。企業不祥事数の多寡では業界間に大きな差異があり，最
も多いのが建設（35件）であり，1つの業界で不祥事発生件数全体の37.6％を
占めている。ついで，サービス（26件）の28.0％，製造（13件）の14.0％，運輸・
通信（7件）の7.5％，小売（5件）の5.4％，卸売・商社（4件）の4.3％，不動
産（3件）の3.2％となっている。このように建設とサービスが突出して発生し
ており，その他の5つの業界については際立った特徴が見られない。さらに
震災関連型の観点からも見ていくと，建設では68.5％（35件中24件），製造で
は53.8％（13件中7件），運輸・通信では57.1％（7件中4件），卸売・商社では
25.0％（4件中1件），小売では0％（5件中0件），不動産では100％（3件中3件），
最後にサービスでは30.7％（26件中8件）となっている。建設，製造，サービ
スを除くと基本的にサンプル数が少なく大幅な偏りが見られてしまうものの，
建設業界では68.5％というように震災関連型不祥事の多発が見て取れる（図表
7－7）。大震災の復旧・復興に関係する建設・土木関連事業は，不祥事を発生
させる直接の土壌になっていたと推察される。

　発生時期について見ていくと，復旧期に42％（100件中42件），復興期にお
いて58％（100件中58件）という発生状況になっている。総件数で見ると，復
興期のほうが多く見えるが，復旧期は2年に満たない期間であるのに対して，
復興期については2020年までの約8年分の期間を集計しているので必然的に
発生件数は多くなる。1年当たりで見ると，復旧期が21件，復興期が7.3件
となるため，復旧期に不祥事が集中していることが分かる（図表7－8）。被災
3県の発生割合では，復旧期の宮城県では61.9％（42件中26件），福島県では
31.0％（42件中13件），岩手県では7.1％（42件中3件）となっている。復興期で
は，宮城県が67.2％（58件中39件），福島県が22.4％（58件中13件），岩手県が
10.3％（58件中6件）をそれぞれ占めている。このように復旧期と復興期におい
て，不祥事の発生が宮城県に集中していることが見て取れる。その背景には，
経済規模の大きさがあげられるであろう。仙台市が東北経済の中心であり，宮
城県の企業数の多さを考えると，相対的に増加することは当然の結果と言える
であろう[16]。

　そして，不祥事発生企業（件数）の津波被災については，94.6％（93件中88件）が被害を受けていないことが分かる（図表7−4〜7−6）。本来なら津波被害を受けて，多重債務や販路喪失などの問題を抱えた被災地企業が，当該企業を再建すべく，不正に売上や利益を獲得しようとして不祥事を発生させるように思われる。しかし，現実には津波被害をほとんど受けていない企業で，不正請求・受給や詐欺行為などの不正行為が横行したのである。

　上記の通り，復旧期には不正請求・受給，復興期には無許可操業を中心にして震災関連型不祥事が多発している。このことから，大規模な被害をもたらした震災が，むしろ不正な利益追求を可能にしており，企業不祥事発生の温床になっていることも指摘できるのである。とくに復旧期（2011〜2012年度）には，インフラ復旧や住宅再建などに24兆5,645億円に及ぶ復興財源が投じられ，未執行額も9兆2,989億円に及んでいた。この金額は復興期（2013〜2015年度）の19兆3,959円（未執行額：7兆354億円）よりも大きいし（『河北新報朝刊』2016年7月30日），復旧期には雇用調整助成金の震災特例やグループ化補助金などの創設により被災地企業への支援体制が拡充された。また，喫緊課題に直面する自治体や警察などの監視体制も弱体化していたと想定され，その結果，悪意ある企業の利益獲得「動機」が監視体制の弱体化という「機会」と結びつき（杉本，2015b，pp.34-35），復旧期に不祥事を集中的に発生させたと考えられる。津波被災企業は経営再建に奔走するなかで機会を認識したり，利用する余力が無かったのに対して，津波被災の無い企業ではこのような機会を利用することが可能だったと考えられる。

（3）被災地企業の不祥事の特質：震災関連型，経営者関与，業績との関係

　震災関連型不祥事（47件）では，不正請求・受給（20件），無許可操業（12件），独占受注・詐欺行為（10件），偽装行為（5件）の順になっており，補助金を不正に受給したり，無許可で創業するなどの利益追求行為が大部分を占めている。これに対して震災非関連型（46件）では，食材を中心に取り扱う被災地企業による偽装行為（13件）が多く見られた。なお，同族企業や中小企業では，不祥事発生要因は機会主義的に不正な利益獲得を狙うというよりも，様々な経営環境の

諸条件の下でコスト削減に関する不正が発生しやすい（内田・山本, 2014）。このような震災非関連型の偽装行為は食材の賞味期限や製品品質表示などを改竄するコスト削減であり，同族企業の不祥事特性を不正なコスト削減に求める指摘と整合的である。これに対して，震災関連型不祥事は利益追求に偏重しており，コスト削減志向の同族企業の不祥事とは異なる特徴になっており，震災後の特定状況が被災地企業の不祥事行動を変化させたと考えられる。

　経営者関与については，不明 44 件を除外すると，95.9％（49 件中 47 件）の不祥事において，その存在が見られている（図表 7 － 9）。しかも 47 件中で経営者の間接的関与は 2 件のみであり，それ以外（45 件）では経営者が不祥事に直接的に関与している。このことは，オーナー経営者の意思決定と権限が，被災地企業の行動に直接的な影響力を有していることの証左と言える。とくに不祥事に対しても強い影響が見られている。矢口（2016a）は，被災地企業の復興 CSR には経営者の意思決定が強く反映されると指摘するが，不祥事という企業行動においても，残念ながら，それは同様なのである。さらに被災地企業の中小企業的性質を考慮すると，オーナー経営者が企業活動全体を把握していると想定されるため，直接的な指示がないとしても，不正を促進・黙認する場合も多いと考えられる。中小企業では，所有と経営が一致していることから，経営者を適切に規律づけることが困難であり，経営については，彼らの「セルフ・ガバナンス」（self-governance, 自己統治）に依存せざるを得ない。経営者への有効なガバナンスを構築することが，被災地企業も含めた中小企業の不祥事予防につながると考えられる。

　最後に不祥事発生数と各業界の業績推移との関係を見ていく。図表 7 － 10 では，2009 年度から 2013 年度の各業界の売上高と純利益額を表しているとともに，2009 年度の数値を 1 として，2010 年度以降の伸び率について変化の度合いを見ている。売上高については，2009 年度と比較すると震災が発生した 2010 年度にも大きな落ち込みは見られなかった。震災後の売上高伸び率については，建設の 1.43 倍を筆頭に卸売・商社の 1.15 倍，運輸・通信の 1.12 倍，製造の 1.04 倍，不動産の 1.03 倍，サービスの 0.99 倍，小売の 0.97 倍のように若干の伸長が見られる。また純利益については，2010 年度には 7 業界平均伸

び率が震災前に比べて大きく落ち込んだ（0.48倍）。しかし震災後には，建設の11.54倍という驚異的な伸び率を筆頭に小売の2.88倍，製造の2.87倍，運輸・通信の2.31倍，卸売・商社の2.05倍，サービスの2.04倍，不動産の2.01倍のように純利益額は各業界で震災前の2倍以上になった。

　不祥事発生数では，純利益伸び率の最も高い建設で35社と多発しており震災関連型の占める割合も高い。復興特需と変化の激しい経営環境下で，不正に利益を追求する被災地企業が増えたと考えられるからである。その他の業界では，純利益の伸び率の高さに応じて不祥事発生企業数が増える傾向にある[17]。このように被災地企業の業績は震災前の水準を大きく上回っており，建設を中心に復興特需で多大な利益を享受している状況であった。震災では被害が発生しただけでなく，復興関連での需要の発生は結果的に被災地経済を活性化させる一側面も有している。

　そして，被災地経済が活況を呈するなかで，震災関連型不祥事が相次いで発生してきた状況にある。また，純利益の伸び率が低いサービスにおいて，建設に次ぐ不祥事数（26件）が見られることも特徴的である。震災関連型は8件で，そのうち7件が雇用調整助成金や緊急助成金などの不正受給に該当している。従業員を休職させるまでに至らない被災サービス企業では，緊急助成金が損失補填のために悪用されたと考えられる。東京商工リサーチによると，雇用調整助成金の全国の不正受給数は，震災後約2年で570件に及び，業界別では運輸・通信が28.5％，製造が23.0％，サービスが20.3％という割合を占めている。サービスでは，コンサルティングや人材派遣という実態把握の困難な分野での発生が多かったという（東京商工リサーチHP）。例えば，ビジービー（大阪市）のように被災していないにも関わらず，震災特例を悪用して復興財源を詐取する企業も存在している。雇用調整助成金や緊急助成金などの不正受給について，被災地と非被災地のサービス企業では，その行為を惹起させる要因と動機が，他の業界の企業とは異なる可能性があることを指摘すべきであろう。

5 ── 本章のまとめ

　本章では，震災の復旧期と復興期における被災地企業の不祥事について考察してきた。まず，東日本大震災下では，地域を支える重要な役割を果たした企業ばかりでなく，混乱した状況を利用する不正も相次いだことを指摘した。ついで，企業不祥事に関して整理をして，とくに不正に関しては他人を欺く意図的な行為と捉えた。震災下の被災地企業の不祥事については，KPMG の項目分けを援用することで不正請求・受給，無許可操業，偽装行為，独占受注・詐欺行為の4項目に分類した。また，企業不祥事研究に関して既存研究のレビューも行うことで，従来の研究が大企業を中心に考察されており，同族企業や中小企業に対する研究自体が少ないことを示した。それゆえに，震災下の企業不祥事の考察は既存研究の間隙を補うことになり，学術的な意義が高いこともあわせて提示したのであった。

　東日本大震災下の企業不祥事について，まず非被災地企業による不祥事の概要を見て，企業や経済を救済するための補助金制度の悪用，入札談合，廃棄物不法投棄などが行われていることを確認した。ついで，被災地企業の緊急・救援期の不祥事についても若干見たことで，自己資産保全型と震災便乗型に分類した。しかし，当該期の情報収集は極めて断片的になってしまうため，正確性の確保が困難になることも同時に示した。このことを踏まえ本章では，復旧期42件，復興期58件（7件が復旧期と重複）の合計93件に及ぶ被災地企業の不祥事情報を収集して集計した。その結果，①震災復旧・復興を利用する震災関連型不祥事の多発，②業界では建設とサービス，時期では混乱度合の高い復旧期での不祥事集中，③軽微被災企業による不祥事の多発，④コスト削減志向から利益追求志向への不祥事の質的変容，⑤オーナー経営者の直接的な関与の他に，⑥業績との関係では純利益伸び率の高い建設を中心に不祥事が多発しており，復興特需で被災地経済が活況を呈するなかで発生していたことを明らかにした[18]。

　このことを踏まえて，震災後の被災地企業の不祥事の全体像を提示する（図

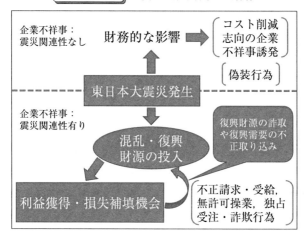

図表7－11 被災地企業不祥事の全体像

出所：著者作成。

表7－11)。震災では復旧・復興に貢献する被災地企業の一方で，混乱する状況が不正な利益追求機会を創出してしまった。まず震災非関連型では，震災が何らかの財務的影響を及ぼしたと想定され，被災地企業の不祥事を誘発することになったと考えられる[19]。それは偽装行為を中心に表れ，平時の同族企業に見られるコスト削減志向不祥事の発生につながった。これに対して震災関連型では，震災後の被災地の混乱状況に加えて，多額の復興財源の投入が利益獲得や損失補填機会を創出し，不正請求・受給や無許可操業などの不祥事を生じさせ，復興財源の詐取や復興需要の不正な取り込みが多数発生することになる。

　本章では震災後の不祥事について，発生数や時期などの概況に加えて，不祥事を誘発する外部要因（監視体制・業績）と，中小・同族企業的性質を踏まえた被災地企業の不正行動の内部的な促進要因（経営者関与・動機）を検討することで，震災という特定状況下に発生する企業不祥事の特徴を明らかにしたとともに，その全体像を提示した。円滑な復旧・復興を達成するために，有事の状況下での企業不祥事の発生抑制について，企業の外部と内部の視点から考えることが求められている。例えば，外部については復興庁に復旧・復興関連事業者に対する不正監視部門を設置し，同部門が，各県庁，市町村，労働局などの不

正監視部門を指導することで体系的な監視体制を構築する必要があると考えられる。震災下の企業不祥事の発生防止策を，より実践的・実務的な側面から考えていく必要がある。

【注】
1) 本章は，矢口（2017c）を大幅に加筆修正して作成されている。
2) 北海道の食肉加工企業であり，2007年6月に食肉偽装行為が発覚した。腐敗したくず肉を入れたり，豚肉を混ぜて牛肉と偽って出荷する事件であり，内部告発によって発覚したことで大きな注目を集めた。詳細については，赤羽（2010）を参照のこと。
3) 「日本企業の不正に関する実態調査」（2010年）に基づく分類であるが，同報告書のHPでの公開はすでに終了している。
4) 経営者による企業資産の横領については，大王製紙前会長の井川意高氏による106億円8,000万円の企業資金を流用した不祥事が，最も有名な事例の1つとなっている。この詳細については，井川（2017）を参照されたい。
5) 社会的損失とは，「企業の存在を認めた時に社会が被るかもしれない不利益」のことであり（高・ドナルドソン，1999, p.122），企業が存在することで様々な「社会的便益」を得ることも確かであるが，同時に多大な社会的損失を発生させることもしばしばであった。
6) 2022年9月時点では，大震災からの復興はハードの側面においてはほぼ完成したと見られているが，被災地の産業や観光など，ヒトや競争力の側面からの課題が残っている。また，復興庁が現在も継続していることも，復興が完成しているわけではないことを示す証左であろう。
7) 食材偽装の記事では，企業が自ら不正を公表したり，商品の自主回収・返金をするケースも含めている。
8) 杉本は，中小企業の不祥事の防止と発見について，11回にわたる連載を通して詳細に検討している。
9) 関根, 2011；『河北新報朝刊』2015年8月25日, 2016年1月21日, 2017年3月22日, 6月21日, 7月21日, 2018年6月15日, 7月19日, 2019年2月23日, 3月20日, 5月11日, 2020年10月31日, 2021年6月29日；『河北新報夕刊』2016年1月7日。
10) 『河北新報朝刊』2011年3月19日, 6月3日；『河北新報夕刊』2011年3月29日, 4月16日；仙台市防災安全協会HP。
11) 全国コミュニティ・ユニオン連合会によると，2011年3月26日時点で震災便乗解雇に関する相談が490件（そのうち宮城県は49件，福島県は34件）寄せられたという（『福島民報朝刊』2011年4月29日）。なお，これは相談件数であり，この数字をもって震災便乗解雇が発生したことを示すものではない。

12)　経営者関与の有無については，本来は，企業経営の実態を調査しなければ，その判断が難しい。それゆえ，新聞記事を中心とする報道からは，経営者関与の有無を判断できない場合が多い。結果的に，不明に位置づけられるケースが多くなってしまうことに留意されたい。

13)　『河北新報朝刊』2011 年 7 月 15 日，8 月 12 日，2012 年 2 月 14 日，5 月 15 日，6 月 12 日，11 月 20 日，12 月 15 日，2013 年 1 月 30 日，2 月 9 日，3 月 27 日，4 月 16 日，4 月 20 日，4 月 21 日，5 月 2 日，5 月 3 日，5 月 18 日，6 月 5 日，6 月 19 日，8 月 13 日，9 月 10 日，11 月 7 日，11 月 8 日，11 月 9 日，11 月 10 日，11 月 14 日，2014 年 1 月 15，3 月 19 日，3 月 20 日，4 月 1 日，4 月 18 日，4 月 26 日，5 月 28 日，6 月 6 日，8 月 19 日，8 月 20 日，12 月 26 日，2015 年 1 月 24 日，10 月 10 日，12 月 1 日，12 月 22 日，2016 年 2 月 27 日，3 月 16 日，3 月 18 日，11 月 19 日，12 月 13 日，2017 年 5 月 10 日；『福島民報朝刊』2012 年 8 月 14，2014 年 9 月 12 日，2015 年 9 月 10 日；『岩手日報朝刊』2013 年 1 月 19 日，11 月 13 日；『朝日新聞デジタル』2013 年 11 月 29 日；宮城県産業立地推進課提供資料。また，宮城県産業立地推進課（実施日：2016 年 6 月 28 日）と岩手県経営支援課（実施日：2016 年 6 月 30 日）には，グループ化補助金不正受給や土砂違法採取について聞き取りをした。岩手県では新聞情報の確認に留まったが，宮城県ではとくに土砂違法採取について詳細な情報提供を受けた。

14)　『河北新報朝刊』2014 年 5 月 21 日，5 月 22 日，6 月 17 日，6 月 22 日，7 月 2 日，7 月 8 日，10 月 6 日，2015 年 1 月 21，1 月 22，2016 年 1 月 24 日，2 月 5 日，2 月 6 日，2 月 10 日，2 月 11 日，3 月 31 日，5 月 19 日，6 月 16 日，7 月 6 日，12 月 27 日，12 月 29 日，2017 年 2 月 1 日，3 月 17 日，3 月 18 日，6 月 29 日，8 月 11 日，8 月 26 日，9 月 30 日，10 月 11 日，10 月 31 日，12 月 6 日，12 月 8 日，12 月 29 日，2018 年 1 月 19 日，2 月 10 日，4 月 10 日，7 月 11 日，7 月 20 日，7 月 27 日，8 月 1 日，8 月 2 日，8 月 22 日，10 月 10 日，10 月 12 日，2019 年 1 月 16 日，1 月 18 日，2 月 13 日，3 月 23 日，5 月 16 日，10 月 30 日，2020 年 2 月 21 日，6 月 9 日，6 月 24 日，7 月 28 日；『河北新報夕刊』2015 年 1 月 27 日；『福島民報朝刊』2015 年 1 月 23 日；『岩手日報朝刊』2015 年 1 月 22 日；宮城県産業立地推進課提供資料；宮城県産業立地推進課への聞き取り情報（実施日：2016 年 6 月 28 日）。

15)　本章では，復興期の不祥事について 2014 年度以降に発生したものも含めているが，被災地企業の業績については，資料の関係上，2013 年度までのものしか準備できていない。したがって，ここでは 2014 年度から数年間は同様の傾向が続いたものと仮定して検討をしていることに留意されたい。

16)　ただし，以下の点に注意が必要である。不祥事情報については，宮城県の地方紙である『河北新報』に本書が多く依拠しているため，宮城県の企業情報のことを取り上げやすいこと。さらに，福島県では原発関連作業にともなう不祥事を除外しているため，福島県で発生した不祥事が過少にならざるを得ないこと。この 2 点から本章の分析の正確性について，不十分になっている可能性があることを指摘せざるを得ない。

17) 不祥事発生数と純利益伸び率について，Pearson の積率相関によると相関係数が r ≒ 0.757 になり正の相関が認められ，また p = 0.049015（p < 0.05）となり 5% 水準で有意であることも示された。サンプル数の少なさや外れ値を考慮する必要があるが，一定の相関関係はありそうである。

18) コロナ禍においても企業による不正行為が後を絶たない。例えば，緊急事態宣言や蔓延防止等重点措置にともない売上が減少するなかで，従業員の雇用維持のための雇用調整助成金について不正受給が相次いでいる。これは全国的な傾向かもしれないが，宮城県だけみても，鈴木サポート（気仙沼市）が 915 万円，中村印刷（上町）が 1,185 万円，ヤマテック（仙台市）が 3,977 万円などの不正受給が見られた（『河北新報朝刊』2021 年 12 月 10 日，2022 年 9 月 2 日・10 月 1 日）。

19) 百貨店やホテルでの食材偽装については，震災前から慣習的に行われてきたことから，一部，震災後の財務的な影響との関係性が低い事例も含まれている。

第8章　本書の要約と結論

　以上，本書では，「地域を支え，地域を守る責任経営」を展開する中小企業・
地域企業について，その CSR (SDGs を含む) と事業承継について検討してきた。
本書では，最後に，これまでの各章の内容を要約するとともに，結論と実践的
なインプリケーションを提示して本書のむすびとする。

1 —— 第1章から第3章までの要約

　本書の前半部分に相当する第1章から第3章では，CSR それ自体の性質を
検討するとともに，本書における考察の理論的な枠組みの構築を行っている。
CSR の基本，中小企業における CSR，CSR とリーダーシップを各章の主たる検
討課題として設定した。このことは，中小企業の CSR 実践と，その持続可能性
の担保に向けた SR リーダーシップを考察するための基盤になるものである。

　まず第1章では，CSR の基本的な性質と国際的な潮流を把握することで，
その特徴を正確に理解するとともに，今日的な背景との関係からその意義も明
らかにした。人間だけでなく，企業も多様な社会関係のなかで活動しているこ
とから，社会性を持つべきことが指摘されており，その実践的な行為が CSR
なのである。CSR の実践では，具体的には経済，法律，倫理，社会貢献の 4
つの社会的責任事項を，ステークホルダーに対して果たすことがその要諦とな
っている。その目的はトリプル・ボトム・ラインに基づく持続可能性（持続可
能な発展）の達成にあった。社会や環境における課題解決だけでなく，企業の
競争力強化を目指すものであり，そのことは欧州における定義からも明確に見
て取れた。それを実行する取り組みが BOP ビジネスや CSV であり，経済的
価値と社会的価値を両立させるビジネスの仕組みが近年では構築されている。

　そのうえで，CSR を促進する国際的な潮流として，グローバル・コンパクト，PRI と ESG 投資などの背景を述べたうえで，近年の CSR を形づくる ISO26000 と SDGs に関して具体的に検討した。ISO26000 では，ステークホルダー・エンゲージメントを核としながら，ESG 視点に基づいて CSR 実践の枠組みがつくられていた。また，近年の世界的なトレンドは 17 目標の設定に基づく SDGs であり，この目標の達成に向けて企業は貢献する必要がある。そのことは，企業としては CSR を実践すること，さらには ISO26000 の枠組みに従って，経済・社会・環境の 3 つの側面の課題に取り組むことが，SDGs へと直結していることも合わせて示された。

　ついで第 2 章では，中小企業・地域企業と CSR の関係について俯瞰して，これら企業が果たす社会的責任の方向性を示した。中小企業は地域社会との結びつきが強いことから，地域社会に対して果たせる CSR を ISO26000 のコミュニティの観点から整理した。中小企業は事業基盤である地域社会に対して，あらゆる側面から課題解決にアプローチして人々の QOL 向上に貢献できる。また，企業の社会貢献拠出について，日本経団連・1%（ワンパーセント）クラブの調査に基づいて，その平均拠出額を検討した。しかし同時に，経営資源上の制約の大きい中小企業では，フィランソロピー的な活動のみで CSR を構成することは難しい。それゆえに，大企業の枠組みで見るのではなく，中小企業が実践可能な CSR の在り様を考えることが必要である。そもそも中小企業に対する CSR 調査によると，「自称」でさえ CSR に取り組めていると回答する企業が 4 割程度に留まっており，未だに CSR に対する認識と実践が不十分な状況にあるのであった。

　しかし近年では，中小企業だとしても，CSR や CSV に取り組むことが必須の事項として求められている。大企業は戦略的かつ明示的に CSR を実践しているが，中小企業では暗黙的に日常の事業との関連で取り組まれていることに着目すべきである。その CSR が具体的に明示化したのが，東日本大震災下の企業行動であり，地域住民の生命維持，地域社会の維持と活性化，雇用創出，供給責任，レジリエンス強化など様々な貢献を行った。これらは事業との関連性の高いものであり，事業それ自体に社会性が組み込まれていることを見て取

れる。そして，地域企業においても，日常的に事業活動に CSR を組み込むことで同時に収益性を向上させている好事例があったことから，事業関連性の高い取り組みを行うことが，自然な形で CSV にもつながっていく。

　また，SDGs に関する取り組みも検討した。まず積水ハウスによる CSR 経営を見たことで，その取り組みが ESG と SDGs との関係から体系化されていることを示した。大企業の体系的な SDGs 活動を目の当たりにすると，中小企業では，その模倣は困難であるため，SDGs への取り組み自体が困難なように見受けられる。しかし，東日本大震災における企業活動を注視すると，そのような地域社会に対する社会的責任行為は SDGs の項目に該当するものであり，目標8：成長・雇用や目標11：都市などを中心にして SDGs との関係性を強く見て取れた。中小企業・地域企業だとしても，事業との関連性を通して，何らかの形で CSR を実行することが重要なのであり，そのことが持続可能な発展に結実していく。

　最後に第3章では，CSR を推進する経営者の社会的に責任あるリーダーシップ（SR リーダーシップ）とその承継の観点から，中小企業の CSR の持続性を担保する枠組みの構築を試みた。まず，中小企業のガバナンス特性について検討した結果，それらのほとんどが同族企業に位置づけられることから，経営者のリーダーシップに大きな影響を受けることを示した。同時に，同族企業ゆえに事業承継も子息を中心に家族・親族に対して実施される。また中小企業は地域企業と言い換えられることから，地域社会を事業基盤とすることになる。そのために，地域ステークホルダーからの事業存続に対する正当性を獲得する必要があるが，そのためにも持続的に CSR を果たし続ける必要がある。

　さらに本章では，CSR とリーダーシップの関係性について，オーセンティック LS や倫理的 LS などのリーダーシップ形態に関する既存研究をレビューした。それらリーダーシップ研究からは，CSR を全面的に推進する経営者の役割や，リーダーシップの企業行動に結実するメカニズムについて看過されていることが明らかになった。このことから SR リーダーシップが，従業員を動員して実際の CSR を牽引する経営者行動であると捉えた。それは企業と社会の双方の発展を目指すリーダーシップ形態であり，その存在なくして責任ある

企業行動を取れないが，既存の研究では，それの CSR 活動に結びつくプロセスや，その承継を通した継続的・持続的な CSR 実践という視点が看過されていた。

　それゆえ本書では，SR リーダーシップの承継に基づく，中小企業 CSR の持続可能性に関して考察を進めることにした。社会的に責任ある中小企業の経営者には，先々代・先代経営者の理念や価値観が反映されている。つまり，SR リーダーシップが代々受け継がれていると仮定した。これによって平時・有事とを問わず，社会的責任を果たせると考えて，中小企業の持続的な CSR を可能にする SR リーダーシップとその承継に関する試論を構築した。そもそも中小企業の究極的な目的は，子孫を中心とする事業承継によって継続企業たりえることであり，そのためには法的正当性に加えて，地域社会（地域ステークホルダー）から社会的正当性を獲得する必要がある。そのために，中小企業は地域社会に対して CSR を実践する必要があるが，しかも一時的ではなく，企業が存続する限り永続的に果たし続けなければならない。そのことを可能にするのが，SR リーダーシップの承継にあると捉えたのであった。

2── 第4章から第6章までの要約

　第3章において提示した SR リーダーシップとその承継に関する枠組みの検証を目的として，第4章から第6章では，地域企業の事例考察を行った。平時・有事を問わず社会的責任を果たしている阿部長商店，イシイ，嵒々温泉，さいとう製菓，サイト工業の5社であり，各社の経営者へのヒアリング調査に基づく事例考察を進めた。5社の検討の後には，SR リーダーシップに関する整理と分析を行い，本書の試論・枠組みの修正と精緻化を試みた。

　第4章では，阿部長商店とイシイの CSR に対する事例を検討した。阿部長商店は，南三陸地域の水産加工・観光業の大手企業の1つであり，地域社会・産業の維持を目的とする取り組みが行われてきた。大震災では壊滅的な被害を受けたが，阿部社長は事業継続と雇用の維持を行うとともに，同社宿泊施設では被災者の避難拠点としての役割を果たしたのであった。復旧・復興の過程で

は，水産加工施設を早期復旧・再開することで水揚げされる魚介類の受け皿を
確立し，地域漁業の衰退阻止に取り組んだ。また，震災風化阻止や交流人口拡
大の活動も行ってきた。さらに，コロナ禍でも感染拡大の防止やワクチン集
団接種への取り組みなど社会的責任が果たされていた。そして阿部長商店の
CSR には，阿部社長のリーダーシップが存在していたが，そこには泰兒前会
長の SR リーダーシップが承継されていることを見て取れた。泰兒前会長は，
サンマ資源の保全やカツオのタンク取りなど，水産業の持続可能性や地域漁業
の競争力強化のための活動を展開してきた。地域ステークホルダー全体の利害
を優先する姿勢が強く見られており，そのような先代経営者の経営姿勢が，阿
部社長のリーダーシップにも反映している。

　ついで，イシイは仙台市を中心にワーク・ユニフォーム納入や小売店を展開
する卸売・流通業である。同社の CSR の特筆すべき取り組みは，大震災直後
からダブルストーンの営業を再開し，津波被災地最前線で商品・物資の供給を
担ったことであった。コロナ禍では，ステリ PRO という除菌消臭水の販売を
通して感染拡大防止や雇用維持にも貢献してきた。平時の取り組みとして，い
じめ撲滅に向けたピンクシャツデー仙台の開催や ISO14001 の認証取得など，
社会・環境課題に関する取り組みも見られた。同社の CSR においても石井社
長の強いリーダーシップが存在し，それによって地域社会の危機時に従業員を
動員できていることが明らかになった。石井社長は地域社会に対する強い共生
意識と価値観を有しており，そのリーダーシップには先代の次雄前社長の経営
姿勢と共通する点が見受けられた。義理を重んじて地域社会の発展に資する姿
勢であり，次雄前社長の SR リーダーシップが，石井社長の意思決定や行動に
も反映されていた。

　阿部長商店とイシイの CSR と SR リーダーシップの承継事例から，暗黙的
CSR に根差して社会的責任を果たしてきたことが見て取れた。両社ともに，
その CSR 実践には経営者のリーダーシップが強く反映されている。そこには
地域社会の存在なくして企業も発展できないという，共生の価値観が見られた。

　第 5 章では，巣々温泉とさいとう製菓の事例を検討した。巣々温泉は秘湯の
一軒宿であり，日頃から地域社会や宿泊業界の維持・発展のために尽力してき

た。大震災下では，小竹浜という被災地へ温泉提供をしたり，宿泊客が来れないなかでも従業員の雇用維持に努めた。火口周辺警報の際には，竹内社長が全面に出て蔵王地域の風評被害の払拭に取り組んだり，蔵王の自然を守るための活動も展開している。竹内社長の意思決定や行動に強く依拠しているだけでなく，また彼のSRリーダーシップには，直也氏や建一郎前社長といった先々代，先代経営者の価値観も反映されていた。竹内社長は，全面的に彼らの価値観を受け入れるのではなく，峩々温泉，地域社会，温泉業界などを考慮して取捨選択しながら取り入れていた。もちろん，地域と業界が良くならなければ旅館自体も改善されないという歴代の経営者間で共通する認識も見られた。

　さいとう製菓は，かもめの玉子の製造・販売を主要事業とする大船渡市の地域企業である。大震災下では，同社は，避難所にかもめの玉子を30万個無償配布したことで知られている。復旧期には地域活性化について貢献するとともに，大船渡市地域の企業再建の旗振り役として多額の投資をして事業所の再建に取り組んできた。ここには齊藤会長のSRリーダーシップを明確に見て取れるが，その背景には俊雄前社長による地域社会への使命感が存在した。俊雄前社長は，チリ地震津波の際には大船渡市の商工業復興を優先させたり，菓子づくりの機械化を進めるなど地域社会と産業の先導役を担ってきた。地域社会・産業の発展を重視する思考の下で行動していたのである。大震災後の齊藤会長の取り組みは，詳細な点は異なるものの，根本はこの原理に基づいて行動したのであり，結果として，さいとう製菓は地域社会に対して多大なる社会的責任を果たせた。すなわち，俊雄前社長から齊藤会長へとSRリーダーシップが承継されていたのであった。

　峩々温泉，さいとう製菓ともに，平時と有事とを問わず暗黙的CSRに基づく社会的責任を積極的に果たしてきた。それらのCSRの基底においても，企業と地域社会が共生関係にあることを見て取れた。また，両社においても，先代経営者は地域社会や業界を当該企業よりも重視する姿勢さえ見られた。竹内社長や齊藤会長は，地域社会を重視しつつ企業それ自体の発展を重視しており，この点に先代経営者との若干の差異はあるものの，SRリーダーシップを発揮している。地域課題を解決しようとするSRリーダーシップが，先代（先々代

を含む）から現経営者へと承継されているのであった。

　第6章では，サイト工業を検討した後に，CSR とリーダーシップに関する5
社事例を踏まえて，その特徴を整理するとともに，定性的な観点から分析を行
った。まず，サイト工業は，地域の建設業として，主として大手ゼネコンとの
信頼関係に基づいて事業を実施してきた。同社の CSR では，東日本大震災に
おける公共施設やインフラ復旧だけでなく，津波被災地の瓦礫撤去に対する取
り組みが見られた。またコロナ禍では，住宅の換気性能向上に加えて NPO 支
援や寄付活動を行っている。サイト工業単独または協働によって，地域社会に
対して CSR を果たしてきたわけだが，この行動には齋藤社長の理念と価値観
に基づく SR リーダーシップが存在していた。そこには，地域社会と企業の発
展を重視する先々代の富衛元社長や，先代の元前社長の影響が存在していた。

　ついで5社の CSR 事例について，経営環境（有事・平時），CSR 行動，事業
関連性の有無，CSR の特質，経営者リーダーシップの側面から整理した。こ
こから平時では事業関連性は低いのに対して，有事の CSR では，その関連性
は高くなる傾向にある。それら CSR のすべてが，地域社会との共生に基づく
暗黙的 CSR として実践され，かつ経営者の SR リーダーシップによって牽引
されていることが明らかになった。

　これを踏まえて，経営者の SR リーダーシップの特徴について，先々代から
先代，そして現経営者との間で比較を行った。各世代の経営者の理念・価値観
として，①企業永続の根拠，②従業員，③地域社会，④ CSR への認識を分析
視点として設定した。現経営者は，先々代および先代経営者の理念・価値観を
承継しているが，その在り様については複数のパターンが存在していた。先代
経営者との関係に限定すると，先代経営者模範型の全面承継と，一部分を模範
とする発展型承継の2パターンであり，また三世代にわたる承継では，先々代
と先代の良い点を取り入れる折衷型承継の特徴が見られた。このことを踏まえ
て，図表3-5で提示した「中小企業の CSR の持続性に関する試論」を修正
した。先々代と先代から現経営者へと SR リーダーシップが直接的に受け継が
れるのではなく，様々なパターンに基づいて承継されることを加筆して，中
小企業 CSR と SR リーダーシップ承継の関係性をより精緻化したのであった。

社会的正当性に関しては，中小企業の場合には暗黙的 CSR であるために，地域ステークホルダーからの評価を把握できないことが課題となることも合わせて提示した。

3 —— 第7章および補章の要約

　第7章では，震災の復旧期と復興期を中心にして被災地企業の不祥事について検討した。東日本大震災下では，地域を支える重要な役割を果たした企業ばかりでなく，地域企業による不正行為も多数見られたからである。まず災害下の企業不祥事を，不正請求・受給，無許可操業，偽装行為，独占受注・詐欺行為の4項目に分類した。これを踏まえて，非被災地企業による不祥事の概要を見て，補助金制度の悪用，入札談合，廃棄物不法投棄などが発生したことを確認した。その後，被災地企業に関する考察に進み，復旧期42件，復興期58件（7件が復旧期と重複）の合計93件に及ぶ不祥事の発生を確認した。被災地企業においては，①震災関連型不祥事の多発，②業界では建設とサービス，時期では復旧期における不祥事集中，③行為主体としての軽微被災企業，④コスト削減志向から利益追求志向への質的変容，⑤オーナー経営者の直接的な関与の他に，⑥建設業を中心に不祥事が発生していた。

　東日本大震災では復旧・復興に貢献する企業の一方で，混乱する状況が不正な利益追求機会を創出していた実態も確認されたのである。震災と直接関連しない不祥事（震災非関連型）では，震災が何らかの財務的影響を及ぼして，被災地企業の不祥事を誘発することになった。偽装行為が中心的に見られ，コスト削減志向不祥事の発生につながっていた。震災関連型では，被災地の混乱状況に加えて，復興財源の投入が利益獲得や損失補填機会を創出し，不正請求・受給や無許可操業などを生じさせた。さらに，不祥事を誘発する外部要因（監視体制・業績）と，同族企業的性質を踏まえた被災地企業の不正行動の内部的な促進要因（経営者関与・動機）の観点から，大規模災害という特定状況下に発生する企業不祥事の全体像を提示した。

　最後に補章として，米国ハワイ州のサステナビリティに注目しながら，同州

の地域企業の CSR に関して考察をした[1]。これは筆者による在外研究の成果
であり，島嶼という面積的にも限定された地域における企業の社会的役割を問
うた考察となっている。まず，ハワイのビジネスの状況が，中小企業に依存す
る経済体制であることを示したうえで，同州におけるサステナビリティ推進に
関する既存の研究をレビューした。行政や教育機関を対象とする研究が多く，
CSR の観点から，ハワイ企業を対象とする研究はほとんど見られなかった。
ついで，ハワイにおける社会的課題について，気候変動，コミュニティ（ホー
ムレス増加），自然災害（ハリケーンや噴火）の観点から整理したことで，これら
が同州の持続可能性において大きな課題になっていることを示した。

　そのうえで，ハワイ企業の CSR について，上場企業の CSR 報告を検討した
ところ情報開示の不十分さが露呈された。また，同州の大手3社事例を考察し
たが，基本的に寄付や物資支援などの慈善活動が中心であり，地域社会への貢
献を重視する取り組みが見られた。地域企業事例では，まず DHX では，ホー
ムレス問題に対するステークホルダー参加型の寄付活動や現物支援に基づく
災害支援などが実施されていた。地域企業ながらも経営理念に基づく CSR を
展開しており，持続可能な発展に貢献しようとする姿勢が見られた。ついで
CPB の事例では，コミュニティ融資や支援の活動を見ることができた。CPB
の企業寄付では，管理者も含めた従業員参加による取り組みが特徴的であっ
た。同社は CRA の制度的影響と経営者の価値観の下で，暗黙的な社会貢献活
動が組織に根付いているようであった。

　このことを踏まえて，ハワイ企業の CSR 課題について，ステークホルダー
関係と組織・マネジメント関係の2つの側面から整理した。前者については①
国際的な人権問題や②労働 CSR・従業員 QOL の認識欠如，③災害発生時の体
系的な支援指針や BCP 策定の不十分さ，④環境課題を経営に取り込む環境経
営的な視点の欠落が指摘される。後者については，①情報開示も含めた CSR
推進体制の不備，②コミュニティ支援に関する成果のあいまいさ，③CSR そ
れ自体に対する認識の低さが課題であった。とくに③については，事業関連性
CSR の意義，経営戦略的な視点，SDGs などが考慮されておらず，国際的な
CSR 推進の枠組みもほとんど理解されていない。持続可能な発展が求められ

ているなかで，ハワイ企業は，地域社会への寄付を中心に CSR を構成しており，それの本質については十分に認識されていないようであった。

4 ── 本書の結論

　上記のような各章での考察を踏まえて，本書の結論を述べていく（図表8 − 1）。まず，近年では，グローバル，または地域的とを問わず多種多様な課題が発生している状況にある。気候変動，生物多様性，人権問題などのグローバル課題に加えて，ISO26000 からは地域的な諸課題が明示されていた。近年の日本では，相次ぐ大規模自然災害を考慮すると，地域的な課題の大きさが際立ってきているようである。このように人類が直面する課題の解決に対して，経済主体である企業からの貢献が求められており，それを促進する国際的な潮流として，グローバル・コンパクトと PRI に端を発する ESG，CSR の国際的な標準化を意図する ISO26000，2030 年を目標として持続可能な開発を目指す SDGs という枠組みがつくられてきた。SDGs それ自体は，直接的に企業の CSR の在り様を規定するわけではないが，解決すべきゴールが定められたことで，CSR 活動の目標が明確になったとも言えよう。

　このような諸課題や ESG・SDGs に対して，大企業や多国籍企業においては，当然ながら CSR 問題として認識する必要性が生じているし，実際にも明示的な取り組みが見られる。これら企業の規模や行動範囲の広域性を考慮すると，極めて多様で，多数のステークホルダーとの関係を有することになるからである。これに対して，中小企業・地域企業はどうであろうか。たしかに，企業規模は小さいし，地理的行動範囲も「コミュニティ」を中心に限定されるため，ステークホルダーの種類と数は相対的に少なくなってくる。しかし，世界的に見ても，企業数に占める中小企業の割合は圧倒的に大きいことから，大企業だけでなく，中小企業も CSR に取り組まなければ社会的な課題を解決することは困難である。ここに中小企業・地域企業をして，CSR を果たす必要性の根拠が生じるわけだが，大企業とは異なり，それらの経営資源的な制約も大きいのが現状である。

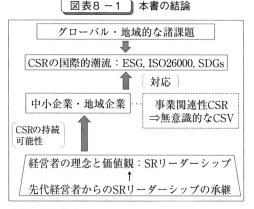

　図表8－1　本書の結論

出所：筆者作成。

　それゆえ中小企業では，事業との関連性の低いフィランソロピー活動も展開しつつ，そのCSRの基本は事業関連性の高い，あるいは事業それ自体を通した取り組みなのであり，実際に，そのような活動が地域課題の解決に効果的であったことが，本書での考察から随所に見て取れたであろう。そして，地域課題の解決のための社会的責任行為が，結果的に当該企業の競争力や持続可能性の向上に寄与することも多い。つまり，意図しない無意識的なCSVへの取り組みが，多くの中小企業では自然に行われていると考えられる。このような特徴は，本書の中心的考察事例であった阿部長商店，イシイ，巽々温泉，さいとう製菓，サイト工業の各社からも顕著に見られた。

　しかし，中小企業・地域企業をして，CSR活動を活発にせしめる要因は何であろうか。大企業・上場企業であれば，株式市場を始めとして，複数の外的な圧力がかかることを大きな要因の1つとしてあげられる。これに対して中小企業では，CSRを実行せしめる，少なくとも「明示的」な外的な圧力は無いように思われる。このことについて，本書では，同族企業的な性質ゆえに，経営者のリーダーシップに強く依存すると考えた。外的な圧力が無いことから，経営者の地域ステークホルダーに対する理念と価値観が重要であり，それらに基づくSRリーダーシップの発揮が決定的な役割を担うことを明らかにした。上記の5社事例からは，そのような経営者のSRリーダーシップ特性を如実に

見ることができた。ただし，そのような SR リーダーシップが，現経営者の一代で終わってしまうのならば，中小企業をして持続的な CSR を果たすことは難しい。持続的に CSR を果たし続けることで，中小企業は地域ステークホルダーからの社会的正当性を獲得していかなければならない。中小企業の CSR が，経営者の価値観という属人的要素に依存するのであれば，そもそも CSR の持続可能性など期待されるべくもない。

　このような仮定がありながらも，実際には，長期的または永続的に CSR を果たし続けている中小企業の事例を本書では見ることができた。当該企業において，事業承継で受け継がれるのは，資産，負債，従業員，経営ノウハウ，取引関係のようなビジネスに直結するものだけでなく，理念や価値観，さらにはそれに基づく SR リーダーシップもまた受け継がれていく。つまり，CSR という「行為」それ自体も承継されるということである。5 社の事例からは，現経営者は，（先々代を含めて）先代経営者の企業経営に対する姿勢やその背中を目にして，成長してきたのである。先代経営者が，当該企業のみならず，地域社会を重視した行動をする姿が，現経営者の記憶や心に刷り込まれている。実際に，現経営者は，先代経営者の行為を一部反面教師的に捉えることも見受けられたが，基本的には，父親や祖父を尊敬し，経営者の模範として捉えているようであった。

　このようにして，地域社会や社会的責任に対する理念や価値観という企業行動の根本原理に対する考え方が，世代を超えて受け継がれていくなかで，経営者が SR リーダーシップを発揮できるようになる。この結果，中小企業における社会的責任の遂行を可能にして，ステークホルダーからの期待にも応えられるのである。そのことが，地域ステークホルダーからの社会的正当性の獲得につながり，企業に対して，ゴーイング・コンサーンとして活動できる基盤を付与する。これが本書の結論であり，中小企業・地域企業の CSR メカニズムの一部を究明したとともに，それらが CSR を行うことの意味を明らかにしたと考えている。

5—— 実践的なインプリケーションと今後の課題

　最後に，本書の考察から得られた実践的なインプリケーションを提示するとともに，今後の課題を述べて結びとしたい。そもそも「インプリケーション」(implication) については，多義的な内容を含むが，「含意」や「示唆」という意味合いで捉えている。つまり，考察や結論の結果として，「このようなことが言えるのではないか」だとか「このようなことをすべき」という，一定の根拠に基づいて，今後の方向性や推測を述べるものである。

（1）実践的なインプリケーション

　本書での検討から提示できるインプリケーションとしては，第1に「中小企業の評価向上，つまり明示的 CSR を意識すべき」ということがあげられる。中小企業の CSR 実践は，暗黙的な CSR であり，一般的にステークホルダーからの評価を得にくいことから，CSR を明示的に行う必要があると考えられる。せっかくの「善行」なのであるから，それを暗黙裡に行うだけでは，企業としては「もったいない」ことになるであろう。CSR への取り組みを，ステークホルダーからの評価向上に役立てることは，経営戦略的にも望ましいものである。もちろん，多国籍企業の CSR において問題視された「仮面の下で」問題に陥ることは望ましくない (Christian Aid, 2004)。しかし，むしろ内実がともなうのであれば，評価を意図した行動については，企業という営利追求機関の営利性や経済的責任の遂行にも貢献する。中小企業・地域企業だとしても，社会的な役割を果たすことで，当該企業に何らかの見返りがもたらされることを理解すれば，CSR に対する認識と行動がより活発になる可能性が高まる。

　第2に「中小企業経営者への CSR 教育・研修」を推進することである。中小企業の CSR では，先代から現在のオーナー経営者へと SR リーダーシップが承継されることで CSR の持続性が担保される。つまり，一面では中小企業の CSR は，オーナー経営者の属人的な性格に拠るところが大きい。属人性が高いゆえに，結局のところ，「ヒト」次第にならざるを得ない。中小企業にお

けるCSRへの認識の低さについては，CSR自体を十分に学ぶ機会が少ないことを示している。仮に属人的な性質を持つ中小企業だとしても，オーナー経営者に対するCSR教育や研修を行うことが，彼らの経済・社会・環境といった持続可能性に対する認識を向上させる。これによって企業活動それ自体をSDGs志向，あるいはCSV志向へと導くことができると考えられる。ここで問題となることは，経営者が，CSRの重要性を軽視して最初から学ぶ意識を持てない場合である。

　この解決のためには，社会全体でCSRに対する認識を高めることを指摘されるが，大学生をはじめとする高等教育機関において，学生のCSRに対する理解を促進することがその有用な手段の1つになり得る。つまり，学生が就職活動をする際に，企業の採用試験を受験するか否かの判断基準に，CSRの視点を持つようにすることである。そのような機運が高まれば，中小企業・地域企業としてもCSRへ取り組むことが，企業それ自体の広報となって，当該企業の採用試験に対して，多くの就活生を引きつけることができると推察される。さらに，各社，つまり企業単独でのCSRに対する認識向上が難しいのであれば，それらが所属する業界団体が積極的に勉強会・研修会を開催すべきであろう。具体的には，各地の商工会議所，中小企業家同友会，中小企業団体中央会，倫理法人会などの経済団体がこれに該当する。また，社会福祉協議会のような福祉に関する公的な機関が，CSRを促進することも必要になると考えられる。例えば，仙台市社会福祉協議会では，企業の寄付やボランティア（プロボノ含む）などを喚起するために，企業と非営利団体を結びつける取り組みをしており，CSR促進を担っている[2]。このような団体が積極的に関与する意味は，各社のCSRへの取り組みに関して，社会福祉協議会という公的機関で広報されることにある。企業が自ら喧伝するよりも，社会福祉団体のような第三者からPRされるほうが，より説得力が高く，社会的正当性が獲得されやすいと考えられる。

　第3に「円滑な事業承継のためにもSRリーダーシップが有効」になる可能性があることである。事業承継については，一般的に，後継者の存在を所与として，税制，株式移転，組織体制の構築などハードの側面ばかりに焦点を当て

ていることは第3章で述べた通りである。しかし，事業承継の本質は，同族企業・中小企業における家族内におけるリーダーシップの移転プロセスなのであり，「事業承継計画」（succession planning）を立案・策定，そして実行する際には，そのことを中心に据えるべきなのだという（Anggadwida et al., 2020, p.283）。SRリーダーシップに限定した考察は見られないものの，リーダーシップ行動には，社会性も含まれていることを考慮すると，CSRを牽引する役割も期待されていると見て良いであろう。リーダーシップの承継を円滑に進めるための構成要素としては，知識や能力の移転に加えて，世代間の良好な関係構築，自身の知識と経験を後世に対して開かれた状態にすることが重要になるという（McNamara et al., 2009）。

　一般的に同族型の中小企業における事業承継では，現経営者は，次期の後継者に対して，その経営者としての姿勢，すなわち「背中」を見せることで教育することが多いようである。後継者である子息が，現経営者の背中や姿勢を見ることで，自発的に経営者としての気概や覚悟を身に付けるものである。本書で検討した5社においても，まさにそのような特徴を顕著に見ることができた。確かに，これまでは，そのような方法でも良かったのかもしれない[3]。しかし，第3章でも見たように，近年の日本では事業承継が進まないため，約20万社に及ぶ中小企業が廃業に追い込まれていることを述べた。事業が成立しているにも関わらず，後継者という担い手がいないのである。つまり経営者の子息が，父親（あるいは母親）の経営する企業に対して，魅力を感じない，あるいは将来性を感じていないと想定されるのである。結果的に事業を承継するのではなく，他社へ就職したり，自ら起業を選択することになったのであろう。

　このことから，子息へと企業の「良さ」が伝わらなかった可能性が高い。潜在的承継者である子息たちへ，企業のことをより開かれたものとし，彼らとの良い関係を構築する必要がある（McNamara et al., 2009）。そして，もう1つ重要になるのが，父親への「尊敬の念」である。このことについて，里見（2016）は，家業の維持発展のために後継者が承継する意思決定のメカニズム解明を試みている。創業者や先代経営者が築き上げてきた有形・無形の資産を前提として，後継者は，築き上げられてきた「もの」へと尊敬の念を抱くようになり，

その結果として家業の意義をさらに高めたい願望が生まれる。その願望が，後継者をして事業承継へと突き動かすことになり，中小同族企業において，世代を超えた組織の維持発展が可能になるという（里見，2016, p.30-p.33）。

　そして，後継者から尊敬の念を獲得する要因の1つになるのが，当該企業の社会性・CSR実践であり，それを推進する現経営者のSRリーダーシップが重要になると考えられる。父親である経営者が企業として社会的責任を果たすべく，理念や価値観，さらには使命を持って取り組む姿勢を顕示することで，企業が存在することの社会的意義も明示化されるのである。これによって後継者たる子息は，父親の経営する企業について，単なる収益を生み出す経済的手段として見るのではなく，社会的な立場からその意義を再認識することにつながる。社会的に責任ある企業，それを牽引する父親（母親）のSRリーダーシップは，子息に対して当該企業の魅力を向上させるだけでなく，企業と現経営者に対して尊敬の念を抱かせ，結果として，彼らが事業承継に進もうとする動機を高めることになる。後継者に対して当該企業のCSRとSRリーダーシップを示すことが，廃業を減少させる要因の1つになり，さらに中小企業が活性化すれば日本経済の競争力強化にさえつながる。経営者がSRリーダーシップを発揮して企業として社会的責任を果たすことは，従業員も含めて，企業内外のステークホルダーにその価値を示せることに加えて，事業承継という中小企業のゴーイング・コンサーンに関する決定的要素へもポジティブな影響を及ぼすと考えられる。

　最後に第4として，「SRリーダーシップの承継が有事の際にも役に立つ」ということである。本書における地域企業の検討事例からも見てきた通り，社会的に責任ある企業は，東日本大震災やコロナ禍といった有事の時にこそ際立ったCSRを果たしている。何らかの有事において，表層的なCSRへの取り組み，すなわちCSRが制度化されているだけでは，企業をして地域社会のための行動を生起させるには不十分である。倫理的な価値観に根差して，SRリーダーシップを発揮できる経営者が，いざという時に社会的に責任ある企業行動を導けるのである。それゆえ，中小企業・地域企業において経営者のSRリーダーシップを涵養することは，企業の災害時行動を活発化させることになり，地域

社会のレジリエンス強化にもつながっていく。

　例えば，東日本大震災のような甚大な災害下では，地域の中小企業の果たす役割が大きいことは，本書での検討からも示されている。もちろん，震災の被災地には，地域企業ばかりではなく，地域外の大企業の支店・営業所や店舗なども数多く存在している。そのような地域外の企業（非被災地企業）も，立地する地域社会に対して，一定の社会的な役割を担い，社会的責任を果たしていることは否定できない。ただし，未曽有の災害に直面した際に，地域企業が迅速に営業を再開していたのに対して，地域外の企業の支店や店舗再開は相対的に遅れることになってしまった（矢口，2014a）。対応の遅れについては，組織的な活動を行う以上はやむを得ない側面が存在する。大規模災害に直面しているなかで，例えば店舗運営だとすると，本社・本部との連絡が取れない状況下で，現場レベルの店長や管理者の権限では独断的に営業再開できないからである。つまり，緊急対応が求められる時には，地域外に本社を擁する企業では十分な対応ができない可能性が高いと考えられる。もちろん，BCP（Business Continuity Plan，事業継続計画）を策定して，当該企業のリスク管理に取り組むことはできるが，自社の利害を全く顧みないで地域社会に貢献することは困難であろう。

　これに対して地域企業では，経営者のリーダーシップが直接的に企業行動に反映されるため迅速な対応ができる。また，経営者の価値観に拠るところではあるが，企業それ自体の利害を考慮せずに，地域社会の維持・存続を最優先にした企業行動を取れるのも特徴的である。地域社会の危機的状況下では，地域企業が大きな役割を果たすためにも，経営者がSRリーダーシップを発揮するべきなのである。これに向けて，地域企業の経営者がSRリーダーシップを発揮できるように，日常的に育成していくことも求められるであろう。また，第7章のネガティブ・インパクトで確認をしたように，非倫理的な価値観を有する経営者は，緊急期であろうとも地域社会にダメージを与える負のリーダーシップを発揮する可能性がある。それほどまでに，経営者リーダーシップが企業の社会的責任行動，あるいは不正行動に決定的な影響を及ぼすのである。それゆえに地域企業の経営者全員が，SRリーダーシップを有する「社会的に責任

あるリーダー」へと育成することが，平時・有事とを問わず，地域社会の持続可能な発展を考えるうえで極めて重要になる。

（2）今後の課題について

　本書での検討を通して，さらなる研究課題が明らかになり，今後の研究を進めるうえでの方向性が提示される。第1に，SRリーダーシップの承継について，本書では5社の事例を詳細に検討することで複数パターンを析出した。しかし，この5社の事例からだけでは，一般化，あるいは普遍化を導くことは到底できるわけではなく，あくまで「傾向」を示すに留まっている。それゆえ，同族型の中小企業であり，かつ事業承継を経験して社会的にも責任を果たしている企業について，さらに選抜して事例考察を増やしていく必要がある。事例数を増やすことは，一般化に近づけていくだけでなく，それらを業界や地域ごとに再分類することで，SRリーダーシップの特質や承継の性質そのものを明らかにできるとも考えられる。

　第2に，第2章でも述べたところではあるが，中小企業のCSRをいかに評価するのかということである。そもそも，中小企業の暗黙的CSRをいかに認識するのかが課題になる。暗黙的CSRは，大震災時のような有事で明示化してその認識を可能にするが，平時のCSRをいかに認識すべきかということである。これについては，地域企業の経営者へのヒアリング調査を行い，彼ら自身が気づいていないCSR活動を吸い上げることで，中小企業のCSRを明示化させられるであろう。上場企業を対象にして，企業のCSRへの取り組みを一覧で掲載しているものとして，『CSR企業総覧』が出版されている[4]。このような形式に基づいて，CSR情報が開示されていない中小企業を調査して，例えば『中小企業版CSR総覧』のような一覧を作成・発行できれば，CSR研究者として，中小企業のCSRを推進することになると考えられる。

　第3に従業員を中心とする「フォロワーシップ」（followership）について考える必要性がある。近年では，リーダーシップを考える際には，同時にフォロワーシップを考えることの重要性が指摘されているからである（日野，2010）。フォロワーシップとは，組織の成果の最大化を目的にして，「自律的かつ主体

的にリーダーや他メンバーに働きかけ支援する」フォロワー（追随者）の役割と定義される。不確実性を増している経営環境の下でリーダーひとりの意思決定や行動が，社会や顧客といったステークホルダーからのニーズに合致しなくなる場合も容易に想定される（グロービス経営大学院HP）。このことは，経営戦略やマーケティングなどの局面だけで生じるだけでなく，ステークホルダーに対する社会的責任を考える際にも重要になる。つまり経営者がSRリーダーシップを発揮して，CSRを果たそうとしても，その行為が社会のニーズに合致していなければ意味のないものになる。フォロワーは，リーダーの意思決定をより望ましい方向に導ける可能性があることから，中小企業においてもフォロワーシップを考える必要があるであろう。

　しかし，中小企業では，オーナー経営者が株式所有に基づく絶大な権限を有することから，フォロワーの意見を顧みなかったり，あるいは極端な場合には，経営者に意見を述べる従業員に対して制裁を下すようなことさえ想定される。実際に，第7章でも述べたミートホープによる食肉偽装のケースでは，従業員が，経営者に対して正しい意見を述べられずに，不正行為を長期間にわたって是正できなかった[5]。それゆえ同族型の中小企業においても，CSRだけでなく，あらゆる経営者の意思決定において，従業員の意見を積極的に取り入れて改善するメカニズムの構築を考える必要がある。SRリーダーシップは，ステークホルダーすべてに対して社会的責任を発揮するよう企業経営を導くのだから，従業員という内部ステークホルダーとのコミュニケーションにも努めるべきなのである。

　最後に第4として，SDGs視点を中小企業のCSR研究においても導入すべきということである。ともすれば，中小企業の社会的責任は，当該企業が立地する地域社会に対して限定されがちである。もちろん，本書の『地域を支え，地域を守る責任経営』というタイトルが示しているように，地域社会の持続可能性に対する貢献は極めて重要な行為である。また，中小企業・地域企業の経営資源との整合性や地域ステークホルダーとの強固な関係性を考慮すると，地域社会に対する社会的責任は，望ましい当然の行為だとも言える。

　しかし，今日の社会・環境においては，「地域社会」に限定されるものでは

なく，「グローバル」な課題が生じていることも見て取れた。気候変動，生物多様性の毀損，人権問題，地域紛争（戦争）やテロリズム，経済の南北格差などであり，このような世界的な課題を是正・改善しなければ，地球規模レベルでの持続可能性を達成できない。もちろん，経営資源の制約という条件も踏まえたうえで，中小企業は地域社会における課題を眼前の解決対象としつつも，グローバルな課題解決にも貢献する意欲と姿勢を持つべきであろう。実際に，衛生用品の開発・販売を行うサラヤのように，中小企業においてもグローバル課題を意識する企業が存在するのも事実である[6]。そのような企業事例の検討を通して，中小企業でも貢献可能な取り組みを模索することが必要になるであろう。また，そのような好事例に基づくベストプラクティスを公開することで，中小企業がそれを参照しながらSDGsに取り組めるようにする。つまり，中小企業・地域企業のSDGs活動を促進することで，世界的な持続可能性という課題に対して，1人の研究者としても貢献できると考えている。

【注】
1）本書の章構成では，補章は本章の後に位置づけられているため，ここで要約を述べることは適切ではないかもしれない。しかし，便宜上，その要約について本章で取り上げざるをえないことに留意されたい。
2）仙台市社会福祉協議会では，1年に1回程度の割合でCSRセミナーを開催しているほかに，「地域の資源・ニーズマッチングポータル」を設けて，企業の余剰資源（シーズ）と地域社会が必要とするニーズをマッチングさせる取り組みを行っている。詳細は，仙台市社会福祉協議会HPを参照のこと。
3）現経営者が父親の姿勢や背中を見て，企業家精神を養ったことに関しては，複数の事例紹介的な研究を見ることができる。例えば，後藤（2013），近藤（2013），酒井（2022）を参照のこと。
4）『CSR企業総覧』は，「雇用・人材活用編」と「ESG編」の2冊が毎年発行されており，上場企業を中心とする1,702社のCSR情報が掲載されている（2022年11月時点）。どのような評価項目が設定されているかについては，東洋経済新報社HPを参照のこと。このようにCSR情報を分析して，一覧にできるのは各社ともCSR報告書を中心に情報開示が進んでいる。すなわち，明示化ができているからである。
5）Giddens（1993）によれば，組織内では，組織の構成員の行動を規定する「構造」が存在することが指摘される。つまり，何らかの便益の発生が，そこに支配・従属関係を生じさせ，その支配者による権力の下で規範がつくられる。その規範が，社

会的な善悪を別にして，組織の道徳となり，それに従って構成員は行動することに
なるのである。まさに，中小企業では，このような構造が形成されやすいと考えら
れる。

6）サラヤは，同社の衛生用品を用いて発展途上国の衛生問題の改善に取り組むプロジ
　　ェクトを実施しており，その取り組みについては，「第 1 回ジャパン SDGs アワー
　　ド」で「SDGs 推進副本部長（外務大臣）表彰」を受けるほど評価が高い。詳細は，
　　横田（2020）を参照のこと。

補　章　「楽園」における企業経営と
　　　　　　サステナビリティ[1]

【補章の要約】

　本章では，米国ハワイにおける持続可能性と企業経営について，同州の地域企業の CSR に焦点を当てて考察する。ハワイ企業によるサステナビリティへの貢献，そして CSR が先進的なのか否かを関心事項として，社会的課題に対するハワイ企業の取り組み事例を見ていく。

　第 1 に，ハワイ企業の規模では，従業員 50 人未満の企業が全体の 95.2% に及んでおり経営的特質は "small-business" で特徴づけられる。第 2 に，サステナビリティ推進に関する研究をレビューしたところ，多くが政府の環境政策を対象としているのに対して，企業事例の考察はほとんど存在していなかった。第 3 に，ハワイにおける社会的課題を気候変動，コミュニティ，自然災害という 3 つの観点から整理した。これら 3 つの要因が，同州の持続可能性を向上させるための課題となっている。第 4 にハワイ企業の CSR 事例を考察した。まず，ハワイ上場企業の CSR 情報の開示が不十分なことを指摘しつつ，同地域の大手 3 社の事例を考察した。地域社会への貢献を焦点にした寄付や支援物資の無償輸送など慈善的な取り組みが中心であり，DHX や CPB という地域企業においても同様の活動が見て取れた。

　ハワイ企業の CSR には，ステークホルダー関係と組織・マネジメント関係の両側面において課題を見受けられた。その CSR を持続的な活動にするには，事業活動を通して社会的課題の解決に寄与しつつ，収益を上げる経営戦略的な発想に基づいて取り組むことが必要である。そのためには，ハワイ企業が CSR と持続可能性の概念を理解することが重要になる。

1── はじめに：ハワイの経済概要

　本書の補章として，ハワイ州における地域企業の社会的責任の特徴を明らかにするとともに，同地域のサステナビリティへの貢献について検討していく。筆者は，2019年度に東北学院大学在外研究員としてハワイ・パシフィック大学（Hawaii Pacific University）において，調査・研究活動（研究テーマ：「自然災害からの復興と地域社会の持続可能性におけるCSRの研究」）を実施した。本章は，その研究成果の一部である。

　そもそも米国ハワイ州は，世界有数の観光地の1つであり「楽園」（paradise）として世界中の人々を惹きつけている。ハワイ州は，州都ホノルルが位置するオアフ島（Oahu），ハワイ島（Hawaii），マウイ島（Maui），モロカイ島（Molokai），ラナイ島（Lanai），カウアイ島（Kauai），ニイハウ島（Niihau）の7諸島によって構成されている。総人口は142万7,538人（2017年）となっており，そのうちオアフ島に98万8,650人が住んでおり，全体の69.3%の人口が同島に集中している（DBEDT, 2019, p.3）[2]。GDPは920億2,700万ドル（2018年）となっており（DBEDT HP），コロナ禍を除くと，その推移は過去50年間においてほぼ一貫した右肩上がり成長を達成してきた。なお，ハワイへの訪問客（観光客）は年間995万5,000人，観光産業の収入は177億1,400万ドルとなっており，同州のGDPの19.3%を占めている（DBEDT HP）。ハワイでは，観光（関連産業含む）が基幹産業の1つになっているのである[3]。

　しかし，このような楽園的な観光地における経済や企業経営の実態については，経営学も含めた社会科学の側面から学術的に考察されてこなかった。さらに文化，自然，観光施設なども含めて，観光客はハワイのポジティブな光の側面だけを見ているに過ぎない。実際には，ホームレスの急増や気候変動による海面上昇などの環境・社会課題が山積しており，ハワイが永続的に観光客を惹きつける楽園で在り続けるためには，サステナビリティへの取り組みを求められている。ハワイにおいて，地域企業がサステナビリティにどのような貢献をしているのか，またハワイ地域企業（以下，ハワイ企業）のCSRは，先進的な

のか否かを検討することが本章のテーマである。そのために，ハワイが直面する社会的課題と地域企業の取り組み事例を考察して，ハワイ企業の CSR 課題を析出する。そして，その CSR 経営の特徴と促進策に対する含意を提示する。このような考察から，ハワイという楽園における企業経営の在り様について言及される。

　以下では，まずハワイ州に本社を擁する企業の規模や数，および株式上場の状況を確認する。ハワイ経済における企業構成を知るだけでなく，そのような企業実態は CSR にも影響を及ぼすため考察の前提になると考えられる。ついで，ハワイにおけるサステナビリティ推進に関する既存の研究をレビューする。「CSR 研究」としない理由は，ハワイにおける CSR 研究が見られないからであり，同州における持続可能性の推進に関する研究をレビューすることで代替する。そして，ハワイ州における社会的課題を整理した後に，公開資料・情報やヒアリング調査などに基づいてハワイ企業の CSR 事例を考察していく。非制度的な CSR 体制やコミュニティ重視などの特徴が浮き彫りにされるであろう。最後に，ハワイ企業の CSR 課題を析出しつつ含意を述べる。

2 —— ハワイにおける企業実態

　以下では，ハワイ州を主要な事業基盤とするハワイ企業の実態について見ていく。まず，企業規模については，株式上場企業（図表 1）と株式非上場の民間企業（図表 2）の 2 つの観点から分類した[4]。まず，ハワイの上場企業数は 14 社となっている。最大企業としては，第 1 位が Hawaiian Airline（以下，HA）の持株会社 Hawaiian Holdings（2016 年売上高：24 億 5,000 万ドル），第 2 位が電力（発電）を主要事業とする Hawaiian Electric Industries（同 23 億 8,000 万ドル），第 3 位が貨物の国際輸送を担う運輸業の Matson（同 19 億 4,000 万ドル），ついで First Hawaiian Bank を展開する First Hawaiian（同 7 億 3,000 万ドル）となっており，売上高 1 兆円を超える企業は存在しない。その内訳としては，金融が 5 社で最も多く，ついで不動産と食品が各 2 社，そのほか航空，電力，運輸，通信，石油・ガスが各 1 社となっている。最大手企業は航空，電力，運

| | 図表1 | ハワイ州に本社を擁する上場企業 |

順位	企業名	業種	上場市場	売上高
1	Hawaiian Holdings, Inc. (Hawaiian Airline)	航空	NASDAQ	24億5,000万ドル
2	Hawaiian Electric Industries, Inc. (Hawaiian Electric Company)	電力	NYSE	23億8,000万ドル
3	Matson, Inc.	運輸	NYSE	19億4,000万ドル
4	First Hawaiian, Inc. (First Hawaiian Bank)	金融	NASDAQ	7億3,000万ドル
5	Bank of Hawaii, Inc.	金融	NYSE	6億1,000万ドル
6	Hawaiian Telcom Holdco, Inc.	通信	NASDAQ	3億9,000万ドル
7	Alexander & Baldwin, Inc.	不動産	NYSE	3億8,000万ドル
8	Central Pacific Financial Corp., Inc. (Central Pacific Bank)	金融	NYSE	2億ドル
9	Territorial Bancorp, Inc. (Territorial Savings Bank)	金融	NASDAQ	7,000万ドル
10	Maui Land & Pineapple Co., Inc.	不動産	NYSE	4,700万ドル
11	Pacific Office Properties Trust, Inc. ※	金融	OTC	4,400万ドル
12	Cyanotech Corp., Inc.	食品	NASDAQ	3,100万ドル
13	Hawaiian Macadamia Nut Orchards, L. P.	食品	OTC	2,600万ドル
14	Barnwell Industries, Inc.	石油・ガス	NYSE	1,300万ドル

※1：売上高は2016年のもの。
※2：Pacific Office Properties Trust, Inc. は，不動産投資信託（REIT）の運用企業。
※3：OTC（Over The Counter Transaction）はアメリカ店頭市場を指している。
出所：Pacific Business News, 2018, p.132 に基づいて筆者作成。

輸であり，ハワイの上場企業は公益性の高い産業のほかには，不動産と金融によって構成されている。

　ついで，株式非上場のハワイ地域企業上位25社の状況について概観する（図表2）。非上場企業のために財務情報が公開されていないので，ここでは常時雇用されている従業員数（職員数）による集計となっている。なお，これには営利企業だけでなく，私立の医療機関や学校といった非営利機関も含まれている。図表2からは，医療機関と学校（合計3機関）が上位を占めており，これら各機関がそれぞれ数千人を超える職員数を常時雇用する最大規模の組織であることが分かる。これらを除くと，従業員数が1,000人を超えるのは，Outrigger Enterprises Group（宿泊），Servco Pacific（レクサスやトヨタなどの

図表2　ハワイ州の大手非上場企業（地域企業）

順位	企業名	業種	営利／非営利	従業員／職員数
1	The Queen's Health Systems	医療	非営利	7,455
2	Hawaii Pacific Health	医療	非営利	6,641
3	Outrigger Enterprises Group	宿泊	営利	3,873
4	Kamehameha Schools	教育	非営利	2,276
5	Servco Pacific	小売	営利	1,826
6	Roberts Hawaii Holdings	運輸	営利	1,751
7	Halekulani	宿泊	営利	850
8	KTA Super Stores	小売	営利	800
9	Kiewit	建設	営利	776
10	Nan	建設	営利	633
11	Turtle Bay Resort	宿泊	営利	600
12	Star Protection Agency	警備	営利	550
13	The Kahala Hotel & Resort	宿泊	営利	522
14	Star of Honolulu Cruises & Events	サービス	営利	483
15	Prince Waikiki & Hotel Price Golf Club	宿泊	営利	450
16	Paradise Beverages	食品	営利	442
17	Shioi Construction	建設	営利	411
18	Albert C. Kobayashi	建設	営利	350
19	Na Hoku	小売	営利	327
20	ECC	建設	営利	285
21	Kualoa Ranch Hawaii	サービス	営利	275
22	Atlantis Submarines & Cruises	サービス	営利	264
23	Down to Earth Organic & Natural	小売	営利	262
24	Hensel Phelps Construction Co.	建設	営利	260
25	ProService Hawaii	サービス	営利	250

※1：2016年時点，単位：人。
※2：企業形態を示す"Inc"や"LLC"などはすべて省略している。
出所：Pacific Business News, 2018, p.104 に基づき筆者作成。

自動車小売），Roberts Hawaii Holdings（観光客を中心とする運輸）の3社のみである。それ以外の企業（従業員数が1,000人未満の19社）については，業種としては建設が最も多く6社，宿泊が4社，観光や人材コンサルタントなどのサービスが4社，小売が3社，警備が1社，食品製造が1社という状況になってい

る。25 位の ProService Hawaii の従業員数が 250 人であるため，この 25 社以外では従業員数 250 人を超える企業はないということになる。

DBEDT の統計によると，ハワイ州で起業・登記された民間企業（地域企業）数は 3 万 9,911 社（オアフ島：2 万 6,856 社，ハワイ島：5,113 社，カウアイ島：2,426 社，マウイ島：5,516 社）となっている（2017 年時点）。そのうち従業員数が 50 人未満の企業は 3 万 7,993 社（同順：2 万 5,478 社，4,913 社，2,322 社，5,280 社）となっており，全体の 95.2％を占めるほどである（DBEDT, 2018, p.73-p.74）。ハワイでは，大多数の企業が中小企業に該当するのであり，しかも零細に相当する企業が圧倒的に多いようである。実際に，ハワイ企業を主要会員とするハワイ商工会議所（Chamber of Commerce Hawaii）には，約 2,000 社の会員企業が加盟しているが（2019 年 11 月時点），そのほとんどが従業員数 25 人以下だという[5]。中小企業よりも "small-business" という呼称が一般的であり，小規模・零細企業の役割と存在が地域社会において浸透しているようである。ハワイには，上場企業の数自体が少ないだけでなく，それらは金融と公益産業に集中していて売上高規模も小さい。また，非上場企業で従業員数が 1,000 人を超えるのはごく一部であり，ほとんどが中小企業（小規模・零細企業）に該当する。

3── ハワイ地域を対象とするサステナビリティ推進に関する既存研究

ハワイ企業の CSR については，筆者の知りうる限り，それを直接的に取り上げる研究は存在しない。しかし，ハワイにおいても社会と環境課題を解決して持続可能な発展を目指そうとする動きがあり，サステナビリティ推進に関する研究を見ることができる。以下では，ハワイ企業を中心とするサステナビリティ研究，ならびに日本におけるハワイの企業・経済に関する研究のレビューを通して，本章における考察の意義を提示する。

（1）ハワイ州政府の役割を問う研究
ハワイにおけるサステナビリティ推進に関して最も多く見られるのが，ハワ

イ州政府（以下，政府）の役割を問う研究であり，3つの観点に分類される。第1に，政府による持続可能性の推進政策の全体像に関するものであり，政府の"Hawaii 2050 Sustainability Plan"に基づくマスター・プランや政策全般を考察する Coffman and Umemoto（2010）の研究がある。彼らによると，従来のハワイの政策が，経済と環境に偏重していたことから，社会面も考慮に入れた「生態系的持続可能性」（ecological sustainability）を目指すべきことが指摘されている。

　第2に，政府の環境政策に対する評価・試算・提言であり，これに関する研究が多く見られる。まず，①太陽光発電や省エネ製品購入への税控除施策に関する研究である。Choy and Prizzia（2010）は，ハイブリッド車（以下，HV）の購入状況を調査し，HVの普及促進には購入者に対する税額控除を設ける必要性を指摘している。また，政府による GHG（温室効果ガス）排出削減への取り組みを考察する Sclafani（2011）の研究がある。「2030年までに電力供給の70%を再生可能エネルギー」にする政策について，その実現に向けた課題が提示されている。また太陽光発電の普及には，設備設置に対する税額控除が重要な施策になることを，経済と財政に与える影響の分析・推計から明らかにする Loudat and Kasturi（2017）の研究も見られる。ついで，②政府による資源管理やコミュニティ形成に関する研究が見られる。例えば，Derrickson ほか（2002）は，河川の支流に囲まれた流域管理では，従来，政府による管理が地域住民の QOL 向上に資してきたことを指摘する。しかし，新自由主義思想が水道事業を民営化させ，資源の無制限な利用を促進したことから，地域社会のサステナビリティを毀損している。伝統的な政府中心の資源管理が，環境保全とより良い地域形成につながると主張している。そして，③再エネの便益や発電・送電効率に関する研究である。計画中の"Big Wind"が及ぼす経済的便益と GHG 排出削減を試算する Coffman and Bernstein（2015）の研究であり，その稼働は同州の GDP を22億ドル押し上げるだけでなく，年間1,200万トンに及ぶ GHG 排出量削減につながるという。また，発電効率や送電効率などの電力システムについて試算して，その意義を見出し，再エネの拡充策からハワイにおける持続可能性を模索する Fripp（2018）の研究もある。このように再

生可能エネルギーや環境製品の普及に関する税額控除，資源管理，再エネの便益や効率性といった側面から政府の環境政策を問う研究が見られる。

　第3に，政府による持続可能性教育の推進についての視点であり，例えばChinn (2011) は，"社会・生態系システム"（socio-ecological system）の管理・保全を目的とした教育による持続可能性への理解促進に言及している。ハワイ州教育省（Department of Education）が各地域で実施するプロジェクトの有効性を検討し，より望ましい持続可能性教育の在り様を問うている。また，環境課題に加えて生徒のQOL向上を目的とした健康教育（「ハワイ州健康項目基準」(Health Content Standards) の策定）について，ステークホルダー間のパートナーシップ展開を考察するPatemanほか (2000) の研究もある。政府の各部局，ハワイ大学やHawaiian Electric Company（ハワイ電力，以下，HECO）などの協働が記述されている。その他には，ハワイ大学を中心とする持続可能性教育に関する研究も進められている。同大学マノア校で開講されている「持続可能性のための教育」（Education for Sustainability）に関する取り組み（Cusick, 2008）や，ハワイ大学が環境問題解決のための教育に関して，リーダーシップを発揮できる可能性について指摘する研究（Coffman, 2009）などが見られる。

（2）企業の役割を問う研究

　持続可能性に対する企業の役割や行動については，HECOの再エネをめぐる企業行動に関する研究が見られる。電力という公益事業によるサステナビリティと環境経営についての研究である。Johnsonほか (2012) は，HECOとMidwest Energy（カンザス州）の2社を比較して，エネルギー効率の向上によって環境問題に寄与した事例を考察している。HECOについては，"Solar Saver Pilot Program" という太陽熱温水器の導入事例から，エネルギーの有効活用・効率性向上を通して環境問題に寄与できることが指摘されている。また，再エネ促進において，HECOが直面する課題を考察するBecthold and Kiss (2018) の研究もある。ハワイ州は，いち早く政策的に再生可能エネルギーの利用を促進してきたことから，「アメリカにおけるリーダー」になっている。個人住宅の約3分の1に太陽光発電関連設備が設置されているほど活発だが，

2012 年に HECO は，住宅設置太陽光発電の電力網への接続を唐突に中止した。これによって顧客は 2 重の費用負担（夜間・悪天候時の電気購入とソーラーパネル代金支払い）を強いられたことから，太陽光発電を断念する家庭が多数発生したのであった。HECO の利益至上主義による決定との批判を集めたが，同社によると，送電網の電力許容量オーバーから生じる大規模停電や，従業員の作業リスク回避を目的とした意思決定なのだという。

　このように電力会社を対象とした研究は見られるのだが，その他の産業企業における CSR 関連研究を見ることができない。それどころか，ハワイ企業を考察対象とする研究自体がわずかしか存在しない。例えば，マカデミアナッツ製品を生産する企業（ハワイ島）の経営戦略を考察する Tompson ほか (2009) の研究がある。オーストラリア産の輸入の脅威に直面しながら，ハワイ産マカデミアナッツを使用する A 社が，収穫量の拡大や製品の品質向上などに取り組むことで，収益を拡大させていく過程を考察している。その他には，Suryanata (2000) は，ハワイ産農作物のコモディティ化回避のために，「楽園からの製品」(products from paradise) と位置づけてブランドを再構築した企業事例について考察している。Maui Pineapple（パイナップル製品）や Mauna Loa Macadamia Nut Corporation（マカデミアナッツ製品）などにおけるマーケティング活動の考察を通して，ハワイ産農作物へのプレミアム付与が各企業の収益向上と競争力強化につながったことを指摘する。いずれも一次産業に関連する企業の経営戦略の考察に限定されている。

（3）日本におけるハワイの企業と経済を対象とする研究

　日本においても，ハワイを地域的対象とした経営学の研究蓄積は少ないが，わずかに見られる研究は以下のようにまとめられる。まず，明治期から日本人移民が活発になり，日系人は農業も含めて流通やサービスを中心に事業展開していった。そのような経緯について，歴史資料に基づいた経営史的な考察が行われている。当時の日系人が，ハワイにおいて，いかにビジネスを展開し政治活動にも関与していったのかが記述されている（二瓶，1985a，1985b；間宮，1998；石倉，2019）。

　ついで，ハワイの観光地分析，日本企業による不動産開発，航空会社や他業界のハワイ進出事例に関する研究が見られる。これらは産業や企業経営に対する考察視点を有するものである。観光振興に関する旅行会社への提言（山根，2005），コンドミニアムを対象とする不動産開発・管理やハワイでの成功事例などの紹介（渡辺，1992；秋山，2019）が行われている。ハワイ進出に関しては，ハワイ路線にエアバス製の大型旅客機A380を投入する全日本空輸（森田，2019），そのほか同国で事業を新規展開する赤塚動物園（赤塚，2013）の取り組みが検討されている。山根（2005）や渡辺（1992）には，学術的視点に基づく考察が見て取れるものの，多くは事例紹介的な考察に終始している。

　なお，企業事例とは直接関連しないが，ハワイの自然災害を社会科学的に考察する研究も見られる。同州を中心とした太平洋地域の国際的な防災体制（沼田ほか，2018；ヤコビ，2018），津波被害を複数回経験しているハワイ島ヒロ地域の津波防災（村尾，2010；古屋，2016；橋本，2017），要支援者に対する災害時支援制度の構築（八巻・望月，2011）などがある。ハワイの防災に関する研究が進んでいるが，企業による復旧・復興への関与や支援については考察されていない。

（4）既存研究のレビューを踏まえた本章の独自視点

　ハワイにおけるCSR研究は見られないことから，上記ではサステナビリティの観点から既存の研究をレビューしてきた。まず持続可能性に関する課題については，政府や教育機関の取り組みを中心に研究が進められていた。政府による環境管理や優遇税制などであり，また政府・大学の双方の観点からは，生徒・学生への持続可能性教育の必要性が問われている。ついで，ハワイ企業を対象とする研究自体が極めて少なく，環境経営の観点から電力会社のエネルギー効率や再エネ課題に関する研究がわずかに見られる程度であり，産業企業については，農作物のブランド化や一次産業企業の経営戦略に関する事例研究があるのみであった。また，日本におけるハワイ企業や経済に関する研究では，移民の歴史研究が比較的多く見られたが，それ以外は観光地分析や日本企業のハワイ進出事例の紹介に留まっている。さらに自然災害に関しては，防災体制

や要援護者支援などの在り様が検討されているが，企業支援やCSRの視点は見られない。

　既存研究のレビューを通して，ハワイでは持続可能性について課題があり，ステークホルダーからの関心と懸念の高まりを見て取れる。しかし，ハワイ企業に対する考察はほとんど存在しないことから，世界有数の観光地であるハワイでの企業活動については，経営学的には関心と注目を集めてこなかったようである。もちろん，ハワイ企業が地域の社会的課題への解決に取り組むというCSR視点も当然ながら見られない。SDGsが世界的に注目を集めているなかで，ハワイでも，収益源である観光業を維持するために，また地域住民のQOLを維持・向上させるためにも，サステナビリティが重要課題であるにも関わらず，企業の果たす社会的役割については看過されてきたようである。

　本章では，ハワイという楽園における持続可能性について企業の役割を中心に迫り，その特徴や課題をCSRの観点から浮き彫りにするが，このような視点は従来のものとは異なる独自性を有している。また，自然・観光・ビジネスが一体となっている地域における企業の果たす役割と課題について言及することは，「地域社会に対するCSR」の研究領域においても新たな視点を提供できる。以下では，ハワイにおける社会的課題を整理した後に，ハワイ企業のCSRを事例に基づいて考察していく。

4── ハワイにおける社会的課題

　ハワイ州をして，今後とも楽園たる観光地であり続けるためには解決すべき社会的課題が存在する。それは，（1）海面上昇・異常気象を引き起こす気候変動，（2）ホームレス増加というコミュニティ問題，（3）幾度もハワイを直撃してきたハリケーン（台風）といった自然災害に整理される[6)]。

（1）気候変動
　気候変動については，ハワイ気候変動緩和・適応委員会（Hawaii Climate Change Mitigation and Adaptation Commission，以下，HCCMAC）が「ハワイ海面

上昇脆弱性・適応報告書」("Hawaii Sea Level Rise Vulnerability and Adaptation Report", 2017年) を発表してから，ハワイでは気候変動に対する危機感が急速に高まった。この報告書は，地球温暖化にともなう海面上昇によって，今後15〜20年間でワイキキビーチが水没する可能性を指摘している[7]。ハワイ州の民主党下院議員 C. Lee によると，ワイキキビーチの消滅は年間20億ドルの観光収入減につながるという。また，同州のなかでもオアフ島は自然災害の少ない地域であったが，今後，海面上昇による洪水発生や，ハリケーンの強度増大が懸念されており，400億ドルを超える自然災害被害に直面する可能性にも言及されている (CNN HP；NewSphere HP)。

　気候変動と，それによって引き起こされる大規模被害は，ハワイでは重要な争点の1つになっており，また企業にとっても極めて重要な課題事項の1つに位置づけられている[8]。気候変動は，企業活動の基盤となる環境と社会の崩壊につながるし，また裾野の広い観光産業が打撃を受ければ，多くの産業分野に被害が波及することになる。つまり，ハワイにおける気候変動問題は，長期的な視点や「地球を守ろう」というスローガン的な取り組みではなく，喫緊かつ自らの利害に直接的な影響を及ぼす重要課題と認識されている。

（2）コミュニティ問題
　ついで，観光地の価値を下げるだけでなく，治安や衛生などを損なう課題としてホームレスの増加があげられる。彼らがビーチや路上の至る所でテント生活をしており，観光業に負の影響を与えると懸念されているからである。ホームレス問題も喫緊の課題であり，2015年10月には「緊急事態宣言」が発表されるほど，その対策が急務となっている。ホームレス数は6,530人（オアフ島が4,453人）であり（2018年時点），しかも約4人に1人が18未満の子供であり，教育機会の喪失や身体的な健康などからも大きな課題を発生させている (Hawaii Community Foundation HP)。ホームレスが集中するオアフ島について見ると，2009年には3,638人だったものが，2015年には4,903人まで増加し，その後，若干減少したものの4,453人（2018年）と高水準のままである (City and County of Honolulu HP)。

　この数値には，親戚や知人宅などで寝泊まりする「隠れホームレス」を含まないため，実数はこれより多くなると想定される。ホームレスが増加している背景には，精神障害やアルコール・薬物依存などの個人的条件だけではなく，所得格差の拡大，物価・家賃の高騰など「社会構造的」要因が存在する。また，年間を通して温暖な気候が，ホームレス生活を助長させてしまうことも指摘されている（筒井・上原，2016，p.22-p.26）。このような課題に対して，政府の取り組みだけでなく NPO や地域社会による支援活動も活発化している。

（3）ハリケーンに代表される自然災害

　そして，自然災害である。ハワイでは，これまで津波，台風，火山の溶岩流出，鉄砲水（洪水）などの自然災害が発生しており，これらへの対応が持続可能性の向上に求められている。図表3は，ハワイの主要な自然災害を示しており，とくに被害が集中しているのが，ハワイ島とカウアイ島である（それぞれ7災害が直撃）。しかも，ハワイ島では，1946年のアリューシャン津波，チリ地震津波，キラウエア火山噴火など大規模被害に直面してきたし，カウアイ島でもイニキという最大規模台風の直撃を受けている。これに対してオアフ島では，相対的に被害規模は小さい。経済・観光の中心のオアフ島では，自然災害被害はそれほど多くなかったが，州全体としては大規模被害を頻繁に受けてきた。

　自然災害への対策も重視されており，政府の緊急管理庁（Hawaii Emergency Management Agency，以下，HEMA）や，ハワイ大学と合衆国連邦緊急事態管理庁（Federal Emergency Management Agency）が設立した国家防災トレーニング・センター（National Disaster Preparedness Training Center，以下，NDPTC）が，マクロ・レベルで様々な対策を実施している[9]。なお，NDPTC は民間企業や自治体などを対象として，自然災害に対する防災訓練コースを提供している。NDPTC の総責任者 K. Kim によると，NDPTC では，警察や消防など緊急対応要員（first responders）や危機管理担当者（emergency manager）ら5万3,000人以上を訓練してきたという[10]。ハワイでは自然災害の発生後に事後的な対応が取られてきており，このことは企業にも該当していて，各組織とも自然災害に対する事前のリカバリー・プランを有していない。NDPTC は，防災の観

図表3 ハワイ州における主要自然災害

自然災害名称	発生年月	種類	被災諸島	被害規模
Aleutian Tsunami	1946年4月	津波	ハワイ全島 （ハワイ島）	アリューシャン地震による津波。ハワイ全島で159名死亡（ハワイ島ヒロで96名亡）。
Hurricane Hiki	1950年8月	台風	ハワイ島 カウアイ島	カテゴリー1。ハワイ島で1名死亡。カウアイ島で鉄砲水発生，住民253人が被災。
Hurricane Nina	1957年12月	台風	オアフ島 カウアイ島	カテゴリー1。オアフ島で数百の建物被害と住民1名死亡。カウアイ島で大雨・洪水により1,400人の住民被災，3名死亡。ハワイ全島で400万ドルの被害。
Hurricane Dot	1959年8月	台風	ハワイ全島	カテゴリー4。ハワイ島で洪水，沿岸部で道路・農業関連・その他の施設被害。マウイ島で沿岸部施設被害，オアフ島・カウアイ島で沿岸部住宅・ホテルなど建物多数倒壊。ハワイ全島で5,600万ドルの被害。
Chile Earthquake Tsunami	1960年5月	津波	ハワイ島	チリ地震による津波襲来。ハワイ島のヒロで61名死亡。
Kalapana Tsunami	1975年11月	津波	ハワイ島	ハワイ島近海の地震による津波襲来。ハワイ島で2名死亡。
Hurricane Iwa	1982年11月	台風	オアフ島 カウアイ島	カテゴリー1。カウアイ島で数百に及ぶ沿岸部施設・家屋の倒壊。オアフ島で複数の家屋被害と道路浸水被害。
1986 Kilauea Lava Flow	1986年7月	溶岩流出	ハワイ島	溶岩流出により訪問センターや200軒の家屋破壊，ハイウェイ断絶。5年間継続。
Hurricane Iniki	1992年11月	台風	カウアイ島	カテゴリー4。5名が死亡。1,421の家屋が全壊，その他沿岸部施設も被害。被害総額は35億ドル。
Halloween Eve Flash Flood	2004年10月	鉄砲水	オアフ島	マノア渓谷からの鉄砲水がUHMを襲う。ハミルトン図書館など40施設（80億円※），60以上の住宅被害（100万ドル以上）。
Kauai's Floods 2006	2006年3月	鉄砲水	カウアイ島	鉄砲水によりダムが決壊し，7名が死亡。
2018 Kilauea Lava Flow	2018年5月	溶岩流出	ハワイ島	最低36棟の建物被害。地域住民1,000名以上が避難。

※1：UHMとはハワイ大学マノア校の略であり，この被害金額については，日本円での表示となっている。
※2：各自然災害の被害額は，インフレーションを考慮して現在の価値に換算されている。
出所：バゼル山本，2005, pp.7-8；村尾，2010, p.13；橋本，2017, p.13；Esquire HP；ExtremePlanet HP；Popular Mechanics HP；To-Hawaii com HP を参考にして筆者作成。

点から，①政府や自治体への災害訓練，②自然災害リスク削減のための調査・研究，③災害リスク削減に向けた地域プログラムを実施している。また，中小企業に対する災害レジリエンス講座も設置しており，各企業による自然災害への認識の向上が図られている[11]。

　上記から，ハワイでは気候変動，ホームレス，自然災害という３つの社会的課題に直面しており，これらの解決が同州における持続可能な発展のために必要になってくる[12]。既存研究のレビューから，ハワイでは持続可能性の向上に対する政府や教育機関の役割が強調される一方で，企業の果たす役割が不明確だったことから，以下では，ハワイ企業の社会的課題に対する行動と役割（CSR）を考察して，その特徴や課題を明らかにしていく。結論の先取りになるが，ハワイ企業が最も重視しているのは地域社会への寄付，あるいはボランティアや投資であり，企業の地域社会への社会的責任を重視するアメリカ的特徴を顕著に見て取れる[13]。

5 ―― ハワイ地域企業の CSR

　以下では，ハワイ企業の CSR について検討する。まず，ハワイの上場企業の CSR に関する取り組みについて，CSR 情報の開示状況を考察した後に，大手３社（HA, HECO, Matson）の事例を検討する。その後，ヒアリング調査に基づいて Dependable Hawaiian Express（以下，DHX）と Central Pacific Bank（以下，CPB）の CSR 活動を考察することで，ハワイ企業の CSR の特徴の一端に迫っていく[14]。

（1）CSR 情報の開示状況について

　近年では，CSR 情報の開示が進んでおり，CSR 報告書の形態を取ることが多い。それ以外には，寄付・慈善活動や環境問題に限定する報告書（以下，課題限定報告書）によって開示されることもある。この場合には，一部の取り組みに限定されるため，CSR の体系的な報告にならない。その他には年次報告書や経済レポートなどの報告書に包含されたり，企業ホームページのみで情報が開示されるケースもある。CSR 情報について，情報開示の範囲と深度の観点からすると，①CSR 報告書，②課題限定報告書，③他報告書に一部包含，④ホームページ上のみでの公開の順位になるであろう[15]。

　このことを踏まえて，ハワイ上場企業（14 社）の CSR 情報の開示状況を検

図表4 ハワイ上場企業による CSR 情報の開示状況

開示形態	企業名	名称	特徴
CSR 報告書	Hawaiian Electric Company	Sustainability Report	体系的な CSR 報告書
課題限定報告書	Matson	Annual Report of Matson Giving	寄付活動に限定した報告書
	Alexander & Baldwin	Review of Giving	寄付活動に限定した報告書
他報告書へ包含	Hawaiian Airline	Economic Impact Report	寄付活動に限定した内容
HP 上での開示	Bank of Hawaii		コミュニティ支援や寄付活動
	Hawaiian Telcom		コミュニティ支援や寄付活動
	Central Pacific Bank		コミュニティ支援や寄付活動
	Territorial Savings Bank		コミュニティ支援や寄付活動
	Maui Land & Pineapple		寄付活動の開示
開示なし	First Hawaiian Bank		
	Pacific Office Properties Trust		
	Cyanotech		
	Hawaiian Macadamia Nut Orchards		
	Barnwell Industry		

※ 1：Pacific Office Properties Trust の企業ホームページが存在しないため，便宜上，CSR 情報については「開示なし」に位置づけた。
出所：各社ホームページに基づいて筆者作成。

　討していこう（図表4）。これによると，上場企業のうち CSR 報告書を発行しているのは HECO の１社（発行割合：7.1％），課題限定報告書（寄付に限定）を発行しているのは Matson と Alexander & Baldwin の２社（発行割合：14.3％），他報告書に一部包含されているのが HA のみ（発行割合：7.1％）という状況である。そのほか，ホームページ上のみでの開示が５社（35.7％），CSR 情報を全く開示していない企業が５社（35.7％）となっている。情報を開示している９社のなかで，HECO 以外の８社の CSR 情報は，コミュニティ支援や寄付活動に限定されていることも特徴的である。ハワイ企業にとって，企業の社会的責任とは，寄付やボランティアを通したコミュニティへの貢献という思考が見て取れる。

　ともあれ，いずれかの報告書形態で CSR 情報を開示しているハワイの上場

企業は，14 社のなかで 4 社に過ぎない（28.6％）。KPMG（2018）では，N100（各国の売上高上位 100 社）と G250（"Fortune Global 500" のうちの上位 250 社）について，CSR 報告書の発行状況と，その開示内容について調査している。これによると，2017 年の CSR 報告書の発行状況は G250 で 93.0％であり，N100 については，アメリカが 97.0％，イギリスおよび日本がそれぞれ 99.0％となっている（KPMG, 2018, pp.11-17）。

　このことからハワイの上場企業では，ほとんどが CSR 報告書を発行しておらず，それ以外の手段を介した CSR 情報の開示も消極的な状況にある。もちろん，N100 は各国上位 100 社であり，ハワイ最大手の HA でさえアメリカにおける N100 のランク外になる。ハワイの代表的企業においては，CSR 報告書の発行が進んでおらず，それ以外の情報開示についても内容が極めて限定的であり，明示的 CSR の観点からの取り組みは十分ではない。それゆえ，暗黙的CSR に根差して社会的課題の解決に取り組んでいるのかについて，実際の企業事例を検討する必要があるであろう。

（2）ハワイ大手企業 3 社の CSR の取り組み

①　Hawaiian Airline（ハワイ航空）

　HA では，「ハワイアン航空　設立 90 周年経済影響報告書」のうちの 2 頁に及んで CSR への取り組みが記載されている。まず，ハワイにおける輸血用血液の輸送についての課題が述べられている。一般的には，高速道路網（陸路）を使用して血液が輸送されるのだが，ハワイは複数諸島で州が構成されているため航空輸送が不可欠になる。HA は，血液貯蔵機関の「ハワイ血液バンク」（Blood Bank of Hawaii）を支援するために，同社の旅客機やエアカーゴを利用することで血液需要へ柔軟に対応している。ついで，慈善寄付活動について述べられている。同社は 284 の NPO に寄付を実施してきており，過去 5 年間（2018 時点）の寄付総額は 2 億ドルを超えるという。また，HA は慈善団体やコミュニティへの従業員ボランティアも促進しており，2015 年から 2018 年の 4 年間での従業員ボランティア活動は延べ 3 万 500 時間を超えている（HA, 2019, p.25-p.26）。このように HA では，血液輸送，寄付やボランティア活動などを通

して NPO やコミュニティの支援が行われている。

② Hawaiian Electric Company（ハワイ電力）

　HECO の "Sustainability Report" には，取り組むべき領域として，再エネ，レジリエンス，輸送網，地域社会の 4 項目が提示されている。再エネについて HECO は，オアフ島で 2,629MW（島全体の電力供給の 22%），ハワイ島で 585MW（同 44%），マウイ島（ラナイ・モロカイ島含む）で 1,043MW（同 33%）の電力供給を行い，2008 年からの 10 年間で，発電に使用する化石燃料使用を 19% 削減してきた。ついでレジリエンスでは，自然災害に対する復旧・復興への貢献を重視する。台風やキラウエア火山の溶岩流出への対応を中心に取り組み，被災地のレジリエンスの強化を主導している。2018 年には複数の台風（Hector や Lane など）が，マウイ島とハワイ島に被害を及ぼしたことに対して，HECO は送電網の迅速な復旧を行っただけでなく，台風被害の予防と復旧に対する計画も策定した。また，同年のキラウエア火山噴火では，約 800 本の電柱と約 230 の変圧器が破壊されたが，溶岩流出に対応すべく継続的な電力インフラ網の再構築を行ってきた。その他に自治体・行政や各地域のリーダーとの会合を定期的に開催して，協力関係を構築しつつ，災害対策におけるイニシアティブを発揮している。

　そして，輸送網では，電気自動車（以下，EV）やプラグイン・ハイブリッド車向けの充電器スタンドの設置に取り組んでいる。オアフ島 9 か所，マウイ島 1 か所，モロカイ島 1 か所，ハワイ島 5 か所の合計 16 か所を展開している（2018 年時点）。しかし，ハワイ全体で充電器スタンドは 500 か所以上存在しており，HECO の設置割合は極めて低いことから，今後，設置数を増加させる必要性がある。最後にコミュニティへの貢献として，HECO は従業員のボランティア参画，資金・物資寄付，技術革新を追求することで，地域社会の持続可能性を高めていくという。2018 年には，ボランティア活動に従業員が延べ 4,586 人参加しており，その総時間は 1 万 3,395 時間に，また HECO によるコミュニティへの寄付（主として NPO）は 105 万 2,650 ドルに及んでいる。とくにハワイ先住民族の文化や風習，伝統的な農業や自然などの保全への支援が盛んであ

る（HECO, 2019, p.6-p.19）。このように HECO では，環境（再エネと輸送網），レジリエンス，コミュニティの観点から CSR 活動が行われている。

③　Matson（マットソン）

　Matson の報告書（"Annual Report of Matson Giving"）に基づけば，同社の CSR は，寄付活動によるコミュニティ改善に限定した取り組みとなっている。同社 CEO の Matt Cox は，「Matson の企業文化は，コミュニティへの積極的な参画の歴史によって形成されている。そのような取り組みは，Matson が事業活動を展開し，また従業員の生活と仕事の場である地域社会の QOL を改善するという企業目標に基づいている」と述べている。寄付活動を通して，事業基盤である地域社会を改善することの重要性が認識されているのである。また同社では，ハワイも含めた太平洋地域で包括的な企業寄付活動を行うために，太平洋委員会（Pacific Committee），米国本土委員会（Mainland Committee），アラスカ委員会（Alaska Committee）の 3 委員会を設置している。それぞれの委員長は副社長相当の役職者が担っており，寄付を同社の重要活動の 1 つに位置づけていることが見て取れる。とくに海洋の資源保全，教育，人的サービス（ボランティア活動），文化・芸術などの領域が寄付対象となっている（Matson HP）。

　2018 年には，Matson は 850 以上の NPO を支援するために現金と現物による支援で 360 万ドルを拠出している。691 の NPO を対象として 209 万 5,000 ドルの現金支援が，また 135 万ドル相当の現物支援がそれぞれ提供されている。現物支援では，同社の輸送サービスを無償提供することが主たる取り組みとなっており，その対象には，フードバンクへの支援に加えて災害時の支援物資の輸送が含まれる。2018 年には，フィリピンを直撃した台風 "Yutu" や，キラウエア火山噴火などで支援物資を無償輸送する取り組みが行われた。そのほか従業員の寄付について，企業も同額を追加的に寄付するマッチング・ギフトも展開しており，2018 年には 17 万ドル拠出した。Matson は，2012 年から 2018 年の 7 年間で合計 1,700 万ドル以上の慈善的寄付を行い，コミュニティ改善に向けて貢献している（Matson, 2018, p.1）。

　同社報告書には，寄付総額だけでなく，資金と現物支援の対象となった

NPO の全リストが掲載されており，寄付に関する情報開示が徹底されている。Matson では，寄付活動による地域社会の改善こそが最大の CSR と認識しているのである。

（3）ハワイ地域企業の CSR への取り組み

① Dependable Hawaiian Express（President Brad Dechter）

DHX は，飛行機とコンテナ船を使用して，ハワイと海外・米国本土間での物品輸送を主要事業とする 1950 年に創業した物流企業である。ホノルル本社に加えて，マウイとコナの営業所も含めて従業員約 100 名を擁する中小企業である[16]。DHX の使命は，「この産業において匹敵するものがないほどの，誠実，奉仕，多様性における評価を獲得し続けるために，『信頼できる違い』（"The Dependable Difference"）の存在になる」というものである。同社の究極的な目的は，ステークホルダーからの信頼の獲得に見出されるのであり，そのために信頼できるサードパーティとの物流網を構築して，顧客サービスの質と収益力の向上によって経済的責任を果たすことが必要だという。CSR の実践には事業それ自体の堅固さが必要であり，企業として，まず果たすべきは経済的責任と認識されているのである（DHX HP）。

DHX では，コミュニティ支援を重視しつつ，環境問題や災害支援も同社の CSR と認識している。まず DHX の顕著な活動の 1 つに，「髭を伸ばして寄付をしよう」（"Beard for Buck$"）キャンペーンがある。ホームレス問題の解決に寄与することを目的に行われており，髭が 1 インチ（2.54cm）伸びるごとに 1 ドル以上を寄付しようとするものである。髭だけでなく，髪の毛が 1 インチ伸びるごと，または寄付者が特定の約束事項を設けて寄付することも可能である。最終的に，5 万ドルを集めて Kahauiki Village といったホームレス支援 NPO に寄付することを目標としている。この取り組みは，B. Dechter 社長の発案で始まったものである。当初は，DHX のパートナーや納入事業者間における仲間内の取り組みであったが，他のステークホルダーや地域住民から関心を集めることになり，誰でも参加できる活動へと拡大したのであった。あくまで資金を集めて NPO に寄付する慈善行為に限定されるが，ステークホルダー

間の協働を促進する DHX 経営者のイニシアティブを見て取ることができる。また，DHX は，ホームレスへの支援物資を無償輸送しており現物寄付活動にも取り組んでいる。

　環境問題への取り組みとしては，まずカーボン・オフセットの購入により DHX の倉庫をカーボン・ニュートラル状態にすること，ついで太陽光発電施設を増やして化石燃料由来の電気供給を最小化すること，そしてトラック輸送に際して，カーボン・フットプリントの導入による CO_2 排出量の積算を行っている。それ以外については，紙の再利用やコンピューター・システムも含めた省エネ化の促進を図っているという。GHG 排出削減に取り組んで気候変動を緩和させて，ハワイのサステナビリティに貢献しようとする行為である。なお自然災害については，2018 年のキラウエア火山噴火後の復旧活動に際して，ボトル・ウォーターの無償輸送を行う現物寄付も実施している。

　このように DHX では，堅固な事業活動を基盤にして，コミュニティ支援・寄付活動，GHG 削減や自然災害支援といった取り組みを行っている。とくに地域社会への寄付活動では，DHX 単独ではなく，ステークホルダーを巻き込むことで，ホームレス問題への社会的な関心や「大義」(cause) を喚起していることが特徴的である。

② 　Central Pacific Bank（Chairman Paul Yonamine, 2020 年 3 月時点）

　ついで，ハワイの地域金融機関 CPB について考察していく[17]。CPB は，従業員数 800 名を擁するハワイ州の大手金融機関であり，1954 年に日系二世によって設立されていることから日本人移民とも密接な関係を有している。当時の日系人は，ハワイ総人口の約 40％にも達しており経済的にも重要な位置にあったが，第 2 次世界大戦後には苦境に直面していた。住友銀行のハワイ撤退にともない，日系人は住宅ローンや事業などの資金調達が困難になったからであり，彼らのための銀行の必要性が認識され，日系二世が集結して CPB を設立したのである。なお，設立者の 1 人にはダニエル・K・井上も含まれている。

　CPB は，ハワイの地域金融機関として，大企業だけでなく中小企業への金融支援も積極的に展開している。事業それ自体を通して地域社会の発展に関

与するだけでなく，CPBは寄付やボランティア活動を通したコミュニティ支援にも活発に取り組んでいる。なおCPBの社会貢献については，預金金融機関（銀行）のコミュニティ支援を奨励する「地域再投資法」（Community Reinvestment Act, 以下，CRA）の影響を受けている。CRAは，低中所得者を含む地域社会への貸出を促進する法律であり，活動成果について連邦預金保険公社からの評価を受けなければならない。2014〜2017年の評価期間において，CPBは「最高」（"Outstanding"）評価を得ており，地域社会への投資（融資）・支援に極めてポジティブな姿勢を見て取れる。実際に当該期間において，CPBは低中所得者に4億ドル以上の「地域開発融資」（community development lending）を行い，また4,400万ドル以上の「地域開発投資・寄付」（community development investments and donations）を実施してきた（CPB HP）。

　CPBの地域開発投資・寄付の活動として，まず，セントラル・パシフィック銀行財団（Central Pacific Bank Foundation, 以下，CPBF）の存在がある。2010年に会長に就任したJohn Deanが，CPBの不良債権処理を進める傍らで社会貢献の重要性を認識したことから，自己資金と外部資金から合計800万ドルを調達してCPBFを設立したのであった。CPBFはそれを原資としつつ，CPBの収益の一部を基金に組み込むことで活動をしており，主たる目的は，大学進学を目指す学生に奨学金を給付する教育支援活動になっている。ついでCPBそれ自体による寄付活動では，Aloha United Way（以下，AUW）[18]への寄付と，NPOへの直接寄付という2つのパターンがある。また，CPBでは寄付活動において，従業員主体による寄付金募集キャンペーンを開催したり，各部署間で寄付への従業員参加率を競っているという。金額の多寡には関係なく，地域金融機関の従業員として社会貢献することを奨励しており，その追加的支援を目的にマッチング・ギフトも実施している。

　寄付活動の促進のために，まず経営者と管理職が積極的に寄付を行い，従業員は彼らの姿勢を見たうえで自発的に寄付をする。CPBの各リーダーが，率先して模範を示しているのである。また，従業員が社会貢献活動に費やした総時間もCRAの評価項目になっている。例えば，経営者や管理職になると，学校，病院，商工会議所などへの理事就任要請が多くなり，非営利活動に一定の

時間を費やすことになる。CPB では，そのような活動への従事を推奨しており，費やした時間を登録する仕組みも構築している。このような活動は CRA 高評価を得るための側面もあるが，CPB 経営者のアドバイスによる課題改善を通して，病院や NPO などの運営の健全化に資することを第 1 目的にしている。CPB の寄付・社会貢献活動は，社会保障や福祉への政府関与が少ないアメリカにおいて，社会的課題の解決に向けた企業によるリーダーシップの発揮への期待を反映していると考えられる。

　また自然災害でも，CPB は寄付を通した被災地支援に取り組んできた。実際に被災地で支援活動に従事するのは国際赤十字のような NGO が中心となるが，CPB は資金援助という側面から支援をしてきた。例えば，東日本大震災の際には，CPB はハワイの各銀行と共同で資金集めを行い，日米協会に寄付する活動をしてきたし，2018 年のキラウエア火山噴火に際しては，単なる資金援助を超えた復興支援も実施している。観光客が激減したハワイ島コナへ行く訪問者に対して，CPB が航空券を無償提供するという支援企画であった。CPB は，観光地としてのハワイ島の衰退がハワイ全体に影響してくると捉え，交流人口を拡大させるために同島の観光支援に取り組んだのである。

　ハワイの地域金融機関 CPB の CSR は，地域社会への還元を中心とするコミュニティ支援活動そのものと捉えられる。CPB それ自体がコーポレート・リーダーとしての役割を自覚し，地域社会を改善するために取り組んでいるのである。また，地域社会が豊かで健全なことが，CPB の本業にポジティブな影響を及ぼすとも考えられている。CPB の取り組みは，HA や Matson と同様に，コミュニティを中心に置いた寄付・社会貢献活動というアメリカ的特徴を強く反映している。

6 —— 本章のまとめ

　本章では，ハワイにおける持続可能性と企業経営について，同州の地域企業の CSR に焦点を当てて考察してきた。ハワイ企業によるサステナビリティへの貢献，そして CSR が先進的なのか否かを関心事項として，課題究明のため

に同州の社会的課題に対するハワイ企業の取り組みを見たのであった。

　第1に，ハワイ企業の規模を確認した。ハワイの上場企業は14社と少ないことに加えて，その規模も大きいとは言えない。また，同州の企業数は3万9,911社であるが，従業員50人未満の企業が全体の95.2%に及んでいる。中小企業（とくに零細企業）に依存する経済体制なのであり，ハワイの経営的特質は"small-business"によって特徴づけられる。第2に，ハワイにおけるサステナビリティ推進に関する既存研究をレビューした。多くの研究が政府を対象として，環境政策の評価・提言や持続可能性教育について，その役割と現状を分析している。これに対してハワイ企業を考察する研究は少なく，再エネ推進における電力会社の経営課題の指摘が見られたほかには，一次産業企業の経営戦略事例が存在する程度であった。また日本における研究でも，ハワイの観光地分析や日本企業の進出事例紹介に留まっており，CSRも含めて学術的な研究が存在しない。持続可能性におけるCSR視点の不十分さを見て取れる。

　第3に，ハワイにおける社会的課題について，気候変動，コミュニティ，自然災害という3つの観点から整理した。気候変動ではワイキキビーチ水没の可能性，コミュニティではホームレス増加であり，両者とも観光地としてのハワイの価値を毀損する可能性が指摘される。自然災害については，ハワイ州全体としてはその脅威に晒され続けてきた。今後，気候変動によってオアフ島も大きな影響を受けることが想定されており，持続可能性における重要課題の1つになっている。

　そして，第4にハワイ企業のCSR事例を考察した。まず，ハワイ上場企業のCSR情報の開示では，CSR報告書の発行企業は1社のみであり，情報開示という側面からハワイ企業のCSRは不十分であることが明らかになった。ついで，CSRの取り組みについて大手3社の事例を考察した。HAやMatsonでは，寄付や支援物資の無償輸送など慈善的な取り組みが中心であり，事業との関連性の低いコミュニティ支援に活動が限定されていた。これに対してHECOでは，CSR活動は多様な観点から行われており，再エネ供給比率の向上による化石燃料の使用削減や災害レジリエンスの強化などの取り組みが見られた。共通点としては，3社とも地域社会への貢献を重視していることが分かる。

　DHX では，「信頼できる違い」という使命の下に，まず経済的な責任を果た
す必要性の認識から始まる。そのうえで，ホームレス問題に対するステークホ
ルダー参加型の寄付活動，GHG 削減，現物寄付に基づく災害支援が実施され
る。DHX は中小企業ながらも経営理念に基づく CSR を展開しており，地域社
会の持続可能な発展に貢献しようとする姿勢が見られた。また CPB の事例で
は，コミュニティへの融資や支援において積極的な活動を見ることができた。
それは，CPBF という財団経由と，CPB からの直接寄付という 2 つの側面か
ら実施されていた。後者では，単なる企業寄付ではなく，管理者も含めて従業
員が参加する取り組みであった。CPB では，CRA の制度的影響と経営者の価
値観の下で，暗黙的な社会貢献活動が組織に根付いている。

7 ── ハワイ地域企業の CSR 課題と含意

　最後に，ハワイ企業の CSR における課題を提示しつつ，その特徴と含意を
述べることにする。ハワイ企業の CSR 課題については，ステークホルダー関
係と組織・マネジメント関係の 2 つの側面から整理される（図表5）。

図表5　ハワイ企業の CSR 課題

課題	対象地域	課題の内容
1.　ステークホルダー関係		
(1)　人権	グローバル	世界中で発生する人権問題への方針・対応
(2)　労働	地域	労働規制を超える取り組み，WLB に対する方針・取り組み
(3)　自然災害	地域	自然災害時の役割の自覚，体系的な支援指針，BCP 策定
(4)　環境	グローバル・地域	環境保護・保全へ向けた全体的な取り組み
2.　組織・マネジメント関係		
(1)　CSR 推進体制		行動基準や行動規範の策定，CSR 担当部署，CSR 情報開示
(2)　CSR の成果		実施している社会貢献活動の成果測定
(3)　CSR の認識		①事業それ自体・事業関連性の視点
		②競争優位にも貢献する経営戦略的な視点
		③SDGs を意識した事業活動の認識

※ 1：WLB とは，ワーク・ライフ・バランスのことを指している。
出所：筆者作成。

　前者は，ステークホルダーとの関係で企業が果たすべき CSR であり，ハワイ企業では人権，労働，自然災害，環境において課題が残る。(1) 人権については，児童労働，労働搾取，マイノリティ民族弾圧などの問題が CSR の議論においても俎上に載せられる。人権問題はグローバル課題であるため，州内を主要事業拠点とするドメスティック的性質の強いハワイ企業にとっては，国際的課題に対する関心が低いと考えられる。(2) 労働であるが，ハワイ企業の CSR では従業員に対する CSR（労働 CSR）について触れられていない。ボランティア参加など従業員が CSR に果たす役割について述べられるが，彼らの教育機会，福祉，QOL 向上などにほとんど言及されない。契約社会的な特徴や，従業員の頻繁な転職などの事情を考慮すると，企業が個人の成長や私生活にまで関与しないと想定されるし，自己責任意識が社会に醸成されているのかもしれない。(3) 自然災害については，災害発生時に企業が果たす役割と責任の認識，そして体系的な支援指針や BCP 策定などが見られない。自然災害時の直接的な支援活動は，HECO のような公益産業を除くと，政府や国際赤十字などの NGO・NPO 活動によって行われることから，ハワイ企業の災害支援は寄付活動（資金と物資）に留まっている。最後に，(4) 環境については，GHG 削減を中心とする気候変動への取り組みが見られるが，環境問題を事業に取り込み，環境と経営効率を両立させる環境経営的な視点が考慮されていない。コミュニティへの貢献を除くと，ハワイ企業の CSR にはステークホルダー関係の課題を総じて指摘せざるを得ない。

　また後者の組織・マネジメント関係について見ると，(1) CSR の推進体制の不備が指摘される。ハワイ企業に調査依頼をすると，受付は人事部やマーケティング部となり，CSR 担当部署の存在を聞くことがなかった。CSR 実践の前提となる企業行動基準や行動規範などを策定していない企業も多く，CSR を経営の重要項目の 1 つに位置づける取り組みが不十分である。また CSR 情報の開示は，CSR への取り組みを報告する重要な手段になるが，ハワイ企業では十分な開示が行われていない。(2) 実施した社会貢献活動の成果測定という課題である。各企業はコミュニティ支援活動を行っているが，その活動による地域社会の改善状況や当該企業への影響を評価していない。完全な定量化は

困難だとしても，その成果を評価することが，より良いフィランソロピー実践には必要になる。最後に（3）CSRへの認識であり，3つの観点に細分化される。いずれの企業も，①寄付やボランティアなど事業との直接的な関連性の低いCSRに終始している。近年では，社会的課題を事業活動に取り込むことが求められるが，HECOを除くと，そのような特徴を見られなかった。②CSR実践における経営戦略的な視点の欠如という問題もある。もちろん，競争優位の追求のみでは「見せかけ」を助長する可能性があるが，CSRを持続的な活動にするためには，何らかの見返りを得る戦略的思考が求められてくる。さらに，③グローバルな持続可能性を目指すためにSDGsが重視されているが，考察対象企業にはSDGsの項目・記述すら見られない。CSR促進の国際的な枠組みに対して，その認識や準拠が不十分だと考えられる。

　このようにハワイ企業のCSRは，ステークホルダー関係と組織・マネジメント関係の両側面において課題を有している。その取り組みは先進的とは言い難く，むしろ後進的で世界的潮流と隔絶している印象さえ受ける。ローカル企業だとしても，CSRそれ自体を認識し，いかに社会的課題を事業活動に組み込むのかを考え行動することが，ハワイの経済・社会・環境の維持と発展への貢献につながるであろう。もちろん，ハワイ企業は地域社会への寄付・支援によってコミュニティ活性化に取り組んでおり，地域社会への貢献を重視するアメリカ的特徴については批判されるものではない。ハワイという島嶼環境では，面積的な狭隘さからコミュニティのつながりが重要になると想定されるし，同州をより良い観光地にするには地域社会の健全性も必要だからである。

　また，博愛主義的な視点による地域社会への暗黙的CSR実践は，当該企業が存続するための社会的正当性を地域社会から獲得することにもなる。ハワイという楽園を維持するために，今後，同州企業は既存のコミュニティへの貢献を強化しつつ，グローバル視点に基づく世界的な課題解決志向と，組織的なCSR推進体制の確立に取り組む必要があると考えられる。そのうえで，社会的課題の第一線をNPOに任せるのではなく，ハワイ企業単独もしくはパートナーシップを組んで課題解決に直接的に取り組むことも必要であろう。そして，そのようなCSRを持続的なものにするには，事業活動を通して社会的課

題の解決に寄与しつつ，収益を上げる経営戦略的な発想に基づく実践に取り組むことである。そのためには，ハワイ企業がCSRと持続可能性の概念を理解し，その認識を変容させることが重要になる。

【注】

1）本章は，矢口（2020）を大幅に加筆修正して掲載されている。
2）DBEDTは，Department of Business, Economic Development & Tourism（ハワイ州企業・経済開発および観光省）の略称であり，本章では，本文ならびに引用文献一覧において“DBEDT”の呼称を用いる。
3）なお，新型コロナのパンデミックが最大であった2020年には，観光客数は270万8,000人にまで激減したものの，2021年には677万8,000人にまで回復している（トラベルボイスHP）。この傾向は2022年以降も続き，観光客数はさらに回復するものと推察される。
4）なお，これら企業のデータについては，資料制約の関係上，2016年というコロナ禍前までの数値を用いていることに留意されたい。
5）ハワイ商工会議所最高戦略責任者（Chief Strategic Officer）のLori Abe氏へのヒアリング調査に基づいている（実施日：2019年11月8日）。
6）もちろん，近年では新型コロナウィルスの感染拡大もあるが，現在では一定程度収束しており観光も活発に再開されていることから，ここには含めないことにする。
7）詳細については，HCCMAC（2017）を参照のこと。
8）ホノルル日本人商工会議所事務局長W.T. Ishiharaへのヒアリング調査に基づいている（実施日：2019年11月21日）。
9）HEMAやNDPTCの活動の詳細については各機関のホームページを参照のこと。
10）以下の記述は，Karl Kimハワイ大学教授へのヒアリング調査に基づいている（実施日：2019年11月19日）。
11）レジリエンス（Resilience）とは，災害後の全体を回復させる能力であり「強靱さ」，あるいは「災害対応力」と訳出される。
12）コロナ禍については，現在では克服しつつある状況であり，この社会的課題からは除外している。
13）藤井（2005）によると，アメリカ企業のCSRは地域社会への寄付や支援などの慈善的行為を重視しており，また，アメリカにはそのような文化が根付いているという。
14）現地調査においては，黒川曙美氏（Hawaii Pacific University Executive in Residence）から情報提供や調査手配・同行などの支援を受けた。
15）CSR報告書を発行するすべての企業が，CSRに真摯に取り組んでいるかというと，そうとは言い切れない。CSR報告書をはじめとして，CSRの制度化に取り組んでいても，実際の企業行動が理念と乖離する「見せかけの倫理」（Window-Dressing

Ethics）が頻繁に見られたからである（Sims and Brinkmann, 2003）。

16）以下，DHX に関する記述はホノルル支店総責任者の Melissa Katada 氏へのヒアリング調査（実施日：2019 年 11 月 12 日），および同社提供資料に基づいている。

17）以下，CPB に関する記述は海外事業担当副社長の Joji Seta 氏へのヒアリング調査（実施日：2019 年 12 月 11 日），および CPB 提供資料に基づいている。

18）AUW は会員企業・個人からの寄付金を募り集約し，それを加盟 NPO に配分する機関である。詳細は AUW HP を参照のこと。

引用文献一覧

【外国語文献】

Anggadwita, G., Profityo, W. B., Alamanda, D. T. and A. Permatasari (2020), "Cultural Values and their Implications to Family Business Succession: A Case Study of Small Chinese-owned Family Businesses in Bandung, Indonesia," *Journal of Family Business Management*, Vol.10 No.4, p.281-p.292.

Arishi, M., Elsaid, A. M. Dawi, S. and E. Elsaid (2018), "Impact of Socially Responsible Leadership on Employee Leave Intention: Exploratory Study on IT Companies in Egypt," *Business and Management Research*, Vol.7 No.2, p.17-p.33.

Avina, J. (2013), "The Evolution of Corporate Social Responsibility (CSR) in the Arab Spring," *Middle East Journal*, Vol.67 No.1, p.77-p.92.

Bechtold, D. and V. Kiss (2018), "Honolulu City Lights: How the Hawaiian Electric Company (HECO) Flipped the Switch on Hawaii's Solar Power Boom," *Journal of Strategic Innovation and Sustainability*, Vol.13 No.4, p.34-p.42.

Berle, A. A. and G. C. Means (1932), *The Modern Corporation and Private Property*, Macmillan (北島忠男訳 (1958)『近代株式会社と私有財産』文雅堂銀行研究社).

Bozer, G., Levin, L. and C. Joseph (2017), "Succession in Family Business: Multi-Source Perspective," *Journal of Small Business and Enterprise Development*, Vol.24 No.4, p.753-p.774.

Brown, M. E., Trevino, L. K. and D. A. Harrison (2005), "Ethical Leadership: A Special Learning Theory Perspective for Construct Development," *Organizational Behavior and Human Process*, No.97, p.117-p.134.

Burpee, T. R., Schusheim, P. E. and J. C. Wilson (2001), "Personal Tax Planning: Estate Planning and Succession Planning: An Integrated Approach," *Canadian Tax Journal*, Vol.49 No.5, p.1621-p.1644.

Carroll, A. B. and A. K. Buchholtz (1999), *Business and Society: Ethics and Stakeholder Management Forth Edition*, South-Western College Publishing.

Chinn, P. W. U. (2011), "Malama I Kaina, Sustainability: Learning from Hawaii's Displaced Place and Culture-Based Science Standard," *Cultural Studies of Science Education*, Vol.6 No.1, p.223-p.233.

Cho, C. H., Michelon, G., Patten D. M. and R. W. Roberts (2015), "CSR Disclosure: The More Things Change...?," *Accounting, Auditing & Accountability Journal*, Vol.28 No.1, p.14-p.35.

Choy, D. and R. Prizzia (2010), "Consumer Behaviour and Environmental Quality in

Hawaii," *Management of Environmental Quality*, Vol.21 No.3, p.290-p.298.

Christian Aid (2004), "Behind the Mask: The Real Face of Corporate Social Responsibility", p.1-p.64 (http://www.st-andrews.ac.uk/media/csear/app2practice-docs/CSEAR_behind-the-mask.pdf).

Clem, L. and Walton, P. (1999), "Reporting Corporate Crime," *Corporate Communications*, Vol.4 No.1, p.43-p.48.

Cochet, K. D. and L. C. Vo (2012), "Impact of CSR Tools on SMEs: The Case of Global Performance in France," *International Business Research*, Vol.5 No.7, p.50-p.55.

Coffman, M. (2009), "University Leadership in Island Climate Change Mitigation," *International Journal of Sustainability in Higher Education*, Vol.10 No.3, p.239-p.249.

Coffman, M. and K. Umemoto (2010), "The Triple-Bottom-Line: Framing of Trade-offs in Sustainability Planning Practice," *Environment, Development and Sustainability*, Vol.12 No.5, p.597-p.610.

Coffman, M. and P. Bernstein (2015), "Linking Hawaii's Islands with Wind Energy," *The Annals of Regional Science*, Vol.54 No.1, p.1-p.21.

Cusick, J. (2008), "Operationalizing Sustainability Education at the University of Hawaii at Manoa," *International Journal of Sustainability in Higher Education*, Vol.9 No.3, p.246-p.256.

Department of Business, Economic Development & Tourism (2018), "County Social, Business and Economic Trends in Hawaii 1990-2017", p.73-p.74 (http://files.hawaii.gov/dbedt/economic/data_reports/county_report/county-trends-2017.pdf).

Department of Business, Economic Development & Tourism (2019), "Hawaii Facts & Figures", p.1-p.13 (http://files.hawaii.gov/dbedt/economic/library/facts/Facts_Figures_browsable.pdf).

Derrickson, S. A. K., Robotham, M. P., Olive, S. G. and C. I. Evensen (2002), "Watershed Management and Policy in Hawaii: Coming Full Circle," *Journal of the American Water Resource Association*, Vol.38 No.2, p.563-p.576.

Dion, M. (2012), "Are Ethical Theories Relevant for Ethical Leadership," *Leadership & Organization Development Journal*, Vol.33 No.1, p.4-p.24.

Donald, W. M. (1997), "Family Limited Partnerships and Succession Planning," *Journal of the American Society of CLU & ChFC*, Vol.51 No.6, p.36-p.40.

Epstein, E. M. (1969), *The Corporation in American Politics*, Prentice-Hall.

European Multi-Stakeholder Forum on CSR (EMSF, 2004), "Final Results & Recommendations", p.1-p.23 (http://ec.europa.eu/enterprise/policies/sustainable-business/files/csr/documents/29062004/emsf_final_rerepo_en.pdf).

Fombrun, C. and F. Christopher (2004), "Business Ethics: Corporate Response to Scandal," *Corporate Reputation Review*, Vol.7 No.3, p.284-p.288.

Freeman, R. E. (1983), *Strategic Management: A Stakeholder Approach*, Cambridge University Press.

Friedman, M. (1970), "The Social Responsibility of Business is to Increase its Profits,"

The New York Times, September 13, 1970.

Fripp, M. (2018), "Intercomparison between Switch 2.0 and GE MAPS Models for Simulation of Higher-Renewable Power System in Hawaii," *Energy, Sustainability and Society*, Vol.8 No.1, p.1-p.13.

Giddens, A. (1993), *New Rules of Sociological Method*, Hutchinson（松尾精文・藤井達也・小幡正敏訳（2000）『社会学の新しい方法基準―理解社会学の共感的批判―』而立書房）.

Global Sustainable Investment Alliance (2021), "Global Sustainable Investment Review 2020", p.1-p.31 (http://www.gsi-alliance.org/wp-content/uploads/2021/08/GSIR-20201.pdf).

Godos-Diez, J., Fernandez-Gago, R. and A. Martinez-Campillo (2011), "How Important Are CEOs to CSR Practices?: An Analysis of the Mediating Effect of the Perceived Role of Ethics and Social Responsibility," *Journal of Business Ethics*, Vol.98 No.4, p.531-p.548.

Groves, K. S. and M. A. LaRocca (2011), "Responsible Leadership Outcomes via Stakeholder CSR Values: Testing a Values-Centered Model of Transformational Leadership," *Journal of Business Ethics*, Vol.98 No.1, p.37-p.55.

Hawaii Climate Change Mitigation and Adaptation Commission (2017), "Hawaii Sea Level Rise Vulnerability and Adaptation Report", p.1-p.302 (https://climate-adaptation.hawaii.gov/wp-content/uploads/2017/12/SLR-Report_Dec2201.pdf).

Hawaiian Airline (2019), "Hawaiian Airlines 90th Anniversary Economic Impact Report", p.1-p.28.

Hawaiian Electric Company (2019), "Sustainability Report 2018-2019; Building a Stronger Hawaii", p.1-p.24 (https://view.hawaiianelectric.com/2018-sustainability-report/).

Huang, L. and T. A. Paterson (2017), "Group Ethical Voice: Influence of Ethical Leadership and Impact on Ethical Performance," *Journal of Management*, Vol.43 No.4, p.1157-p.1184.

Huhtala, M., Kangas, M., Lämsä, A. M. and T. Feldt (2013), "Ethical Managers in Ethical Organizations? The Leadership-Culture Connection among Finnish Managers," *Leadership & Organization Development Journal*, Vol.34 No.3, p.250-p.270.

Ip, P. K. (2008), "Corporate Social Responsibility and Crony Capitalism in Taiwan," *Journal of Business Ethics*, Vol.79 No.1-2, p.167-p.177.

Jaggi, B. and M. Freedman (1992), "An Examination of the Impact of Pollution Performance on Economic and Market Performance: Pulp and Paper Firms," *Journal of Business Finance and Accounting*, Vol.19 No.5, p.697-p.713.

Johnson, K., Willoughby, G., Shimoda, W. and M. Volker (2012), "Lessons Learned from the Field: Key Strategies for Implementing Successful on-the-bill Financing Programs," *Energy Efficiency*, Vol.5 No.1, p.109-p.119.

Kim, D. M, Wan, J. and S. J. Kim (2015), "Exploring the Ethical Aspects of Leadership:

298 ──○

From a Korean Perspective," *Asian Philosophy*, Vol.25 No.2, p.113-p.131.

Koffi, V., Fillion, G., Ekionea, J. B. and T. Morris (2014), "Family Business Succession: What Are the Ways Used by the Men Business Managers to Legitimize Their Successors?," *Entrepreneurial Executive*, Vol.19, p.111-p.129.

Kotler, P. and N. Lee (2005), *Corporate Social Responsibility: Doing the Most Good for Your Company and Your Cause*, Hoboken, N. J.（早稲田大学大学院恩藏研究室訳（2007）『社会的責任のマーケティング―「事業の成功」と「CSR」を両立する―』東洋経済新報社）.

Kuhn, T. and K. L. Ashcraft (2003), "Corporate Scandal and the Theory of the Firm: Formulating the Contributions of Organizational Communication Studies," *Management Communication Quarterly*, Vol.17 No.1, p.20-p.57.

Longenecker, J. G. and J. E. Schoen (1978), "Management Succession in the Family Business," *Journal of Small Business Management*, Vol.16 No.3, p.1-p.6.

Loudat, T. A. and P. Kasturi (2017), "The Economic and Fiscal Impacts of Hawaii's Solar Tax Credit," *International Journal of Energy Economics and Policy*, Vol.7 No.1, p.224-p.252.

Luo, D. and K. Shi (2009), "The Authentic Leadership and its Relationship with CSR Behaviors," *2009 International Conference on Management and Service Science Proceedings*, p.20-p.22.

Maak, T. (2007), "Responsible Leadership, Stakeholder Engagement, and the Emergence of Social Capital," *Journal of Business Ethics*, Vol.74 No.4, p.329-p.343.

Maslow, A. H. (1954), *Motivation and Personality*, Harper & Row（小口忠彦監訳（1971）『人間性の心理学』産業能率大学出版部）.

Maslow, A. H. (1965), *Eupsychian Management*, Richard D. Irwin（原年廣訳（1967）『自己実現の経営』産業能率大学出版部）.

Matson (2018), "Annual Report of Matson Giving, The Community Investment Program of Matson, Inc. 2018 Manifest", p.1-p.17（https://www.matson.com/community/matfdn_manifest_2018.pdf）.

Matten, D. and J. Moon (2008), "'Implicit' and 'Explicit' CSR: A Conceptual Framework for a Comparative Understanding of Corporate Social Responsibility," *Academy of Management Review*, Vol.33 No.2, p.404-p.424.

McNamara, K., Watson, J. G. and C.B. Wittmeyer (2009), "The Utilization of a Succession Plan to Effectively Change Leadership and Ownership in a Small Business Enterprise," *The Journal of American Academy of Business*, Vol.15 No.1, p.31-p.42.

Mcwilliams, A. and D. Siegel (2000), "Corporate Social Responsibility and Financial Performance: Correlation or Misspecification?," *Strategic Management Journal*, Vol.21, p.603-p.609.

Michaels, A. and M. Grüning (2017), "Relationship of Corporate Social Responsibility Disclosure on Information Asymmetry and the Cost of Capital," *Journal of*

Management Control, Vol.28 No.3, p.251-p.274.

Mickelson, R. E. and C. Worley (2003), "Acquiring a Family Firm: A Case Study," *Family Business Review*, Vol.16 No.4, p.251-p.268.

Miller, D. and I. Le Breton-Miller (2006), "Family Governance and Firm Performance: Agency, Stewardship, and Capabilities," *Family Business Review*, Vol.19 No.1, p.73-p.87.

Miska, C., Hilbe, C. and S. Mayer (2014), "Reconciling Different Views on Responsible Leadership: A Rationality-Based Approach," *Journal of Business Ethics*, Vol.125 No.2, p.349-p.360.

Mohammadpour, S., Nour Mohammad, Y., Kamalian, A. and H. Salarzehi (2017), "Authentic Leadership: A New Approach to Leadership (Describing the Mediatory Role of Psychological Capital in the Relationship between Authentic Leadership and Intentional Organizational Forgetting)," *International Journal of Organizational Leadership*, Vol.6 No.4, p.491-p.504.

Orlitzky, M., Schmidt, F. L. and S. L. Rynes (2003), "Corporate Social and Financial Performance: A Metaanalysis," *Organization Studies*, Vol.24 No.3, p.403-p.441.

Pacific Business News (2018), "2017-2018 Book of Lists," Vol.55 No.47, p.1-p.192.

Pain, L. S. (1997), *Cases in Leadership, Ethics, and Organizational Integrity: A Strategy Perspective*, The McGraw-Hill Companies（梅津光弘・柴柳英二訳 (1997)『ハーバードのケースで学ぶ企業倫理─組織の誠実さを求めて─』慶應義塾大学出版会）.

Pateman, B., Irvin, L. H., Nakasato, S., Serna, K. and D. K. Yahata (2000), "Got Health? The Hawaii Partnership for Standards-Based School Health Education," *The Journal of School Health*, Vol.70 No.8, p.311-p.317.

Porter, M. E. (1980), *Competitive Strategy: Techniques for Analyzing Industries and Competitors*, Free Press（土岐坤・中辻萬治・服部照夫訳 (1995)『競争の戦略』ダイヤモンド社）.

Porter, M. E. (1985), *Competitive Advantage: Creating and Sustaining Superior Performance*, Free Press（土岐坤・中辻萬治・小野寺武夫訳 (1985)『競争優位の戦略─いかに高業績を持続させるか─』ダイヤモンド社）.

Porter, M. E. and M. R. Kramer, (2006), "Strategy & Society: The Link between Competitive Advantage and Corporate Social Responsibility," *Harvard Business Review*, December 2006, p.56-p.68（村井裕訳 (2008)「競争優位の CSR 戦略」Diamond ハーバード・ビジネス・レビュー, 2008 年 1 月, p.36-p.52）.

Porter, M. E. and M. R. Kramer (2011), "Creating Shared Value: How to Reinvent Capitalism and Unleash a Wave of Innovation and Growth," *Harvard Business Review*, January-February 2011, p.63-p.76（編集部訳 (2011)「経済的価値と社会的価値を同時実現する共通価値の戦略」『DIAMOND ハーバード・ビジネス・レビュー』2011 年 6 月, p.8-p.31）.

Prahalad, C. K. (2005), *The Fortune at the Bottom of the Pyramid: Eradicating Poverty through Profits*, Wharton School Publishing（スカイライト コンサルティング株式会社訳 (2005)『ネクスト・マーケット─「貧困層」を「顧客」に変える次世代ビジネス

戦略―』英治出版).

Rama, M. D. (2012), "Corporate Governance and Corruption: Ethical Dilemmas of Asian Business Groups," *Journal of Business Ethics*, Vol.109 No.4, p.501-p.519.

Rao, K. and C. Tilt (2016), "Board Diversity and CSR Reporting: An Australian Study," *Meditari Accountancy Research*, Vol.24 No.2, p.182-p.210.

Schmid, H. B. (2010), "Philosophical Egoism: Its Nature and Limitations," *Economics & Philosophy*, Vol.26 No.2, p.217-p.240.

Sclafani, A. P. E. (2011), "Analysis of Carbon Dioxide Emission Reductions from Energy Efficiency Upgrades in Consideration of Climate Change and Renewable Energy Policy Initiative Using Equest," *Energy Engineering*, Vol.108 No.4, p.65-p.80.

Shamir, B. and G. Eilam (2005), ""What's your story?" A Life-Stories Approach to Authentic Leadership Development," *The Leadership Quarterly*, Vol.16 No.3, p.395-p.417.

Shaukat, A., Qiu, Y. and G. Trojanowski (2015), "Board Attributes, Corporate Social Responsibility Strategy, and Corporate Environmental and Social Performance," *Journal of Business Ethics*, No.135, p.569-p.585.

Simpson, W. G. and T. Kohers (2002), "The Link between Corporate Social and Financial Performance: Evidence from the Banking Industry," *Journal of Business Ethics*, Vol.35 No.2, p.97-p.109.

Sims, R. R. and J. Brinkmann (2003), "Enron Ethics (Or: Culture Matters More than Codes)," *Journal of Business Ethics*, Vol.45 No.3, p.243-p.256.

Sinkin, J. and T. Putney (2013), "A Two-Stage Solution to Succession Procrastination," *Journal of Accountancy*, Vol.216 No.4, p.40-p.42.

Surroca, J., Tribo, J. A. and S. Waddock (2010), "Corporate Responsibility and Financial Performance: The Role of Intangible Resources," *Strategic Management Journal*, Vol.31, p.463-p.490.

Suryanata, K. (2000), "Products from Paradise: The Social Construction of Hawaii Crops," *Agriculture and Human Values*, Vol.17 No.2, p.181-p.189.

Thomas, A. and L. Fritz (2006), "Disaster Relief, Inc.," *Harvard Business Review*, November 2006, p.114-p.122. (鈴木泰雄訳 (2008)「民間援助機関とのパートナーシップのつくり方―災害援助と CSR ―」Diamond ハーバード・ビジネス・レビュー, 2008 年 1 月, p.136-p.147.)

Thomas, A. H. (2006), *Corporate Scandals: Reverberations and Long-Term Meaning*, Nova Science Publishers.

Tompson, G. H., Verreault, D. and H. B. Tompson (2009), "Hawaii Macadamia Nut Company," *The Journal of Entrepreneurial Finance*, Vol.13 No.2, p.103-p.118.

Toor, S. and G. Ofori (2009), "Ethical Leadership: Examining the Relationships with Full Range Leadership Model, Employee Outcomes, and Organizational Culture," *Journal of Business Ethics*, Vol.90 No.4, p.533-p.547.

Villalonga, B. and A. Raphael (2004), "How Do Family Ownership, Control, and

Management Affect Firm Value?," *EFA 2004 Maastricht Meetings Paper No.3620*, p.1-p.45.

Vyakarnam, S., Bailey, A., Myers, A. and D. Burnett (1997), "Towards an Understanding of Ethical Behaviour in Small Firms," *Journal of Business Ethics*, No.16, p.1625-p.1636.

Waldman, D. A. and D. Siegel (2007), "Defining the Socially Responsible Leader," *The Leadership Quarterly*, Vol.19 No.1, p.117-p.131.

Weaver, G. R., Trevino, L.K. and P.L. Cochran (1999), "Integrated and Decoupled Corporate Social Performance: Management Commitments, External Pressures, and Corporate Ethics," *Academy of Management Journal*, Vol.42 No.5, p.539-p.552.

World Commission on Environment and Development (1987), "Report of the World Commission on Environment and Development: Our Common Future", p.1-p.300 (https://sustainabledevelopment.un.org/content/documents/5987our-common-future.ppd).

Yasir, M and N. A. Mohamad (2016), "Ethics and Morality: Comparing Ethical Leadership with Servant, Authentic and Transformational Leadership Styles," *International Review of Management and Marketing*, Vol.6 No.4, p.310-p.316.

Yoon, S. and T. Lam (2013), "The Illusion of Righteousness: Corporate Social Responsibility Practices of the Alcohol Industry," *BMC Public Health*, No.13, p.1-p.11.

Zhu, Y., Sun L. and A. S. M. Leung (2014), "Corporate Social Responsibility, Firm Reputation, and Firm Performance: The Role of Ethical Leadership," *Asia Pacific Journal of Management*, Vol.31 No.4, p.925-p.947.

【日本語文献】

Calonger, J. L. (2011)「特別寄稿 震災復興に向けて―災害の事実を理解し，達成すべき目標に向けたプロセス（手順）―」『仙台経済界』2011年11-12月号，p.36-p.37.

Deming, W. E. ; NTTデータ通信品質管理研究会訳 (1996)『デミング博士の新経営システム論―産業・行政・教育のために―』NTT出版.

ISO/SR 国内委員会監修 (2011)『ISO26000：2010―社会的責任に関する手引―』日本規格協会.

KPMG (2018)「KPMGによるCSR報告調査2017」, p.1-p.68 (https://home.kpmg/content/dam/kpmg/jp/pdf/jp-csr-report-survey2017.pdf).

OMソーラー (2018)「OM Solar A to Z―太陽で快適をつくるOMソーラーの秘密を一冊に。―」, p.1-p.32.

赤塚充良 (2013)「庭木の観葉植物の草分け―ブラジル，ハワイでも生産―」『月間ニュートップL.』2013年4月号，p.64-p.66.

赤羽喜六 (2010)『告発は終わらない―ミートホープ事件の真相―』長崎出版.

秋山訓子 (2019)「現代の肖像 サチハワイ総合不動産会社社長 サチ・ブレーデン―何度も違う人生を生きる―」『Aera』2019年4月1日号，p.56-p.61.

いがらしみきお監修 (2015)『知られざる英雄たち』宮城県建設業協会.

井川意高 (2017)『熔ける―大王製紙前会長井川意高の懺悔録―』幻冬舎文庫.

石倉和佳（2019）「日本人ハワイ移民の移民会社―愛国同盟の人々を中心に―」『兵庫県
　立大学環境人間学部研究報告』第 21 号，p.29-p.40.

伊丹敬之・加護野忠男（1989）『ゼミナール経営学入門』日本経済新聞社.

伊東武・川畠慎也（2017）「地域金融機関との連携による事業承継問題への取り組み―
　新設した M&A 助言会社と事業承継ファンドも活用―」『金融財政事情』第 68 巻第 39
　号，p.36-p.39.

伊藤幸男（2008）「CSR，ミッション，ビジョン・リーダーシップ―凛とした企業の模
　索―」『名古屋経済大学消費者問題研究所報』第 30 号，p.1-p.17.

井上貴也（2017）「取締役の義務と CSR に関する一考察」『東洋通信』第 53 巻第 6 号，
　p.30-p.39.

岩田やすてる（2013）『啓け！―被災地への命の道をつなげ―』コスモの本.

上田円（2017）「M&A 戦略と法務―事業承継 M&A における法務デューデリジェンスの
　留意点―」『MARR: Mergers & Acquisitions Research Report』第 272 号，p.36-p.42.

内田亨・山本靖（2014）「株式未公開系ファミリー企業の不祥事に関する一考察」『新潟
　国際情報大学情報文化学部紀要』第 17 号，p.81-p.97.

浦野倫平（2011）「現代企業とステークホルダー」佐久間信夫編著『経営学概論』創成社，
　p.54-p.64.

大野正英（2015）「ソーシャル・キャピタル論からの経営倫理へのアプローチ」日本経
　営倫理学会編『日本経営倫理学会誌』第 22 号，p.223-p.235.

岡本大輔（2018）『社会的責任と CSR は違う！』千倉書房.

奥村惠一（1987）『経営と社会』同文館.

奥村剛史・塚本奈穂子・重信あゆみ（2011）「東日本大震災後の企業の CSR 活動につい
　ての調査結果」『企業リスク』第 33 号，p.55-p.58.

戒野敏浩（2011）「米国におけるスピリチュアルマネジメントの研究動向」『青山経営論
　集』第 46 巻第 1 号，p.29-p.45.

掛川三千代（2021）「公害問題と環境規制」野村佐智代・山田雅俊・佐久間信夫編著『現
　代環境経営要論』創成社，p.21-p.36.

片山修（2007）『大切なことはすべてクレドーが教えてくれた』PHP 研究所.

河合保弘（2012）「中堅・中小企業における不正防止対策（上）―経営戦略としての『中
　小企業版内部統制』とは―」『会社法務 A2Z』第 60 号，p.20-p.25.

河西邦人（2014）「企業の経営戦略としての社会貢献」『NETT』No.84，p.4-p.7.

河原万千子（2018）「特例承継計画書の書き方―未来につなぐ事業承継―」『税務弘報』
　Vol.66 No.8, p.140-p.147.

川村雅彦（2003）「2003 年は『日本の CSR 経営元年』― CSR（企業の社会的責任）は認
　識から実践へ―」『ニッセイ基礎研 REPORT』2003 年 7 月，p.1-p.8.

木原高治（2011）「地方企業の地域社会における役割に関する一考察―清酒製造業を事
　例にして―」東京農業大学編『東京農大農学集法』第 56 巻第 1 号，p.68-p.92.

久保周太郎（2015）「東日本大震災で発生した災害廃棄物等の処理業務の概要―日建連
　会員企業による災害廃棄物処理業務概要―」『基礎工』第 43 巻第 9 号，p.22-p.27.

久保田潤一郎（2007）「企業倫理の実効性を高める企業行動規範についての一考察」『立

教ビジネスデザイン研究』第 4 号，p.77-p.87.

小泉知加子（2020）『復興への道をひらく』PHP 研究所.

小久保みどり（2007）「リーダーシップ研究の最新動向」『立命館経営学』第 45 巻第 5 号，p.23-p.34.

興村美貴子（2011）「中小企業の持続可能性に影響を与える内部統制と CSR 活動の実証研究—道内の環境マネジメントシステム導入企業を対象にした分析—」『産研論集』第 41 号，p.67-p.75.

小関隆志（2010）「英米のコミュニティ開発金融政策と，日本に与える示唆」『国土審議会政策部会国土政策検討委員会 新しい公共検討グループ（第 3 回）』p.1-p.5（https://www.mlit.go.jp/common/000127526.pdf）.

小谷光正（2016）「環境マーケティングの進展とグリーンコンシューマーリズム」『名古屋学院大学論集 社会科学篇』第 53 巻第 1 号，p.13-p.24.

後藤敬一（2013）「後継者という原石を磨く—たすきをつないだ父の厳しさ，子の挑戦—」『道経塾』第 14 巻第 4 号，p.24-p.29.

後藤俊夫（2017）「第三者承継の代償」『事業承継』Vol.6, p.30-p.43.

小林陽太郎（2006）「企業の社会的責任（CSR）とリーダーシップ—企業は社会に役立つために存在する。どう役立つのか。このバランス経営の責任はすべて企業トップにある—」『人事実務』No.996, p.54-p.57.

小山嚴也（2015）「地域密着型企業におけるフィランソロピー—株式会社崎陽軒の事例から—」『経済経営研究所年報』第 37 集，p.57-p.67.

近藤信一（2013）「中小企業の親子間親族内事業承継における経営面の一考察—茨城県中小企業 4 社の事例から—」『総合政策』第 15 巻第 1 号，p.65-p.79.

さいとう製菓提供資料（2022）「復興から振興へ—持続可能な地域・まちづくり—」.

齊藤俊明（2013）「何度試練に襲われても必ず復興してみせる！」『理念と経営』2013 年 12 月号，p.29-p.35.

サイト工業（2017）「サイト工業株式会社 50 周年記念『正面突破』～逃げるから苦しいのさ～」，p.1-p.31（http://www.sight-k.co.jp/manga.pdf）.

サイト工業提供資料（2012）「震災復興における建設業の役割とは」，p.1.

サイト工業提供資料（2021）「建設業とサイト工業の取り組みについて」，p.1-p.69.

サイト工業提供資料（2022）「サイト工業の近年の取り組み—追加事項—」，p.1-p.7.

嵯峨生馬（2011）『プロボノ—新しい社会貢献 新しい働き方—』勁草書房.

酒井保則（2022）「ユース会会員経営者が語る私の承継：酒井保則氏（株）酒井鋼材代表取締役社長・旭川商工中金ユース会副代表幹事—祖父と父の築いた信頼関係をもとに旭川の鋼材商社業界の再編を進める—」『商工ジャーナル』第 48 巻第 9 号，p.34-p.37.

坂口美穂（2011）「企業不祥事防止のための実践的リスクマネジメント」『近代中小企業』第 46 巻第 10 号，p.22-p.25.

坂本光司＆法政大学大学院坂本光司研究室（2017）『日本の「いい会社」—地域に生きる会社力—』ミネルヴァ書房.

佐久間信夫（2003）『企業支配と企業統治』白桃書房.

里見泰啓（2016）「家業の世代を越えた維持発展への意思の形成要因」『事業承継』Vol.5,

p.20-p.35.

真田茂人（2013）「部下をやる気にさせる上司のサーバント・リーダーシップ」『人事実務』No.1123, p.82-p.85.

商工総合研究所（2013）『これからのCSRと中小企業―社会的課題への挑戦―』商工総合研究所.

杉本亮（2015a）「中小企業における不正防止・発見とコンプライアンス（第1回）」『New finance』第44巻第10号, p.38-p.45.

杉本亮（2015b）「中小企業における不正防止・発見とコンプライアンス（第3回）」『New finance』第45巻第3号, p.34-p.41.

積水ハウス（2019）「Sustainability Report 2019―ESG経営による持続的な成長に向けた価値創造の取り組み―」, p.1-p.94（https://www.sekisuihouse.co.jp/library/company/sustainable/download/2019/book/2020_all_A4.pdf）.

積水ハウス（2022）「Value Report 2022―Our Engagement―（統合報告書）」, p.1-p.207（https://www.sekisuihouse.co.jp/library/company/sustainable/download/2022/value_rrepor/all.pdf）.

関根秀一郎（2011）「震災便乗解雇，派遣切りの現状と課題」『労働法律旬報』No.1744, p.23-p.28.

仙台市社会福祉協議会・仙台市ボランティアセンター（2018）「『仙台市内の企業における社会貢献・CSR活動に関するアンケート』調査報告書」, p.1-p.78.

高巌・T. ドナルドソン（1999）『ビジネス・エシックス―企業の市場競争力と倫理法令遵守マネジメント・システム―』文眞堂.

高浦康有（2013）「ポスト3.11の日本企業のCSR―東日本大震災に対する日経平均構成銘柄225社の社会貢献活動の分析―」『日本経営倫理学会誌』第20号, p.201-p.212.

高岡伸行（2015）「ポストMDGsとしてのSDGsへのCSRアプローチ―ISO26000のCSR経営観の含意―」『経済理論』第381号, p.103-p.125.

髙橋俊夫（2006）『株式会社とは何か―社会的存在としての企業―』中央経済社.

髙橋由明（2012）「アメリカ経営学において株主価値最大化がいつ企業目的となったか―戦後の経営財務論，経営者のための経済学，エイジェンシー理論―」『企業研究』第21号, p.35-p.79.

谷本寛治（2013）『責任ある競争力―CSRを問い直す―』NTT出版.

中央経済社編（2006）『会社法（平成十七年六月成立）』中央経済社.

筒井久美子・上原優子（2016）「ハワイのホームレス問題とNPOの取り組み」『立命館国際地域研究』第44号, p.21-p.37.

堤悦子（2011）「地域に根ざした中堅企業：江別製粉株式会社―制約的な環境下での企業家精神溢れるマネジメントの軌跡―」『産研論集』41号, p.31-p.40.

帝国データバンク（2021）「特別企画―SDGsに関する企業の意識調査（2021）―」, p.1-p.8（https://www.tdb.co.jp/report/watching/press/pdf/p210706.pdf）.

東北学院大学おもてなし研究チーム編著（2013）『おもてなしの経営学〔震災編〕―東日本大震災下で輝いたおもてなしの心―』創成社.

殿﨑正芳（2014）「CSR（企業の社会的責任）と財務成果の関係についての一考察」『イ

ノベーション・マネジメント』No.11, p.145-p.161.

豊澄智己 (2007)『戦略的環境経営―環境と企業競争力の実証分析―』中央経済社.

豊田信行 (2017)「サーバント・リーダーシップの実践―牧師の霊的形成と教会組織改革 (第1回)『代替品』になる―」『舟の右側』Vol.37, p.30-p.32.

中村敏之 (2009)『「社長」を受け継ぐ―後継者に求められる「七つの取り組み」―』ダイヤモンド社.

新村出編 (1997)『広辞苑 第5版』岩波書店.

新村中 (2016)「事業承継対策として考える種類株式とその活用策」『税理』第59巻第7号, p.60-p.65.

二瓶孝夫 (1985a)「続・ハワイにおける日本酒の歴史 (1) ―ハワイ官約移民百年に寄せて―」『日本醸造協會雑誌』第80巻第11号, p.786-p.789.

二瓶孝夫 (1985b)「続・ハワイにおける日本酒の歴史 (2) ―ハワイ官約移民百年に寄せて―」『日本醸造協會雑誌』第80巻第12号, p.838-p.842.

日本経済団体連合会・1% (ワンパーセント) クラブ (2017)「2016年度 社会貢献活動実績調査結果」, p.1-p.29 (https://www.keidanren.or.jp/policy/2017/091_honbun.pdf).

日本経済団体連合会・1% (ワンパーセント) クラブ (2018)「2017年度 社会貢献活動実績調査結果」, p.1-p.23 (https://www.keidanren.or.jp/policy/2018/097_honbun.pdf).

日本政府内閣官房 (2022)「新しい資本主義のグランドデザイン及び実行計画―人・技術・スタートアップへの投資の実現―」, p.1-p.46 (https://www.cas.go.jp/jp/seisaku/atarashii_sihonsyugi/pdf/ap2022.pdf).

日本能率協会編 (2007)「企業レポート オムロン CSR 経営, その理念と実行 明致親吾氏」『JMA マネジメントレビュー』第13巻第11号, p.12-p.16.

日本立地センター (2021)「2020年度 中小企業の SDGs 認知度・実態等調査―概要版―」, p.1-p.12 (https://www.kanto.meti.go.jp/seisaku/sdgs/data/2_02_2020fy_tyusyokigyou_sdgsnintsdgsninti.pdf).

沼田宗純・田中健一・山内康英・伊藤哲朗・目黒公郎 (2018)「米国の災害対応トレーニング体制に関する基礎調査」『生産研究』第70巻第4号, p.107-p.112.

野村佐智代 (2021)「環境金融」野村佐智代・山田雅俊・佐久間信夫編著『現代環境経営要論』創成社, p.146-p.157.

橋本俊哉 (2017)「ハワイ州ヒロにみる津波防災への取り組み―海浜観光地の津波防災力向上に向けた示唆―」『立教大学観光学部紀要』第19号, p.5-p.13.

バゼル山本登紀子 (2005)「楽園を襲った『ハロウィーンイブ鉄砲水』―ハワイ大学マノア校ハミルトン図書館災害復旧報告―」『情報管理』第48巻第6号, pp.356-365.

林總 (2015)『経営分析の基本』日本実業出版社.

林孝宗 (2011)「イギリスにおけるコーポレート・ガバナンスの展開―非業務執行取締役の役割と注意義務を中心に―」『社学研論集』Vol.17, p.247-p.263.

日野健太 (2010)『リーダーシップとフォロワー・アプローチ』文眞堂.

藤井敏彦 (2005)『ヨーロッパの CSR と日本の CSR ―何が違い, 何を学ぶのか。―』日科技連出版社.

藤本隆宏・東京大学21世紀 COE ものづくり経営研究センター (2007)『ものづくり経

営学—製造業を超える生産思想—』光文社新書.

復興庁（2020）「東日本大震災からの復興の状況と取組」, p.1-p33（https://www.reconstruction.go.jp/topics/main-cat7/sub-cat7-2/202009_Pamphlet_fukfu-jokyo-torikumi.pdf）.

古屋嘉祥（2016）「ハワイ，ヒロ市の震災ミュージアム」西山徳明・西川克之・花岡拓郎・平井健文編『自然災害復興における観光創造』北海道大学観光学高等研究センター, p.115-p.122.

星野佳路・石坂典子（2016）「石坂産業・石坂典子社長と考える『継がせる覚悟』『潰していいから，本気でやれ』親が言えるか，子が言わせるか」『日経トップリーダー』2016年4月号, p.44-p.47.

堀越昌和（2014）「同族会社における会社支配の正当性を巡る諸問題—事業承継の本質と課題に関する予備的考察—」東北大学経済学会編『研究年報 経済学』第270号, p.199-p.212.

松下幸之助（2001）『実践経営哲学』PHP研究所.

間宮国夫（1998）「南海移民株式会社とハワイ行自由移民—付論・土佐移民株式会社について—」『社会科学討究』第43巻第3号, p.587-p.622.

水越康介・大平修司・スタニスロスキースミレ・日高優一郎（2021）「日本におけるバイコットおよびボイコットに関する一考察—応援する消費行動の考察に向けて—」『JSMD Review』第5巻第1号, p.25-p.32.

三隅二不二（1978）『リーダーシップ行動の科学』有斐閣.

村尾修（2010）「ハワイ島ヒロにおける津波復興都市計画と最近の動向—1960年チリ地震津波50周年現場報告—」『日本都市計画学会 都市計画報告集』No.9, p.12-p.17.

村田大学（2012）「米国企業におけるコンプライアンス・倫理担当者の独立性と権限」『日本経営学会誌』第29号, p.29-p.40.

森田宗一郎（2019）「企業リポート 超大型機をハワイ線に投入—全日空『A380』就航の成否—」『週刊東洋経済』2019年6月15日号, p.82-p.85.

森本三男（1994）『企業社会責任の経営学的研究』白桃書房.

八木孝幸（2008）「日本の中小企業におけるCSRに関する一考察」上武大学ビジネス情報学部編『上武大学ビジネス情報学部紀要』第7巻第1号, p.43-p.56.

矢口義教（2007）「近年のイギリスにおけるCSRの展開—政策面に注目して—」『経営学研究論集』第27号, p.23-p.42.

矢口義教（2008a）「ロイヤル・ダッチ・シェル—スーパー・メジャーの戦略—」高橋俊夫編著『EU企業論—体制・戦略・社会性—』中央経済社, p.31-p.58.

矢口義教（2008b）「企業戦略としてのCSR—イギリス石油産業の事例から—」『現代経営学の新潮流—方法，CSR・HRM・NPO— 経営学史学会年報第15輯』文眞堂, p.197-p.208.

矢口義教（2013）「CSRをめぐる国際動向—EU，アメリカ，日本の比較考察—」『東北学院大学経営学論集』第4号, p.7-p.23.

矢口義教（2014a）『震災と企業の社会性・CSR—東日本大震災における企業活動とCSR—』創成社.

矢口義教（2014b）「ビジネス・ケース（株）阿部長商店」『東北学院大学経営学論集』第5号，p.15-p.30.

矢口義教（2016a）「中小企業のCSRにおける経営者の役割─東日本大震災における被災地企業の行動を手掛かりにして─」『サステイナブルマネジメント』第15巻，p.58-p.68.

矢口義教（2016b）「中小企業のCSRと事業承継に関する一考察─地域社会に焦点を当てたCSRと事業承継の関係性についての試論─」『事業承継』Vol.5, p.66-p.75.

矢口義教（2017a）「東日本大震災後の被災地企業の状態と社会的役割」『NETT』No.95, p.14-p.19.

矢口義教・折橋伸哉（2017b）「ビジネス・ケース 峩々温泉─蔵王地域における企業と社会の関係性─」『東北学院大学経営学論集』第9号，p.1-p.22.

矢口義教（2017c）「特定状況下の企業不祥事に関する研究─震災復興過程における被災地企業の不祥事─」『日本経営倫理学会誌』第24巻，p.15-p.29.

矢口義教（2018a）「ビジネス・ケース（株）阿部長商店 その2─地域社会との関係性を踏まえた2013年以降の事業展開─」『東北学院大学経営学論集』第10号，p.69-p.89.

矢口義教（2018b）「事業非関連型社会貢献の意義─地域企業の暗黙的CSR活動の考察─」『東北学院大学経営・会計研究』第23号．p.1-p.21.

矢口義教（2019）「中小企業のCSRとリーダーシップに関する予備的考察─社会的に責任あるリーダーシップとその承継に関する研究─」『創価経営論集』第43巻．p.175-p.191.

矢口義教（2020）「『楽園』における企業経営とサステナビリティに関する研究─ハワイ地域企業のCSR活動は先進的なのか─」『東北学院大学経営学論集』第15号，p.1-p.28.

矢口義教（2021）「現代企業の社会的責任」浦野倫平・佐久間信夫編著『経営学原理［改訂版］』創成社，p.68-p.95.

矢口義教（2022）「ビジネス・ケース サイト工業株式会社─地域建設業の経営戦略と社会的役割─」『東北学院大学経営学論集』第19号，p.155-p.171.

ヤコビ茉莉子（2018）「太平洋における国際的な津波防災体制の成立」『史学雑誌』第127巻第6号，p.64-p.82.

八巻知香子・望月美栄子（2011）「災害時要援護者対策におけるユニバーサルデザインと合理的配慮─ハワイ州のInteragency Action Planの概要と実践から─」『社会福祉学』第51巻第4号，p.174-p.186.

山下学・生田泰寛（2017）「中小企業の事業承継─事業承継税制との乖離と技術の伝承への転換─」『税理：税理士と関与先のための総合誌』第60巻第10号，p.148-p.161.

山田雅俊（2021）「住宅産業・企業の環境経営」野村佐智代・山田雅俊・佐久間信夫編著『現代環境経営要論』創成社，p.255-p.268.

山中肇（2006）「CSRと人間主義リーダーの重要性」『創価経営論集』第30巻第1号，p.41-p.56.

山根宏文（2005）「リゾート振興─ハワイ復興に向けて旅行会社への提言─」『地域総合研究』第5号，p.277-p.291.

横田浩一（2020）「企業による SDGs/ESG への実践とブランド化の可能性―サラヤの取り組み事例を中心に―」『日経広告研究所報』第 54 巻第 4 号，p.7-p.13.

義永忠一（2014）「事業承継と中小企業」『中小企業・ベンチャー企業論〔新版〕―グローバルと地域のはざまで―』有斐閣コンパクト，p.137-p.151.

渡辺俊一（1992）「国際比較からみた都市開発における官民関係―ハワイでの日系デベロッパーと地元自治体の実態より―」『日本不動産学会誌』第 8 巻第 1 号，p.90-p.101.

『帝国データバンク会社年鑑 2013』帝国データバンク，2012 年発行.

『帝国データバンク会社年鑑 2016』帝国データバンク，2015 年発行.

【新聞記事】

『朝日新聞デジタル』

2013 年 11 月 29 日「主要 247 ホテル，4 割が食材偽装」（http://database.asahi.com/library2/main/top.php）.

『岩手日報朝刊』

2013 年 1 月 19 日・26 面「二戸市の業者が偽装」，11 月 13 日 24 面「花巻温泉で虚偽表示」，2015 年 1 月 22 日・26 面「復旧事業で土砂違法採取」.

『河北新報朝刊』（2011 年記事）

3 月 19 日・14 面「便乗値上げ？」，5 月 29 日・16 面「『三陸産復活』30 人誓う」，6 月 3 日・21 面「震災理由の解雇違法」，7 月 15 日・14 面「無車検運行などでタクシー 2 社処分」，8 月 12 日・23 面「外国人雇いがれき撤去」，11 月 20 日・20 面「雇用助成金 94 万円を不正受給」，12 月 15 日・27 面「建設業 3 人を告発」.

『河北新報朝刊』（2012 年記事）

2 月 14 日・29 面「国の雇用助成金 不正に 2222 万円」，5 月 15 日・26 面「会津若松のホテルでも」，6 月 12 日・32 面「奥州の製造業者 592 万円不正受給」・34 面「建築資材製造業者，助成金を不正受給」.

『河北新報朝刊』（2013 年記事）

1 月 30 日・31 面「赤字で安全面に不備」，2 月 9 日・29 面「解体金属を換金，着服か」，3 月 7 日・33 面「宿泊交流の縁 支援永く」，3 月 27 日・33 面「業務配分，金の流れ不透明」，4 月 16 日・18 面「緊急雇用安定助成金 2983 万円を不正受給」，4 月 20 日・27 面「仙台の障害者就労施設運営会社 2 億 5000 万円不正受給か」，4 月 21 日・31 面「印鑑持ち出し書類偽装」，5 月 2 日・25 面「がれき管理は公表せず」，5 月 3 日・28 面「2 施設指定取り消し」，5 月 18 日・31 面「利府・介護施設でも虚偽」，6 月 5 日・29 面「エコライフを告訴へ」，6 月 19 日・14 面「エコライフ不正受給」，8 月 13 日・14 面「仙台の飲食業者 1800 万円不正受給」，9 月 10 日・20 面「仙台の印刷会社 1430 万円不正受給」，11 月 7 日・26 面「仙台三越と藤崎でも虚偽表示」，11 月 8 日・26 面「仙台の『ホテル白萩』も公表」，11 月 9 日・26 面「さくら野仙台店 5 店舗も公表」，11 月 10 日・30 面「郡山・うすい百貨店公表」，11 月 14 日・31 面「グループ化補助金 1 億 3000 万円不正受給」.

『河北新報朝刊』（2014 年記事）

1 月 15 日・14 面「仙台のマッサージ会社 国の雇用助成金 824 万円不正受給」，3 月 19

日・31面「宿舎建設名目詐欺か」, 3月20日・35面「コンサル, 二重契約か」, 4月1日・18面「仙台の介護事業者 報酬190万円不正に受給」, 4月18日・26面「6億2851万円返還を」, 4月26日・30面「使途不明金総額2875万円」, 5月21日・29面「蕃山哀れ」, 5月22日・29面「土砂採取前提で伐採か」, 5月28日・31面「農地でも砂違法採取」, 6月6日・29面「10億円返還 執行部を提訴」, 6月17日・1面「名取で土砂違法採取」, 6月22日・31面「黙ってやれば丸もうけ」, 7月2日・31面「宮城県工事にも土砂使用」, 7月8日・31面「土砂採取2業者 名取での違法性認識か」, 8月19日・25面「前会長ら3人に返還を求め提訴」, 8月20日・30面「原状回復命令は適法」, 10月6日・25面「土砂違法採取3ヵ所目」, 12月26日・17面「石巻藤久建設6ヵ月指名停止」.

『河北新報朝刊』(2015年記事)
1月21日・1面「岩手でも土砂違法採取」, 1月22日・27面「福島でも土砂違法採取」, 1月24日・27面「『高線量』土砂農地に」, 1月27日・1面「社長ら書類送検」, 5月10日・16面「蔵王山対策 宿泊代補助事業で支援」, 5月13日・15面「蔵王山警報で苦戦 遠刈田のレストラン」, 7月11日・28面「宮城知事『さあ蔵王へ』」, 8月25日・26面「『被災地ツアー』助成金不正受給」, 10月10日・27面「食材卸, 偽装認める」, 12月1日・31面「アレルゲン無表示 亘理の食材卸」, 12月22日・26面「震災で住宅半壊告げず販売」.

『河北新報朝刊』(2016年記事)
1月21日・1面「震災復旧談合疑いで捜索」, 1月24日・28面「給食に期限切れ食品」, 2月5日・27面「岩手・違法派遣問題」, 2月6日・29面「岩手県, 違法派遣放置の疑い」, 2月10日・30面「みなし仮設 社員寮に」, 2月11日・14面「丸長建設工業 県が指名停止」, 2月27日・9面「シンコーが再生法」, 3月16日・9面「東北の倒産20.8%増29件」・16面「復興特需で脱税, 企業に有罪判決」, 3月18日・20面「4730万円を脱税 運送会社起訴」, 3月31日・18面「介護給付費 不正に受給」, 5月19日・31面「青汁の賞味期限改ざん」, 6月16日・21面「廃産処理会社の元部長有罪判決」, 7月6日・25面「違法派遣問題『旅費など返還を』」, 7月30日・3面「復興予算34%未執行」, 11月19日・26面「福島県 復興補助金返還を命令」, 12月13日・23面「いわき市立病院汚職 懲役1年6月を会社社長に求刑」, 12月27日・29面「宮城・亘理 官製談合 元町課長一部否認」, 12月29日・29面「ベリテ詐欺 社長と営業担当男女4人追起訴」.

『河北新報朝刊』(2017年記事)
2月1日・9面「飲食店経営 仙台のゼニスが破産手続き開始」, 3月17日・34面「退社要請 被災農家と和解」, 3月18日・1面「石巻・桃浦 特区会社 共販カキ出荷」, 3月22日・18面「園芸ハウス談合5社を指名停止」, 5月10日・30面「緊急雇用創出事業 補助金5000万円不適切受給」, 6月21日・26面「東北農政局汚職 収賄の元課長 猶予付き判決」, 6月29日・14面「仙台の事業所が給付費不正受給」, 7月21日・31面「福島復興補助金 詐取疑い」, 8月11日・16面「気仙沼市 建設会社を提訴へ」, 8月26日・16面「気仙沼の業者を指名停止2ヵ月」, 9月30日・33面「仙台国際ホテル『料理長から暴言や暴力』」, 10月11日・18面「登米市の業者を県が指名停止」, 10月31日・14面「システム開発会社 1ヶ月の指名停止」, 12月6日・14面「バス無

許可営業で貿易会社書類送検」，12月8日・31面「福島・広野 工場補助金不正受給疑い 県，1000万円返還請求へ」，12月29日・12面「廃棄物処理会社役員を在宅起訴」．

『河北新報朝刊』（2018年記事）

1月19日・14面「ビル所有者を書類送検」，2月10日・22面「福島のバス会社 使用停止」，4月10日・25面「豚肉の加工品 無許可で製造」，6月15日・25面「現職7人 OBに情報」，7月11日・31面「栗原市次長ら3人逮捕」，7月20日・23面「元会社経営の男逮捕」，7月27日・1面「大崎談合6社に課徴金命令」，8月1日・26面「グループ化補助金不正受給の疑い」，8月2日・23面「解体廃棄物 不法に埋設」，8月22日・25面，「グループ化補助金 不正受給の疑い 相馬・業者再逮捕」，10月10日・31面「象牙不正登録 転売か」，10月12日・25面「復興工事費詐取 容疑の社長逮捕」．

『河北新報朝刊』（2019年記事）

1月16日・27面「超高金利で融資 3人逮捕」，1月18日・28面「大船渡市職員ら逮捕」，2月13日・面数不明「仙台市の建設業者と関係3JVを指名停止」，2月23日・26面「岩手の日本紙パルプ商事子会社 不正処理の産廃 製品に」，3月20日・27面「ハウスで野菜栽培 賃金未払い容疑で元社長ら書類送検」，3月23日・20面「工事遅れで契約解除の建設業者，1年の指名停止」，5月11日・28面「ルキオ不正受給 元社長実刑判決」，5月16日・25面「登米市贈収賄 旧知の関係 漏えい発展か」，7月19日・27面「仙台ハイランド跡にアスファルト片 投棄指示の疑い 社長逮捕」，10月30日・20面「食肉の脂，下水道に廃棄疑い」．

『河北新報朝刊』（2020年記事）

2月21日・12面「蔵王の建設業者 県が監督処分に」，3月11日・11面「宮城第一信金が対策融資を開始」，3月12日・9面「マスク40万枚 アイリス寄付」，3月13日・9面「七十七銀本店に休日の相談窓口」，3月15日・16面「除菌水を無償配布」，4月4日・14面「お子さまランチ無料」，5月9日・9面「飛沫防止の仕切り板」，5月21日・22面「不足医療物資を地元開発」，6月9日・21面「仙台の貴金属業者 1800万円不正還付」，6月24日・14面「石巻・石油販売会社 無許可廃油収集容疑で書類送検」，7月28日・14面「名取・障害者就労支援施設 補助金不正受給」，10月31日・24面「グループ化補助金 川崎市の企業に5881万円返還命令」．

『河北新報朝刊』（2021年記事）

6月29日・29面「所得 2年で2億円超」，12月10日・14面「コロナ助成金を915万円不正受給」．

『河北新報朝刊』（2022年記事）

7月30日・1面「関電 風力発電を撤回」，9月2日・13面「コロナ助成金2社不正受給」，10月1日・18面「加美・中村印刷 コロナ助成金を1184万円不正受給」．

『河北新報夕刊』

2011年3月29日・3面「急増 震災ごみに苦慮」，4月16日・1面「商店街 次々とシャッター閉まり…」，2015年1月27日・1面「名取・土砂違法採取問題」，2016年1月7日・3面「雇用安定助成金3億円不正受給」．

『水産経済新聞』

2019年6月21日・6面「水産・観光・倉庫業振興に心血を注ぐ 阿部泰兒阿部長商店

会長逝く」.

『日本経済新聞朝刊』

2015 年 1 月 26 日・3 面「事業承継―後継者難で廃業も」, 2022 年 8 月 23 日・38 面「AOKI に 3 つの便宜か」.

『福島民報朝刊』

2011 年 4 月 29 日・15 面「『震災便乗』解雇相次ぐ」, 2012 年 8 月 14 日・31 面「助成金 2001 万円不正受給」, 2014 年 9 月 12 日・29 面「こんにゃく産地偽装」, 2015 年 1 月 23 日・29 面「除染用に土砂違法採取」, 9 月 10 日・25 面「アレルギー物質未表示でパン販売」.

【海外ホームページ】

Alexander & Baldwin（同社の CSR 情報）　2019 年 12 月 7 日アクセス
https://alexanderbaldwin.com/

Aloha United Way（AUW の概要）　2019 年 12 月 13 日アクセス
https://www.auw.org/

Bank of Hawaii（同社の CSR 情報）　2019 年 12 月 7 日アクセス
https://www.boh.com/

Barnwell Industries（同社の CSR 情報）　2019 年 12 月 7 日アクセス
http://brninc.com/

Central Pacific Bank（同社の CSR 情報）　2019 年 12 月 7 日アクセス
https://www.cpb.bank/

City and County of Honolulu（ホームレス数推移）　2019 年 12 月 6 日アクセス
http://www.honolulu.gov/rep/site/ohou/PIT_2019_Highlights.pdf

Cyanotech（同社の CSR 情報）　2019 年 12 月 7 日アクセス
https://www.cyanotech.com/

Department of Business, Economic Development & Tourism（ハワイの GDP）　2019 年 10 月 16 日アクセス
https://dbedt.hawaii.gov/economic/databook/2018-individual/_13/

Department of Business, Economic Development & Tourism（ハワイ州の観光収入）　2019 年 10 月 20 日アクセス
https://dbedt.hawaii.gov/economic/qser/outlook-economy/

Dependable Hawaiian Express（同社の CSR 情報）　2019 年 12 月 3 日アクセス
https://www.dhx.com/dependabledifference.aspx

First Hawaiian Bank（同社の CSR 情報）　2019 年 12 月 7 日アクセス
https://www.fhb.com/en/

Giving USA（アメリカの企業寄付総額）　2022 年 11 月 2 日アクセス
https://givingusa.org/giving-usa-limited-data-tableau-visualization/

Green Buoy Consulting（トリプル・ボトム・ライン）　2021 年 6 月 14 日アクセス
https://www.greenbuoyconsulting.com/blog/how-you-can-implement-the-triple-bottom-line

Hawaii Community Foundation（現在のホームレス数）　2019 年 12 月 6 日アクセス
　https://www.hawaiicommunityfoundation.org/strengthening/housingasap
Hawaii Emergency Management Agency（緊急管理庁の概要）　2019 年 12 月 5 日アク
セス
　http://dod.hawaii.gov/hiema/contact-us/about-us/
Hawaiian Airline（同社の CSR 情報）　2019 年 12 月 7 日アクセス
　https://www.hawaiianairlines.com/
Hawaiian Electric Company（同社の CSR 情報）　2019 年 12 月 7 日アクセス
　https://www.hawaiianelectric.com/
Hawaiian Macadamia Nut Orchards（同社の CSR 情報）　2019 年 12 月 13 日アクセス
　http://rholp.com/
Hawaiian Telcom（同社の CSR 情報）　2019 年 12 月 7 日アクセス
　http://www.hawaiiantel.com/
Matson（同社の CSR 情報）　2019 年 11 月 30 日アクセス
　https://www.matson.com/community/index.html
Maui Land & Pineapple Company（同社の CSR 情報）　2019 年 12 月 7 日アクセス
　https://www.mauiland.com/
National Disaster Preparedness Training Center（国家防災トレーニング・センターの
概要）　2019 年 12 月 5 日アクセス
　https://ndptc.hawaii.edu/
Territorial Savings Bank（同社の CSR 情報）　2019 年 12 月 13 日アクセス
　https://www.territorialsavings.net/
The United Kingdom Government（イギリス政府の CSR の定義）　2007 年 4 月 22 日
アクセス
　http://www.societyandbusiness.gov.uk
To-Hawaii com（ハワイの自然災害）　2019 年 12 月 5 日アクセス
　https://www.to-hawaii.com/natural-disasters.php
United Nations Global Compact（グローバル・コンパクト詳細）　2022 年 11 月 3 日ア
クセス
　https://www.unglobalcompact.org/

【日本国内ホームページ】
CNN.co.jp（ハリケーン被害推計）　2019 年 12 月 6 日アクセス
　https://www.cnn.co.jp/usa/35136247.html
ConMaga（造園施工管理技士）　2021 年 12 月 18 日アクセス
　https://conma.jp/conmaga/article/50733/
Esquire（ハワイの自然災害）　2019 年 12 月 5 日アクセス
　https://www.esquire.com/jp/news/a222324/news-hawaiivolcano18-0517/
ExtremePlanet（ハワイの自然災害）　2019 年 12 月 5 日アクセス
　https://extremeplanet.me/tag/hurricane-iwa

ISO ナビ（ISO 認証取得企業数）　2022 年 11 月 4 日アクセス
https://iso-navi.jp/iso/iso14001/386/
KDDI 総合研究所（スマートブイ）　2022 年 11 月 13 日アクセス
https://www.kddi-research.jp/newsrelease/2018/061901.html
NewSphere（ハリケーン被害推計）　2019 年 12 月 6 日アクセス
https://newsphere.jp/sustainability/20190427-1/
Popular Mechanics（ハワイの自然災害）　2019 年 12 月 5 日アクセス
https://www.popularmechanics.com/science/environment/g20264868/hawaii-
volcano-eruption-2018-photos/
SDGs アントレプレナーズ（PRI の 6 原則）　2022 年 11 月 5 日アクセス
https://sdgsjapan.com/pri
Sustainable Japan（社会的投資）　2022 年 11 月 13 日アクセス
https://sustainablejapan.jp/2017/12/31/%e3%82%b3%e3%83%9f%e3%83%a5%e3
%83%8b%e3%83%86%e3%82%a3%e6%8a%95%e8%b3%87%ef%bc%88community-
investment%ef%bc%89/29969
TRANS. Biz（カント哲学）　2022 年 9 月 17 日アクセス
https://biz.trans-suite.jp/54175#
朝日学情（新疆ウイグル自治区の人権問題）　2022 年 11 月 7 日アクセス
https://asahi.gakujo.ne.jp/common_sense/current_events/detail/id=3277#
アデコ（紹介予定派遣）　2022 年 11 月 26 日アクセス
https://www.adecco.co.jp/useful/work_style_38
阿部長商店（気仙沼食品の写真）　2022 年 1 月 25 日アクセス
https://abecho.co.jp/coplist/
阿部長商店（三陸食堂の写真）　2022 年 10 月 16 日アクセス
https://abecho.co.jp/product/%e4%b8%89%e9%99%b8%e9%a3%9f%e5%a0%824%e7%
a8%ae12%e5%93%81%e8%a9%b0%e5%90%88%e3%81%9b/
イシイ（塩釜店の店内写真，蛇田店の店内写真）　2013 年 8 月 9 日アクセス
http://www.ishi-i.co.jp/sustainability/menu4.html
江別製粉（F-ship の写真）　2022 年 11 月 16 日アクセス
https://haruyutaka.com/factory
オルタナ（ボーダフォン社の CSV）　2022 年 11 月 15 日アクセス
https://www.alterna.co.jp/15045/2/
外務省（MDGs の 8 原則）　2022 年 11 月 5 日アクセス
https://www.mofa.go.jp/mofaj/gaiko/oda/doukou/mdgs.html
峩々温泉（宿泊料金）　2016 年 10 月 6 日アクセス
http://www.gagaonsen.com
川崎町（峩々温泉の外観）　2016 年 10 月 31 日アクセス
http://kawasaki-asobi.jp/course/autumn/
環境省（SBT の定義）　2022 年 11 月 21 日アクセス
https://www.env.go.jp/earth/ondanka/supply_chain/gvc/files/SBT_

gaiyou_20221101.pdf

環境創機（パッシブデザイン） 2022 年 3 月 4 日アクセス
　https://www.kankyosouki.co.jp/whatssoyokaze/wayofthinking/passivedesign/

キリンホールディングス（1ℓ for 10ℓ） 2022 年 11 月 6 日アクセス
　https://www.kirinholdings.com/jp/newsroom/release/2016/0407_03.html

久留米工業大学（建築施工管理技士） 2021 年 12 月 18 日アクセス
　https://www.kurume-it.ac.jp/style/construction-management

グローバル・コンパクト・ネットワーク・ジャパン（日本企業の加盟数） 2022 年 11 月
　3 日アクセス
　https://www.ungcjn.org/

グロービス経営大学院（フォロワーシップ） 2022 年 11 月 1 日アクセス
　https://mba.globis.ac.jp/careernote/1239.html

ケアブレンド（ケアブレンドカフェの内容） 2021 年 12 月 14 日アクセス
　https://www.careblendcafe.com/post/cbc

経済産業省（日本の CO_2 排出主体の割合） 2022 年 11 月 6 日アクセス
　https://www.meti.go.jp/shingikai/sankoshin/sangyo_gijutsu/chikyu_kankyo/
　ondanka_wg/pdf/003_s03_02.pdf

建設転職ナビ（土木施工管理技士） 2021 年 12 月 18 日アクセス
　https://kensetsutenshokunavi.jp/c/content/job_guide/job_guide_08/

厚生労働省（HACCP の概要） 2022 年 11 月 20 日アクセス
　https://www.mhlw.go.jp/stf/seisakunitsuite/bunya/kenkou_iryou/shokuhin/haccp/
　index.html

国際連合広報センター（SDGs のイメージ図） 2022 年 11 月 5 日アクセス
　https://www.unic.or.jp/activities/economic_social_development/sustainable_
　development/2030agenda/

さいとう製菓（かもめの玉子） 2022 年 5 月 23 日アクセス
　https://www.saitoseika.co.jp/

さいとう製菓（企業沿革，かもめの玉子の受賞歴） 2022 年 6 月 14 日アクセス
　https://www.saitoseika.co.jp/corporate/

サイト工業（同社の環境方針） 2021 年 12 月 21 日アクセス
　http://www.sight-k.co.jp/about/kankyo.html

財務省（ESG 時価投資残高の下落要因） 2022 年 11 月 12 日アクセス
　https://www.mof.go.jp/pri/research/seminar/fy2021/lm20210622.pdf

ザ・オーナー（キリンおよびリコーの CSV） 2022 年 11 月 15 日アクセス
　https://the-owner.jp/archives/2834

サステナビリティ日本フォーラム（GRI と GRI ガイドライン） 2022 年 11 月 5 日アクセス
　https://www.sustainability-fj.org/gri/

仙台市社会福祉協議会（地域の資源・ニーズマッチングポータル） 2022 年 10 月 30 日
　アクセス
　http://www.ssvc.ne.jp/matching/

仙台市防災安全協会（被災地企業の緊急・救援期不祥事）　2017 年 1 月 15 日アクセス
　http://www.bosai-sendai.or.jp/letter/files/safety26_letter03.pdf
大和総研（GPIF の PRI 署名）　2022 年 11 月 6 日アクセス
　https://www.dir.co.jp/report/column/20151002_010176.html
大和総研（グリーン・コンシューマリズム）　2022 年 11 月 6 日アクセス
　https://www.dir.co.jp/report/research/capital-mkt/esg/keyword/20130405_007027.
　html
たくさんネット（ハルユタカの通信販売状況）　2022 年 11 月 16 日アクセス
　https://www.takusan.net/keyword/pro/store/159/36286/
ダブルストーン（六丁の目店の店舗）　2022 年 3 月 27 日アクセス
　https://w-stone.co.jp/shopinfo/shoproku/
中小企業庁（中小企業数）　2018 年 10 月 31 日アクセス
　http://www.chusho.meti.go.jp/koukai/chousa/chushoKigyouZentai9wari.pdf
中小企業庁（中小企業の定義）　2018 年 11 月 2 日アクセス
　http://www.chusho.meti.go.jp/soshiki/teigi.html
東京商工リサーチ（雇用調整助成金の不正受給）　2017 年 1 月 21 日アクセス
　http://www.tsr-net.co.jp/news/analysis/20131129_01.html
東京商工リサーチ（倒産企業の平均寿命）　2022 年 10 月 31 日アクセス
　https://www.tsr-net.co.jp/news/analysis/20220225_01.html
東洋経済新報社（CSR 企業総覧の ESG 編の評価項目）　2022 年 10 月 31 日アクセス
　https://str.toyokeizai.net/databook/dbs_csr_esg/
東洋経済新報社（CSR 企業総覧の雇用・人材活用編の評価項目）　2022 年 10 月 31 日ア
　クセス
　https://str.toyokeizai.net/databook/dbs_csr_emp/
東洋経済新報社（経営者の在職期間）　2018 年 8 月 25 日アクセス
　https://toyokeizai.net/articles/-/12186
トラベルボイス（ハワイの観光客数推移）　2022 年 9 月 24 日アクセス
　https://www.travelvoice.jp/20220207-150620
日本銀行金融機構局（日本の市中金利）　2022 年 10 月 21 日アクセス
　https://www.boj.or.jp/statistics/dl/depo/tento/te220330.pdf
日本経済団体連合会（会員企業名簿）　2022 年 11 月 15 日アクセス
　https://www.keidanren.or.jp/profile/kaiin/kigyo.pdf
日本ジビエ振興協会（ジビエの説明）　2022 年 11 月 29 日アクセス
　https://www.gibier.or.jp/gibier/
日本統計協会（最新版の日本企業数）　2018 年 10 月 31 日アクセス
　http://www.stat.go.jp/data/e-census/2014/index.html
日本農業法人協会（農業生産法人）　2022 年 11 月 27 日アクセス
　https://hojin.or.jp/common/what_is-html/
日本秘湯を守る会（羽々温泉の位置関係）　2016 年 10 月 5 日アクセス
　http://www.hitou.or.jp/hymbrrsv/hymbr_pg01.html

316 ──◎

日本品質保証協会（ISO22000 の概要）　2022 年 6 月 24 日アクセス
　https://www.jqa.jp/service_list/management/service/iso22000/
日本ファンドレイジング協会（日本の企業寄付総額）　2022 年 11 月 2 日アクセス
　https://jfra.jp/wp/wp-content/uploads/2017/12/2017kifuhakusho-infographic.pdf
ニュートン・コンサルティング（人権デューディリジェンス）　2022 年 11 月 7 日アクセス
　https://www.newton-consulting.co.jp/bcmnavi/glossary/human_rights_due_
　diligence.html
はぐくみの木の家（OM ソーラーのイメージ）　2022 年 3 月 4 日アクセス
　https://hagu-kumi.com/service
パソナ（エンプロイアビリティの説明）　2022 年 11 月 13 日アクセス
　https://www.pasona.co.jp/blog/area/meieki/20220703_01.html
フェアトレード・ジャパン（フェアトレードの定義）　2022 年 11 月 3 日アクセス
　https://www.fairtrade-jp.org/about_fairtrade/course.php
フタバタクシー（介護タクシーの写真）　2022 年 11 月 18 日アクセス
　https://www.futabataxi.com/lineup/
毎日新聞社（毎日経済人賞）　2022 年 7 月 13 日アクセス
　https://mainichi.jp/articles/20180314/k00/00m/020/072000c
南三陸ホテル観洋（ホテル外観）　2017 年 8 月 3 日アクセス
　http://www.mkanyo.jp/
南三陸ホテル観洋（南三陸てん店まっぷ）　2017 年 8 月 3 日アクセス
　https://www.mkanyo.jp/tokimeki-pichipichi-dayori/%e5%91%a8%e8%be%ba%e8%a6
　%b3%e5%85%89/%e5%8d%97%e4%b8%89%e9%99%b8%e3%81%a6%e3%82%93%e5%
　ba%97%e3%81%be%e3%81%a3%e3%81%b7/
宮城県（みちのく環境管理規格）　2021 年 12 月 21 日アクセス
　https://www.pref.miyagi.jp/soshiki/kankyo-s/mitinokuindex.html
野沢正光建築工房（サイト工業本社屋）　2022 年 3 月 4 日アクセス
　http://noz-bw.com/archives/2009

索　引

《著者紹介》

矢口義教（やぐち・よしのり）

2008 年 3 月　明治大学大学院経営学研究科博士後期課程修了
　　　　　　　博士（経営学）
2009 年 4 月　富山短期大学経営情報学科講師
2011 年 4 月　東北学院大学経営学部講師
2012 年 4 月　東北学院大学経営学部准教授
2018 年 4 月　東北学院大学経営学部教授（現在に至る）

主要著書

『EU 企業論―体制・戦略・社会性―』（共著），中央経済社，2008 年。
『コーポレート・ガバナンスと企業倫理の国際比較』（共著），ミネル
　ヴァ書房，2010 年
『現代 CSR 経営要論』（共著），創成社，2011 年。
『おもてなしの経営学〔理論編〕―旅館経営への複合的アプローチ―』
　（共著），創成社，2012 年。
『震災と企業の社会性・CSR ―東日本大震災における企業活動と
　CSR ―』，創成社，2014 年。
『よくわかる環境経営』（共著），ミネルヴァ書房，2014 年。
『経営学者の名言』（共著），創成社，2015 年。
『地方創生のビジョンと戦略』（共著），創成社，2017 年。
『現代環境経営要論』（共著），創成社，2021 年。

（検印省略）

2023 年 3 月 25 日　初版発行　　　　　　　　略称―責任経営

地域を支え，地域を守る責任経営
―CSR・SDGs 時代の中小企業経営と事業承継―

著　者　矢口義教
発行者　塚田尚寛

発行所　東京都文京区　**株式会社 創成社**
　　　　春日 2 - 13 - 1
　　　　電　話 03 (3868) 3867　　FAX 03 (5802) 6802
　　　　出版部 03 (3868) 3857　　FAX 03 (5802) 6801
　　　　http://www.books-sosei.com　振　替 00150-9-191261

定価はカバーに表示してあります。

©2023 Yoshinori Yaguchi　　組版：ワードトップ　印刷：エーヴィスシステムズ
ISBN978-4-7944-2612-3　C3034　製本：エーヴィスシステムズ
Printed in Japan　　　　　　落丁・乱丁本はお取り替えいたします。